王曙光

王东宾 著

金融减贫

——中国农村微型金融发展的掌政模式

中国发展出版社

CHINA DEVELOPMENT PRESS

图书在版编目（CIP）数据

金融减贫——中国农村微型金融发展的掌政模式/王曙光，王东宾著．—北京：中国发展出版社，2012.1

ISBN 978-7-80234-744-1

I.①金… Ⅱ.①王…②王… Ⅲ.①农村金融—研究—中国 Ⅳ.①F832.35

中国版本图书馆 CIP 数据核字（2011）第 259817 号

书　　　名：金融减贫——中国农村微型金融发展的掌政模式
著作责任者：王曙光　王东宾
出 版 发 行：中国发展出版社
　　　　　　（北京市西城区百万庄大街 16 号 8 层　100037）
标 准 书 号：ISBN 978-7-80234-744-1
经 销 者：各地新华书店
印 刷 者：北京科信印刷有限公司
开　　　本：670mm×980mm　1/16
印　　　张：17.75
字　　　数：260 千字
版　　　次：2012 年 1 月第 1 版
印　　　次：2012 年 1 月第 1 次印刷
定　　　价：48.00 元

联 系 电 话：（010）68990630　68990692
网　　　址：http：//www.develpress.com.cn
电 子 邮 件：bianjibu16@vip.sohu.com

站在被誉为"东方金字塔"的西夏王陵前举目四望，山峦重叠，宁夏大地气势恢宏，悠远浑厚的历史令人沉吟回味；

在平罗沙湖中荡舟，芦苇丛丛，微雨淅沥，诗意盎然。塞上优美的风光令人惊异而陶醉，不禁吟出"贺兰遥望紫气蒸，塞上江南毓秀灵。驼行大漠残阳淡，鱼跃沙湖芦苇青"的诗句。

宁夏是一片神奇的土地。在中央富民兴边政策和西部大开发政策的推动下，宁夏近几年的农村经济发生了巨大的变化，农村经济增长和民生建设的速度都在全国居于前列。宁夏的后发优势正在逐渐显现。

宁夏的迅猛发展得益于地方政府和各个微观主体的蓬勃的创新精神。在这种创新理念的引领下，宁夏地方政府勇于突破传统的制度框架，尊重民间部门的首创精神，并不断地把这些民间部门的创新行为加以合法化和规范化。可以说，宁夏是研究地方政府创新的最优秀的范例。在这里，你能够感受到地方决策管理部门与民间部门的良好的互动、沟通与合作关系，也能感受到地方政府在与中央协调的过程中，为民营部门争取更多的成长空间而做出的努力。

如同中国其他后发地区一样，宁夏民间部门所表现出的充沛活力与创造精神，是拉动地方经济迅速发展的重要引擎。而宁夏民间部门的成长正面临着两个前所未有的大机遇：其一是迅猛推进的城镇化进程，其二是中国区域发展战略的调整。

从第一个机遇来看，城镇化进程至少在未来的一二十年间会极大地刺激当地的投资需求和消费需求，从而激发当地经济增长的巨大活力。城镇化对金融体系提出了崭新的要求，使得多元化的金融体系扩张成为可能。城镇化也必将极大地改变当地农村的产业结构和就业结构，从而进一步提升当地居民对金融与投资的内在需求。宁夏的城镇化进程，伴随其利用特有的区位优势和自然优势而制定的区域发展规划，必将在未来一二十年给宁夏带来革命性的变化。

从第二个机遇来看，我国的区域发展战略正在由原来的非均衡的梯级开发战略，转向以均衡发展、缩小区域差异为目标的区域发展战略。西部大开发战略的实施，正在逐渐吸引东部的资本和技术来到西部，以获取更高的边际产出，并充分利用西部的自然资源和人力资本优势。宁夏正在成为中国西部一个重要的经济发展发动机。而从国际视角来看，宁夏也很有可能利用其民族和文化优势，成为整个伊斯兰世界的经济、文化和金融中心之一。宁夏的地域优势和文化传统，正在给宁夏带来巨大的财富机会。

本书尝试从一个小镇入手，揭示宁夏正在发生的精彩故事的一个小小片段。掌政镇作为银川近郊一个处于迅猛的城镇化之中的小镇，正在经历着千年未有的大变局。也许，用不了十年时间，掌政镇就会转变为优美而繁荣的城市的一部分，原有的农业产业结构、经济增长方式都会发生翻天覆地的变化；而随之变迁的，也许还有植根于此的千年不变的乡土文化。

不管怎样，掌政镇正在走向一个不可逆转的城乡一体化的进程之中。在这个进程中，大量的需求将被创造出来，新的制度也一次次被试验、被创造，无论是政府还是民间部门，都要适应这个变局，并在转型中给出自己最好的答案。

农村金融体系在这个城乡一体化进程中所面临的挑战是空前的。客户的群体发生了变化，产业的结构发生了变化，在城镇化中加速流动的人口也给信用体系建设提出了新的要求。原有的单一的农村金融体系，正在被一个产权多元化、机构性质多元化、覆盖更广、服务更便捷、更富于创新精神的农村金融体系所替代。

一些草根型的农村金融机构应运而生。与那些大的商业银行或者传统的农信社不同的是，这些草根型的金融机构与农民和微型企业的关系更为密切，由城镇化带来的旺盛的民间资金需求为这些草根金融机构提供了广阔的生存空间。这些微型农村金融机构，内生于最基层农村的丰厚土壤之中，他们深刻了解周围发生的事情，对农民的需要有切身的体会，对本地的经济发展脉络了如指掌。他们所开创的运作模式，也许还不规范，也许很多做法与正统理论或者正规金融机构的运作模式相悖，但是却契合当地居民的实际需求，与当地的文化紧密凝结在一起，丝丝入扣，简捷而有效。

　　掌政农村资金物流调剂中心就是这些草根金融机构当中最具代表性的一个。从初创的时候，笔者就因着特殊的机缘关注到这个特殊的草根金融机构，四年以来，连续不断的深入调查使我持续地见证了它的成长和变迁，也切身感受到在它发展壮大的过程中，民间资本和地方政府所起到的巨大作用。作为一个草根金融机构，掌政农村资金物流调剂中心所经历的每一个变化，所尝试的每一个制度创新，无不从一个小的侧面，折射出我国微型金融机构在发展中所经历的机遇与成功、挑战与困惑。在不断的体制探索和机制创新的过程中，民营资本、地方政府、农民、微型企业，这些主体之间的不断博弈和合作，构成了我国农村金融制度变迁的一个具体而微的缩影。

　　从一个微型金融机构入手考察这个生动的变迁过程，是一件令人振奋的工作。本书以掌政镇为例，探讨了城乡一体化过程中掌政镇的产业结构变迁和经济增长模式变迁，对掌政镇的金融生态环境和农村金融供求状况作了详尽的分析。在本书的核心部分，具体剖析了掌政农村资金物流调剂中心的制度创新和机制创新，对其经营定位、业务结构、运营机制和产权结构作了深入的解析，对其在信用甄别、风险管理、内部治理、企业文化、人力资本管理等方面的创新性做法作了系统的梳理，对其履行社会责任和运用金融手段进行农村反贫困的绩效作了客观的评估。在本书的最后部分，对掌政农村资金物流调剂中心作为一个微型金融机构的未来发展模式作了尝试性的讨论，在比较了新型农村金融机构发展的几种现有模式的利弊之后，提出了"农村社区银行"的新制度框架设想，以期引起学术界和决策部门的更为深入的讨论，共同为微型金融机构的发展壮大和金融反贫困创造一个良好的制度环境。

目录
CONTENTS

第4章 金融生态

第7章 运营机制

第8章 信用甄别

第 12 章　金融减贫

第 13 章　社会责任

|第 1 章|

地方智慧

📖 1.1　经济转型中的地方创新

　　在探讨宁夏农村金融改革模式之前，我们有必要对经济转型中地方政府的作用以及内在动力作一个系统而深入的分析。中国改革的经验证明，大部分改革智慧不是来自于中央，而是来自于地方的创新实践。笔者每次在全国各地进行田野调查之后，对地方政府及民营部门在制度革新方面体现出来的智慧、魄力和勇气都会增添一份新的认识。很多地方政府富于创新精神，他们为当地经济增长和民营部分的成长提供了丰厚的土壤，当然，在这个制度革新的过程中，他们既承担了巨大的政治风险，也使地方获得了相应的发展收益。

　　因此，在研究中国改革的过程中，忽略地方创新尤其是地方政府的创新是不行的，探讨中国模式，不探讨地方政府的行为模式也是不行的。地方政府以及地方的其他微观主体，在改革中扮演了什么样的角色？地方政府为什么有动力采取创新性的行为？地方政府在制度创新中又面临哪些约束条件，其目标是什么？回答这些问题，有助于我们深入理解中国经济改革成功的一些深层奥秘。

　　研究中国转型的经济学文献汗牛充栋，转型经济学无疑是当今中国经济学界的显学之一[①]。在现实的经济转型中，不论是强制性制度转型，还是诱致性制度转型，地方政府都有着不可替代的重要作用。

　　一方面，强制性制度变迁中，地方政府成为中央政府强制性变革政策的执行者，同时，地方政府也是中央政府制度变迁理念的输送者、传播者，在中央政府和微观经济主体（初级行动团体）之间充当了中介的作用。而各个地方

---

　　① 关于转型经济学及其争议的综述，参见王曙光：《金融自由化与经济发展》第七章，北京大学出版社 2004 年第二版。

政府对中央政府制度理念的理解的不同以及对中央政府改革举措执行方式的不同，成为导致地方经济发展和改革路径出现差异的重要因素。

比如，有些地方政府在执行中央政府各种改革政策时，采取比较灵活的有弹性的框架，而不是亦步亦趋地作中央政策的"追随者"。在这些地方，尽管表面上看这些地区并没有违反中央政府的政策框架，但是很多改革措施已经考虑到区域经济发展的特点和地方政府自身的效用函数。而有些地方政府则主要充当了中央决策的"追随者"，严格执行中央的决策，而不敢冒政治风险修正不利于地方经济发展和与区域经济特征不符的政策措施。因此，在强制性制度变迁中，由于地方政府的行动特征存在着差异，导致不同区域的经济发展水平和市场化水平产生了差异。即使是在自然条件相似、地理上非常临近的地区，由于地方政府行动的差异所导致的经济发展能水平和市场化水平的差异，也是非常惊人的①。

另一方面，在诱致性变迁中，地方政府往往成为地方微观经济主体创新行为的解释者和最初的合法化者。诱致性变迁中的初级行动团体（微观经济主体）在各种获利机会的推动下，自发地采取很多与传统体制难以兼容的创新举措，促进了民间部门的发展和体制转换。但是初级行动团体的创新行为受到地方政府行为的显著影响。由于中央政府在信息上的劣势，导致中央政府不可能直接迅速观察到初级行动团体的创新行为，因此，地方政府往往是地方初级行动团体创新行为的最直接和最早的观察者。

那些具有开放理念和创新精神的地方政府，往往更愿意冒一定的政治风险鼓励和默许地方微观经济主体的创新，并把这些创新行为进行理论上的总结和阐释，遇到合适的机会，地方政府会把这些创新行为的系统性的阐释传达给中央治国者。诱致性变迁中的中央政府在充分考虑到这些创新行为的合理性和典型性之后，会以立法的形式向全国其他地区推广。从以上的讨论中就可以看出，在诱致性制度变迁中，地方政府的角色至关重要。如果没有创新性的地方政府，如果没有地方政府在冒一定政治风险的前提下保护和宽容微观经济主体

---

① 比如，浙江省温州和丽水地区在地理上临近，在改革开放之初，经济发展水平相近，市场化水平也相近。但是在改革开放的20多年中，由于温州地方政府更多地创造性地执行国家的改革政策，而丽水往往采取更加稳定、政治风险更低的政策框架，导致两个地区的经济发展水平和市场化水平有了很大的差异。

的创新，并及时总结这些创新经验，就难以形成整个国家的制度变迁。

中国的经济转型中，政府用"试验推广"的方式，先在某些经济领域或某些地区进行尝试性的改革，然后将成熟的经验和运作方式向其他地区和经济领域进行推广。这种模式虽然导致不同地区和经济领域的发展与改革的不均衡性与收入不均等，但是从另一方面说，地区之间的割裂可能形成制度落差，这种落差固然导致地区之间发展的不平衡，但是也会引发地方政府的制度创新，激发经济发展的活力和区域间的制度模仿与转移。局部地区的改革试验和创新行为具有极大的示范性，具有较强的外溢效应，落后地区就是在这种示范效应下逐步模仿先进地区的行为特征，从而达到经济发展和制度创新的目的。因此，正是这种制度安排上的非均衡特征和局部试验的特征，才是中国在 30 年间顺利转轨并保持经济持续稳定增长的奥秘所在。

地方政府在这种"局部试验—适时推广"的制度变迁模式中扮演了重要角色。地方政府是局部创新的主体，它们创造出具有当地特色的发展模式，使各种创新性的制度安排与当地特有的初始禀赋特征以及历史文化传统相衔接。地方政府有时又是当地微观经济主体创新行为的解释者和鼓励者，地方政府在中央政府还没有做出正式制度安排的情况下，往往冒着一定的政治风险制订出大胆的地方性法规，将那些初级行动团体尚处于地下状态的创新行为合法化。地方政府创造了很多极具想象力的制度和方法，然后中央政府再以中央文件或法律的形式向其他地区推广扩散。在中国的局部渐进增量改革中，如果离开了地方政府的作用，改革的成功是难以想象的。

1.2 财政联邦制与地方政府行为

在回顾中国改革进程的时候，有一个问题恐怕不能不回答：即在中国长达30 年成功的渐进式制度变迁中，推动制度变迁的主要力量是什么？换句话说，是什么因素支撑了中国长期的稳定经济增长和成功的经济转轨？对于这个问题，经济学家的回答令人眼花缭乱。很显然，在这 30 年中，中国的经济体制发生了深刻的变化，正是这种制度创新而不是很多经济学家所说的"资源投入型增长"支撑了中国长期稳定的发展与转型。但对于中国制度创新的背后的动力，却有相当不同的看法。

一个值得关注的经验事实是，在中国的渐进式的转型中，地方创新行为总是充当了相当重要的角色，地方政府以及其他微观经济主体共同形成了地方性的创新主体，从而有力地推动了中央计划者的改革行动，而中央计划者总是在总结地方创新主体的创新经验之后将其适当合法化，从而形成整个国家的集体行动。而地方创新行为主体中，地方政府应该是最值得关注的创新者。关于地方政府在渐进式制度变迁中的作用及其创新动因，已经有大量文献给予关注并做出了相当深刻的分析。很多经济学家认为，转型中的地方政府之所以会有发展经济的行为，是来源于边际激励很强的财政联邦制的作用。

1980 年开始，中央政府意识到传统的国家工业化推动战略的不足，为了增强转型中地方政府发展经济的激励，中国财政预算体制由单一制转向财政联邦制，即财政包干制。财政联邦制的实行，给中国转型中的地方政府形成了很强的发展经济的激励。

很多经济学家认为行政分权和财政联邦制是中国转型过程中激励地方政府发展区域经济的重要制度条件，这一制度条件所导致的地方政府间的竞争，促成和维持着中国转型过程中的市场机制，是中国渐进式制度转型过程中实现经济快速发展的关键所在。

地方政府在财政联邦制下有足够的动力和内在激励去发展地方的经济，并给地方民营经济创造良好的发展条件。很多文献注意到，民营经济发展过程中出现了一种政治约束弱化的制度变迁，地方政府与民营企业的互动促进了民营经济的发展。有学者认为地方政府官员与地方经济发展在利益上的一致性是地方政府能够选择促进民营经济发展的重要原因，很多研究表明财政收入最大化的地方政府对民营经济的发展起到重要作用，地方政府在民营企业的推动下，会有激励制定有利于民营经济产权保护和弱化政治约束的制度安排。

对于地方政府在经济转型中的地位和行动特征，很多文献从不同角度做了比较详尽而深刻的分析[①]。杨瑞龙（1998）从制度变迁的视角分析了地方政府

---

① 关于地方政府在转型中的行动特征及其功能的文献的综述，主要参照张晓："地方政府在民营经济发展中的作用"，第 5~7 页，浙江大学硕士学位论文，2005 年 11 月。

在转型期的特殊功能。他认为随着放权让利改革战略和"分灶吃饭"财政体制的实施，拥有较大资源配置权的地方政府成为同时追求经济利益最大化的组织[①]。地方政府经济实力的提高，导致其谈判力量发生变化，这又导致地方政府重建新的政治经济合约的努力。利益独立化的地方政府成为中央和微观主体之间的沟通中介，地方政府有可能突破中央政府设置的制度创新壁垒，从而使制度创新成为可能。

这样一种有别于供给主导型与需求诱导型的制度变迁方式，被称之为中间扩散型制度变迁方式。地方政府成为中间扩散型制度变迁方式中的"第一行动集团"，因而一个计划经济国家向市场经济体制渐进过渡的现实路径可能是，改革之初的供给主导型制度变迁方式逐步向中间扩散型制度变迁方式转变，最终过渡到与市场经济内在要求相一致的需求诱导型制度变迁方式，从而完成体制模式的转变。

进一步的研究表明，中国的市场取向改革是在中央治国者、地方政府和微观主体之间的三方博弈中向市场经济制度渐进过渡的，三个主体在供给主导型、中间扩散型和需求诱致型的制度变迁阶段分别扮演着不同的角色，从而使制度变迁呈现阶梯式渐进过渡特征[②]。在这样一种制度变迁的框架内，中央治国者因缺乏制度创新的知识而依赖于地方政府的知识积累和传递，但为了控制由不确定性带来的风险，也需要防止地方政府的"过度"改革；在行政性放权的条件下，地方政府希望通过引入市场经济制度搞活本地经济，赢得中央或上级政府认同的最佳政绩，因而具有捕捉潜在制度收益的动机，但他们的制度创新既要获得中央的授权、默许或事后认可，也需要微观主体在不给他们带来政治风险的前提下积极参与；微观主体为了经济自由和机会也渴望能扩大其自主决策能力的市场经济制度，但难以直接成为中央政府的谈判对手，同时搭便车心理的广泛存在也使集体行动难以形成，因此地方政府便成为他们廉价的集体行动组织者。

---

① 杨瑞龙："我国制度变迁方式转换的三阶段论——兼论地方政府的制度创新行为"，《经济研究》，1998 年第 1 期。

② 杨瑞龙、杨其静："阶梯式的渐进制度变迁模型——再论地方政府在我国制度变迁中的作用"，《经济研究》，2000 年第 1 期。

1.3 地方政府行为的约束条件和目标函数

1.3.1 地方政府的比较优势和约束条件

在中国"渐进—发展式"的经济转型过程中,地方政府对于局部制度创新有着重要的作用,而地方政府在财政联邦制下也完全有激励去发展地方经济并保护区域内微观经济主体的创新行为。与中央政府相比,地方政府有着制度创新上的比较优势。

①地方政府比中央政府掌握更多的信息,具备信息优势。地方政府对区域内微观经济主体的行为模式、经济与社会需求以及各种约束条件都比较熟悉,而中央治国者并不具备关于地方经济发展的完备信息。

②地方政府在制度创新上面临的约束以及创新成本都比较低。中央治国者在决策和法律制订方面往往面临着更多的约束,它要将整个国家的情况纳入其效用函数和考量范围,而地方政府只需要考虑本地区经济发展的需要,因此仅面临本区域的内部约束条件和资源禀赋条件,可以在局部创新方面有更大的创新空间。同时,地方政府的创新成本比较低,即使出现制度创新中不可预期的风险,也可以将风险仅仅局限于一个较小的区域,因此对整个国家的整体影响不大。地方政府制度创新成本的可控性,使得中央治国者在一定程度上可以默许乃至鼓励地方政府进行一定的制度创新,如果这种制度创新成功,则可以将创新经验通过法律化的形式在其他地区推广复制;而如果这种创新不成功,则中央治国者也可以将创新风险控制在可以忍受的范围内。这是中国"局部试点—推广"改革模式成功的基础。

③地方政府的比较优势还在于,地方政府与微观经济主体的物理距离更近,因此微观经济主体可以通过非常便利的途径说服、诱导地方政府进行局部的制度创新,地方政府所获得租金比中央政府更直接,因此更加有动力进行有利于地方微观经济主体的制度创新。也就是说,与中央政府性比,地方政府进行制度创新的比较收益更大且更直接。

因此，由于拥有更完备的信息（所谓地方知识，local knowledge）、可控的创新成本和较低的禀赋约束、较大的制度创新收益等原因，地方政府进行局部的制度创新的内在激励比较强烈。但是，地方政府在推进改革的过程中，也必然面临着诸多约束条件，这些约束条件包括：

①地方财政预算约束。地方政府进行制度创新，受到自身财政实力的巨大影响，那些财政实力较强的地区，地方政府有更大的潜力和空间进行区域内的制度创新，而那些财政实力差甚至入不敷出的地区，地方政府在制度创新上受到较多束缚。比如，地方国有企业改革的成败往往取决于地方财政力量的强弱。在一个财政力量较强的地区，地方政府可以按照经济发展的要求，对一些绩效差的国有企业进行破产或者重组，而破产或者重组所引致的很多成本（如国有企业职工的下岗等）则在很大程度上需要政府来承担。如果地方政府有较强的财政实力，就可以极大地推动区域内的国有企业改革，并有效承担国有企业改革带来的成本和风险，保持地方经济发展的稳定性。而那些地方财政实力不强的地区，由于难以承受国有企业改革引发的社会成本，就不会在国有企业改革方面有太大作为。

②中央治国者的政治约束。对于地方政府而言，政绩是最重要的考虑因素之一，因此，中央治国者对地方政府官员的政治约束主要体现在中央严格把握对地方政府官员的任命权上。由于中央治国者有任命权，因此地方政府在制度创新方面受到严格的约束，一个地方政府官员，需要权衡自己的政治收益和政治风险，做出符合收益最大化目标的决策。在大规模制度变迁的时期，中央治国者在地方风险得到有效控制的前提下，会在一定程度上偏好那些有创新精神的地方政府官员，以及时把这些人的创新经验作为示范性的样板推广到整个国家。因此，那些有创新精神并带来地方经济快速发展和改革迅猛推进的地方政府官员更容易获得中央治国者的关注和赏识。

③地方民意代表的道义约束。在我国现有的政治体制下，地方政府官员的产生以及职位的升迁实际上主要依靠上级组织部门以至中央政府的任命。但是，地方人民代表大会尤其是县级和市级人民代表大会的重要性近年以来越来越突出，地方人大由于在地方性法规的制定、地方政府官员的选举以及地方重大事务决策方面的作用越来越大，导致地方政府在很多时候不得不考虑这些地方民意代表的意见。地方民意代表的道义约束尽管并不是那么显著的和强大

的，但是地方民意代表一般都是地方精英，这些地方精英在当地有不可忽视的
影响力。

④地方利益集团的现实约束。地方利益集团对地方政府行为有着不可估量
的影响。在区域经济发展过程中，地方上成长起一批具备实力的大企业和其他
经济实体（其中包括金融实体），这些经济或金融实体为了自身发展的需要，
会形成游说力量极强的地方利益集团，比如温州普遍存在的民间商会。各种民
间商会利用集团的力量，向地方政府决策者和地方民意代表进行游说、劝说、
寻租或施加压力，激励或推动地方政府以及立法部门通过有利于民间经济部门
发展的政策或法律规章。地方利益集团已经成为制约和激励地方政府行为的一
个重要力量。当然，在与地方利益集团的博弈过程中，地方政府获得了大量的
租金，这些租金有时转化为地方政府官员个人的好处，但在很多时候，这些租
金会成为地方政府提供公共品的资金来源，从而解决地方政府财政约束过紧的
问题，使地方政府在行动方面具备更大的空间和潜力。那些与地方利益集团特
别紧密的地方政府，可以通过有利于地方利益集团的法律政策制定等有效途
径，从地方利益集团那里获得大量的资金支持，并把这些资金用于拓展地方政
府自身的行动能力。

1.3.2　地方政府行为的目标函数

地方政府的目标函数包括以下变量。

①地方政府自身租金的最大化。

②政治风险可控条件下的政治收益的最大化。地方政府在权衡每一个决策
或通过每一个地方性法规的时候，将政治风险控制在可以接受的范围是一个重
要的考量因素。地方政府的官员在进行地方性的制度创新的时候，一方面希望
这些创新性的行为会引起中央治国者的重视和肯定，同时又希望这种创新性行
为不至于过于超越中央治国者的预期，不至于引起中央治国者对区域经济风险
的担忧。因此，地方政府总是面临着政治风险与政治收益的权衡。

③区域经济发展的最大化。区域经济发展也是地方政府最重要的目标之
一，只有在区域经济获得实质性发展的前提下，地方政府的政绩才能够被充分
肯定。

以上我们分析了地方政府行为的目标函数和约束条件。从这些约束条件和

目标函数变量看，支持区域内民营部门发展及其制度创新，可以为地方政府带来多方面的利益。

第一，民营部门的发展符合区域经济发展最大化的目标，同时民营部门的创新一旦经过地方政府的解释和法律化，会顺利转化为地方政府的创新性成果，因而可以顺理成章地成为地方政府的政绩，容易获得中央治国者的政治肯定和行政提拔，从而地方政府官员的政治收益达到最大化。

第二，支持区域内民营部门的发展，可以与地方利益集团和地方民意代表达成较好的合作博弈关系，地方上的民营部门和民意代表会通过各种方式提升地方政府的财政力量和政治力量，并通过某种形式的合谋将有利于地方经济发展的创新行为合法化。

但是，在支持民营部门发展和创新的过程中，地方政府必然面临巨大的政治压力，承担一定的政治风险。在实践中，地方政府会在中央治国者的政治约束和其他三个约束之间寻求一个平衡点，在政治风险可控的条件下，支持民营部门的发展与制度创新。而不同地方政府行为的区别，在于对不同约束条件和目标函数中的各个标量所设置的权重不同。如果一个地方政府更多地重视中央治国者的政治约束而忽视其他的约束条件，过于担心政治风险对中央治国者对自己政绩评价的负面影响，则它一般会采取较为保守的策略，减少甚至压制民营部门的创新行为，以使得地方微观主体的行为严格符合中央治国者的现行规定。而如果一个地方政府更多地考虑地方利益集团的现实约束和民营代表的道义约束，并将自身的租金最大化和区域经济发展的最大化作为主要目标，则它会甘冒一定的政治风险来扶持民间部门的发展和创新行为。而那些具有创新意识的地方政府，也容易获得中央治国者的关注，这种关注更激励了地方政府的创新行为。

第 2 章

宁夏模式

前面我们分析了中国改革进程中地方政府创新所扮演的重要角色，以及地方政府创新所面临的约束条件和目标函数。地方政府在地方利益和中央治国者评价的权衡之下，会产生极大的内在动力去构建一个鼓励民间部门和地方经济成长的创新性政策框架，从而带动地方社会经济的飞跃式发展。

在农村金融改革领域，情况也是如此。农村金融改革在各个地方的推进是以区域间极端不均衡的方式进行的，在某些地方政府大刀阔斧推进农村金融改革的同时，其他一些区域的改革却处于徘徊不前的状态。中央治国者（包括中央政府以及与农村金融改革相关的中央银行和银行业监督机构）所给予地方政府的制度资源基本是均衡的（试点区域的先后顺序并不是影响地方政府创新的重要变量），因此区域农村金融改革的非均衡状态的出现从某种意义上来说只能解释为地方政府的行为差异。

下面以宁夏农村金融改革为案例，以作者的实地调研资料为基础，系统分析地方政府在农村金融的增量改革和存量改革中所扮演的角色，探讨地方政府在促进农村金融改革中的机制创新与政府扶持框架，最后概括出宁夏需求导向型农村金融创新模式的主要内涵以及地方政府在改革中的制度优势，并由此探讨宁夏农村金融改革模式对全国农村金融改革的示范意义。

▌2.1 宁夏农村金融供求及改革总体战略

与全国大部分经济欠发达地区一样，宁夏农村金融服务的供求处于严重失衡的状况。随着农村经济的转型和新农村建设的深入推进，宁夏农民的贷款需求在不断增加，资金需求规模平均由以前的 3000 元左右增长到 20000 元左右，一些专业性的种植业和养殖业大户，其资金需求规模甚至有十几万元到几十万元，农民专业经济合作组织和农村中小企业的贷款需求也非常旺盛。一个总体的趋势是，宁夏农村经济的快速成长必然导致对金融资源的需求呈现扩大之势，农业发展和农业转型对资金的依赖程度也必将逐步加深。

但是同时，近年来农村金融机构不断萎缩和农村金融服务总体缺位的情况却愈加严重，农村金融服务供求的反差愈加强烈。据宁夏区政协的一份调研报告显示，宁夏农村金融服务网点严重短缺，正规金融机构大规模撤并基层网点使得农村金融服务出现农村金融"空洞化"现象。以同心县为例，同心农村信用社共有12个网点，其中城里有7个，乡下只有5个，1个信用社服务3个乡镇，而这几个乡镇的地理跨度都非常大。而中国农业银行在乡镇只有下马关和河西镇2个点。金融服务的缺失，造成了老百姓贷款难。据调查，同心全县灌区农户信贷覆盖面25%左右，而旱作区农户信贷覆盖面只是10%左右，大多数农户申请支农贷款无法实现。西吉县农村信用社经营网点20个，7个设立在城区，13个设立在乡镇，但即使这样仍有6个乡镇没有一家金融机构①。据笔者在宁夏的调研了解，这种农村金融服务缺位的状况在中宁县、盐池县、固原县、吴忠市等地区同样存在。总体来说，宁夏农村金融服务的供给主体单一（以农信社为主），供给规模远远不能满足农村金融需求。

与农村金融服务缺位形成鲜明对照的是宁夏近几年来经济的快速发展。1999～2007年，宁夏经济增长速度连续8年高于全国平均水平，地方财政收入6年间增长两倍，工业增加值和实现利润5间年分别增长1.2倍和6.6倍，宁夏经济社会发展明显加快，进入了历史上最好的发展时期。经济的快速增长必然导致民营经济的活跃和民间资本规模的快速扩张。在正规金融机构难以满足农民和农村中小企业资金需求的情况下，非正规金融就会在资金融通中占据重要地位。盐池县、中宁县和同心县等地区，普遍存在着合会或摇会、标会、放青苗者和押干谷者、互助储金会以及农村合作基金会等民间借贷形式，民间借贷的规模和波及区域都相当可观。宁夏农村民间借贷的资金来源包括放贷专业户资金、个人收入积蓄、银行和信用社信贷资金以及高利贷资金，其用途大部分用于生产经营活动，生活消费性民间借贷和非正常性民间借贷比例极低。

---

① 资料来源："宁夏回族自治区政协农村金融运行状况调研纪实"，宁夏政协网，www.nxzxb.gov.cn，2007年6月4日。

据调查，盐池县民间借贷资金大部分（约占90%）用于生产经营，民间借贷总量在8000万元左右。而根据对一个村89户农民的抽样调查，其中71户参与各种形式的民间借贷，比例达到80%，其中民间借贷资金用于生产经营的占比52%，既用于生产经营又用于生活消费的占比22%[1]。非正规金融的活跃一方面表明宁夏民间资本的充裕，另一方面也表明宁夏正规农村金融体系存在着严重的缺陷。

从截至2010年9月末的数据看[2]，宁夏金融体系尤其是银行业的发展较快，银行业机构总资产为3103亿元，总负债为2981.8亿元，本外币各项贷款余额为2337.5亿元，各项存款余额2257.6亿元，实现利润41.4亿元，都有非常快速的增长。2010年9月末居民储蓄存款余额为1093.5亿元，比年初增加121.7亿元，占各项存款总量的48.4%。与银行业整体存贷规模迅猛提升和居民储蓄存款快速增加形成对比的是，全区金融机构对农、林、牧、渔的贷款比例却很少，截至2010年9月末，全区金融机构对农、林、牧、渔业贷款余额为210.4亿元，比年初增加59亿元，贷款余额占全区贷款总量的9%左右，这与农业作为宁夏经济的半壁江山的地位很不相称，金融机构对农业的支持明显较弱。在对"三农"提供信贷服务的金融机构中，其主体是农村信用社，中国农业银行的县以下网点剩下不到10个，对农业的支持比较有限。而农信社由于竞争和利润的压力，对"三农"的支持力度在很多地方也在弱化，其服务覆盖面也在缩小。图2.1是宁夏部分银行存贷款情况。表2.1是宁夏回族自治区辖内金融机构及从业人员情况。

表2.1　　宁夏金融机构及从业人员情况　　（2010年6月30日，单位：个，人）

机构名称	法人机构	一级分行	二级分行	支行及支行以下营业网点	从业人员数
国有商业银行合计	0	5	15	443	9535
工商银行	0	1	0	90	2717
农业银行	0	1	4	214	3045
中国银行	0	1	2	62	1268
建设银行	0	1	9	74	2348

[1] 苏士儒等："从非正规金融发展看我国农村金融体系的重构：以宁夏盐池县、中宁县、同心县为例"，《金融研究》，2005年第12期。
[2] 以下数据引自宁夏回族自治区银监局提供的资料。

续表

机构名称	法人机构	一级分行	二级分行	支行及支行以下营业网点	从业人员数
交通银行	0	1	0	3	157
政策性银行及国开行合计	0	2	4	10	430
国家开发银行	0	1	0	0	96
中国农业发展银行	0	1	4	10	334
股份制商业银行合计	0	0	0	0	0
城市商业银行	2	1	0	46	2152
农村金融机构合计	23	0	0	352	4808
农村信用社	19	0	0	303	3761
农村商业银行	1	0	0	48	928
农村合作银行	0	0	0	0	
村镇银行	3	0	0	1	119
非银行金融机构合计	0	0	0	0	0
邮政储蓄银行	0	1	5	185	1461
合计	25	9	24	1036	18386

注：从业人员指在岗人员（含劳务用工），不含退休人员。2010 年 6 月 30 日宁夏银行业机构 1094 个，其中法人 25 个，非法人机构 1069 个。

资料来源：宁夏银监局。

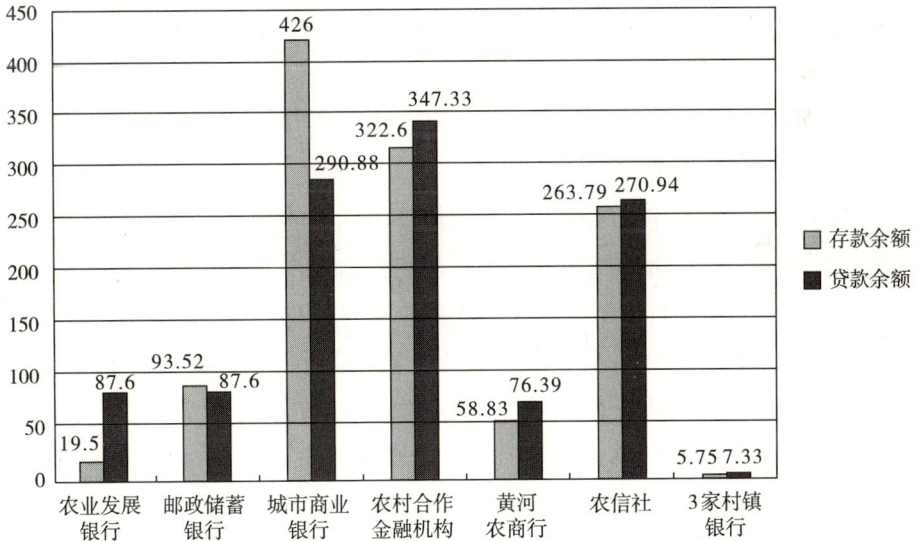

图 2.1 宁夏部分银行存贷款情况（截至 2010 年第三季度，单位：亿元）

资料来源：宁夏银监局，2010 年。

2.2　宁夏农村金融存量改革与推进模式

在以上我们所描绘的农村金融总体条件下，宁夏为改善区域内农村金融服务状况、更好地满足农民的资金需求，对农村金融体系进行了颇具创新性的大刀阔斧的改革。2007 年以来，宁夏农村金融结构和金融生态发生了巨大的变化，在这个过程中，宁夏政府扮演了相当积极的角色，成为宁夏农村金融创新主体中最重要的组成部分。金融存量的改革从 2007 年起突飞猛进。2007 年，"银川市商业银行"成功更名改组为"宁夏银行"，一跃成为"全国性股份制商业银行"。宁夏银行是由宁夏回族自治区和银川市两级政府及企业入股组建的股份制商业银行，现有员工 1884 人，在全区设 35 家支行和 1 个营业部，业务经营覆盖宁夏全境。截至 2010 年 6 月末，宁夏银行的资产总额 403 亿元，存款余额 341 亿元，贷款余额 227 亿元，资本充足率 14.69%，核心资本充足率 13.61%，不良贷款率 2.02%，2009 年实现税前利润 3.96 亿元。2009 年宁夏银行在全国城市商业银行监管评级中被评为二类行，成功跨入城市商业银行先进行列。宁夏银行的成立揭开了宁夏大规模农村金融改革的序幕。

宁夏农村金融的存量改革主要是农村信用社的改革。农信社是宁夏农村金融的主力军，但是由于长期以来激励机制扭曲、内部治理结构不健全、内控机制不完善、地方行政干预、员工素质偏低等原因，宁夏农村信用社的整体质量很差，不良贷款率较高。根据宁夏金融监管部门的统计，到 2005 年 10 月末，宁夏农村信用社不良贷款余额为 11.2 亿元，其中，各市县国家机关公职人员拖欠贷款 4.85 亿元，形成不良贷款 0.69 亿元。其不良贷款率达 9.54%，历年累计亏损 1.9 亿元。要实现宁夏农村金融服务质量和农信社资产质量的全面提升，就要对农信社的内部治理结构、产权结构、运营机制等进行彻底的改造，从而适应宁夏农村发展的需求。从 2006 年 1 月召开的宁夏回族自治区第九届党委第四次常委会议提出组建"宁夏黄河农村合作银行"的初步思路以来，自治区政府和金融管理办公室开始了整体改组宁夏农信社体系的进程。

2007 年 11 月 19 日，为确保宁夏农村信用社改革的顺利推进和黄河银行的成功组建，宁夏自治区政府成立了宁夏黄河农村合作银行组建工作领导小组，其主要职责是：第一，组织实施宁夏黄河农村合作银行的组建、开业等工作，协调解决组建工作中的重大问题；第二，负责宁夏黄河农村合作银行组建期间，宁夏农村信用社联合社的正常稳定运营；第三，组织制定和研究起草宁夏黄河农村合作银行组建方案、银行章程、机构设置和其他制度。在农信社整体改制过程中，区金融管理办公室起到了主导性的作用，在自治区政府、银监局、农信社、中国银监会和中央政府之间进行了大量协调与沟通工作。

针对宁夏农村信用社存在的弊端，黄河银行组建工作领导小组将主要工作放在对原有农信社运营机制的彻底改造上，即督促农信社彻底改革产权制度，吸引民间资本，促使农信社产权结构多元化和清晰化；完善农信社的法人治理结构，使股东代表大会、董事会、监事会、理事会各司其职；强化风险防范，完善内控机制，保证资产质量，严格压缩不良贷款规模。针对农信社由于政府干预过多而引起的不良资产比例过高的情况，黄河银行组建工作领导小组掀起对全区 805 户拖欠贷款者的"清欠风暴"，彻底解决党政机关、事业单位、乡村组织及其工作人员拖欠农信社贷款问题。同时，自治区金融办工作人员驻地办公，现场服务，组织开展金融政策法规的宣讲，为组建黄河农村合作银行奠定了基础。

2008 年 1 月 29 日中国银监会向国务院上报了《关于支持宁夏地方金融机构改革意见的报告》，将名称改为宁夏黄河农村商业银行，简称黄河银行。2008 年 3 月 7 日，宁夏黄河农村商业银行组建方案经国务院温家宝总理签批同意，宁夏被列为全国第一家农信社整体改革省区，12 月 8 日中国银监会正式批复黄河银行开业。现在，黄河银行共有 20 家法人单位（包括本行和 19 家县级分行），基层营业网点 369 个，在岗职工 4689 人，网点和人员数量均占全区金融机构首位。截至 2010 年 6 月末，黄河银行存贷款余额分别达到 305.86 亿元和 347.01 亿元，资本充足率 15.2%，核心资本充足率 16.4%，资本充足率居全国农信社系统第六位。2009 年末，不良贷款额和不良贷款率实现双降，不良率6.38%，实现利润总额8.49亿元，盈利能力（资产利润率）排名全国农村合作金融机构第一位。黄河银行的成立，是宁夏农村金融改革史上里程碑式的事件，在我国农村金融改革中有着重要的地位。黄河银行的组建以产权结构多元化和清晰化为核心，以健全内部治理结构为重点，以清收不良贷款和完善信用机制为突破口，在全国农信社改革中具有样板意义。

📖 2.3　农村金融增量改革与政府扶持框架

随着中国银监会出台一系列新型农村金融机构试点的方案与政策框架，宁夏的农村金融改革也驶入了快车道。宁夏农村金融的增量改革，以组建村镇银行、小额贷款公司和农民资金互助组织为核心，着力于整合区域内的金融资源，鼓励新型农村金融的股权结构多元化，对动员民间资本、盘活金融资源起到了积极的作用。

在村镇银行方面，笔者考察的宁夏第一家村镇银行吴忠市滨河村镇银行于2008年12月3日正式营业，注册资本金3818万元，发起行为石嘴山银行，出资786万元，占总股本的20.12%，另外还吸收了13个自然人和4个法人的股本，其中陕西长陇石化出资300万元，占总股本的7.8%，其他企业法人也大部分是外地企业，充分利用了区域外资本。截至2008年11月末，滨河村镇银行吸收各类存款686户，共计3583万元，户均存款6万元；发放贷款76户，共计2565万元，户均贷款33.75万元。截至2010年6月末，该行资产总额达3.2亿元，各项贷款余额2.8亿元，各项存款余额2.5亿元，实现利润596.27亿元，现已开设1家分支机构。滨河村镇银行坚持"立足地方、支持三农、服务高效、坚持微小"的市场定位，以灵活的机制和规范的管理服务于吴忠农村金融市场，极大地提高了当地农户、农村中小企业和农民专业经济合作组织的信贷可及性。2008年12月26日，宁夏第二家村镇银行平罗县沙湖村镇银行也正式开业。平罗沙湖村镇银行由黄河银行发起，注册资本金2000万元。截至2010年6月末，资产总额达到1.66亿元，各项贷款余额1.14亿元，各项存款余额 1.41 亿元。2010 年 1 月 30 日,贺兰回商村镇银行正式挂牌营业,它由包商银行发起,充分利用了区域外资金,注册资本金 3000 万元,截至 2010 年 6 月末,各项贷款余额 2.1 亿元,各项存款余额 3.3 亿元。

宁夏农村金融增量改革的最大亮点在小额贷款机构的创建与机制创新上。宁夏虽然不是中国人民银行 2005 年 12 月开始实施的小额贷款公司的试点省份,但是小额贷款机构的发展势头非常迅猛。宁夏的小额贷款机构具有多元化的特征,其中既有商业性的小额贷款机构,也有以扶贫为目的的非政府组织小额贷款机构(如盐池县妇女发展协会),还有一些创新型小额贷款机构,种类之齐全与创新,在全国名列前茅。另外,宁夏农村小额贷款机构数量较多,规模较大,在全国居领先地位。2006 年,宁夏通过面向全国公开招标的方式,先行开展小额贷款公司试点。截至 2010 年 6 月末,已经有 72 家小额贷款公司,注册资本金最低的 1000 万元,最高的 2 亿元,实际到位资金 32.7 亿元,累计发放小额贷款 76.3 亿元,其中三农贷款占 71.4%,使 21.6 万户农民、创业者和中小企业受益,发放的贷款至今无一笔欠息和逾期,贷款回收率为100%。小额贷款公司的发展,在很大程度上满足了广大农户和微型企业的融资需求,为当地农村经济发展和农民增收提供了助力,同时也对民间的非法借贷起到一定的抑制作用。

宁夏在全国首创了"大型商业银行——小额贷款公司——农民和微型创业者三点一线贷款直通车"模式,由大型商业银行将资金批发给小额贷款公司,实现了大银行与小额贷款公司的资金对接,既使大型商业银行达到了支农帮农的目的,实现其银行社会责任,也解决了小额贷款公司资金实力有限、后续资金不足的问题。这种模式,对遏制农村资金外流、促进资金回流也有很大的意义,城市的资金可以通过这种模式,通过小额贷款公司这个中介渠道,返流到农村,使农村的融资困境得到极大缓解。

宁夏自治区金融办在推动小额贷款机构的试点过程中,特别强调小额贷款机构根据区域经济发展水平和当地农户需求的实际情况,进行经营管理和金融产品等方面的创新,宁夏银川掌政镇农村资金物流调剂中心就是一个典型的案例。掌政农村资金物流调剂中心成立的基础是 200 户农民的资金互助,但其中又吸收了民营企业的股份,且提供农村物流信息业务,比如为农民提供化肥、种子等农资方面的信息服务。所以掌政镇农村资金物流调剂中心是一个非常特殊的小额贷款机构，它是以农民资金互助合作为基础，以社会民间资本为主导，以市场化运作机制为保障，以扶贫性金融为手段，将农民信用合作、商业性小额贷款、农资物流信息调剂三者密切结合而构建的一个三位一体的商业化可持续的微型信贷机构①。截至 2010 年 6 月末，宁夏共发展农村物流调剂公司 9 家，注册资本金 8000 万元，发放贷款 2521 笔，累计发放贷款 1.2 亿元。

宁夏还积极开展村级的农民资金互助试点。宁夏从 2006 年起推广"财政＋农户"贷款模式，即将财政扶贫资金作为政府配股，由农民自愿入股，同时接受社会捐赠资金，主要为当地贫困户发展种植、养殖、加工和流通业提供小额贷款。截至 2010 年 6 月末，宁夏已经在 769 个贫困村建立了村级资金互助组织，辐射全区 21 个市、县（区）的 128 个乡镇，资金总量达 3.2 亿元，入社农户 6 万多户。

宁夏自治区政府在支持新型农村金融发展过程中，注重通过系统性的机制建设，降低新型农村金融机构的运行风险，增强新型农村金融机构的资金实力，为它们提供一个良好的金融运行外部环境。首先是通过自治区金融办的协调，整合区域内的担保机构，组建宁夏担保集团，为农村中小企业贷款提供担保，不仅解决了中小企业贷款难的问题，降低了小额贷款机构和银行的风险，也使区域内的金融资源得以有效整合。其次是建立大型商业银行与新型农村金融机构（尤其是小额贷款机构）之间的资金对接机制。2008 年12 月，经过自治区金融办和交通银行银川分行的充分协商，提出了由交通银行向小额贷款公司进行批发贷款、小额贷款公司对全民创业者进行贷款支持、政府运用财政资金对贷款利息进行适当补贴的新思路，交通银行银川分行向宁夏 8 家小额贷款机构进行批发贷款 3000 万元。再次，针对农村信贷受农业风险影响较大的问题，宁夏积极建立农业政策性保险机制，为农村金融机构化解信贷风险提供了机制保障。最后，宁夏自治区政府针对区域内信用体系缺失的弊端，积极完善信用体系，建立农户和中小企业的信用档案，打造和谐的金融生态环境。

---

① 王曙光："从宁夏看西部农村金融改革与小额贷款公司发展"，《中国经济时报》，2008 年 10月 8 日。

■ 2.4 需求导向型农村金融创新

从宁夏农村金融改革的推进模式和创新机制中可以明显看出，宁夏地方政府在农村金融改革中起到了举足轻重的作用，也为我们考察地方政府创新提供了极好的样本。地方政府之所以能够焕发出高涨创新热情，除了发展地方经济与政绩考核的因素之外，还与地方政府的制度优势有关。与中央政府相比，地方政府有着制度创新上的比较优势：第一，地方政府比中央政府掌握更多的信息，具备信息优势。地方政府对区域内微观经济主体的行为模式、经济与社会需求以及各种约束条件都比较熟悉，而中央治国者并不具备关于地方经济发展的完备信息。第二，地方政府在制度创新上面临的约束以及创新成本都比较低。中央治国者在决策和法律制订方面往往面临着更多的约束，它要将整个国家的情况纳入其效用函数和考量范围，而地方政府只需要考虑本地区经济发展的需要，因此仅面临本区域的内部约束条件和资源禀赋条件，可以在局部创新方面有更大的创新空间。第三，地方政府的比较优势还在于，地方政府与微观经济主体的物理距离更近，因此微观经济主体可以通过非常便利的途径说服、诱导地方政府进行局部的制度创新，地方政府所获得租金比中央政府更直接，因此更加有动力进行有利于地方微观经济主体的制度创新。

作为一个经济欠发达的西部少数民族自治省区，宁夏农村经济发展和农村金融发展的先天条件并不优越。但是，宁夏自治区政府勇于创新，与时俱进，敢为天下先，在农信社改制、新型农村金融机构组建、农村金融生态建设等方面，均进行了大胆而有效的尝试。从宁夏农村金融改革的推进模式和创新机制中可以明显看出，宁夏地方政府在农村金融改革中起到了举足轻重的作用，也为我们考察地方政府创新提供了极好的样本。

我们可以这样概括宁夏的农村金融改革模式："宁夏模式"是以农村金融的存量改革为基础，将区域内的城市信用社和农村信用社进行整体改制，建立健全法人治理结构，完善有效内控和激励监督机制，培育具有竞争力的、为区域经济和农村发展服务的社区银行；以农村金融的增量改革为突破口，充分利用和挖掘各种资源优势和政策优势，整合民间资本，迅速建立村镇银行、小额贷款机构和农民资金互助组织，培育多元化、多层次的新型农村金融机构，使区域内的农村金融机构初步实现较为充分的竞争，改善农村金融机构的产权结构和竞争结构；以建立各种农村金融配套机制为契机，全面改善区域内的金融生态环境，建立担保机制、农业保险机制、财政支农资金与农村金融机构的对接机制、大型商业银行与农村金融机构的资金对接机制等，为农村金融机构的运行提供机制保障。

宁夏地方政府的农村金融创新从总体来说是一种需求导向型的金融创新，即根据当地农村金融制度供给与制度需求的客观特征，以微观主体的金融需求为导向，着力塑造产权结构多元的多层次农村金融市场体系，实现农村金融机构的多元化，充分满足区域内农村各类主体的资金需求；这种需求导向型的金融创新的核心在于机制建设，其中担保机制、农业保险机制、委托批发贷款机制、财政补贴机制的构建，为农村金融机构的可持续发展提供了机制保障。这些创新性做法，对于全国欠发达地区都有一定的示范意义和借鉴价值。

2.5 未来的战略目标与机制建设

宁夏农村金融改革已经取得了很大的成绩，农民的资金需求得到了更大的满足，区内农村金融机构运营规范且风险控制水平很高，农村金融的整体改革已经驶进了快车道。从整个自治区农村金融发展的宏观层面来说，还应该明确本区农村金融改革的全局性的宏观战略目标，以这个高度概括的目标来指引整个农村金融改革的步骤。宁夏农村金融改革最终要实现三个战略目标。

第一个战略目标是实现农村金融机构的竞争结构的充分多元化。现在，宁夏已经有了小额贷款公司、村镇银行、农民资金互助组织等各种新型农村金融机构，农信社也已改组为黄河银行。但是在现有的这些金融机构中，发展并不均衡。在未来的一个时期中，还要着力加强农民资金互助组织和村镇银行等新型金融机构的发展力度，尤其是农民资金互助组织，应该大力发展。现在全区此类机构很少，发展潜力很大。非政府组织小额贷款机构也应该鼓励发展。

第二个战略目标是实现农村金融机构股权结构的多样化，积极引导民间资本和外国资本进入本区农村金融领域。股权结构多元化，可以最大限度激活现有的民间资本，使资金重新流向农村，起到城市反哺农村的作用。黄河银行也好，现有农村小额贷款机构也好，都应该积极鼓励民间资本加入。现在宁夏还没有外资银行，现有的农村金融机构也没有外资进入。这恐怕跟宁夏整体上的对外宣传力度不够有关。宁夏在这方面的空白要尽快填补，这需要相关金融主管部门的积极协调与对外推介。

第三个战略目标是努力实现宁夏城乡金融机构的纵向一体化。所谓城乡金融机构的纵向一体化，就是指通过设计某种制度框架和机制，使城市中的大的金融机构（比如四大国有银行和其他大型股份制银行）能够实现与乡村中的小的基层金融机构之间的资金沟通、信息沟通和业务沟通，从而引导城市资金向农村流动，使城乡金融机构实现双赢，逐步走向一体化格局，结束原来的城乡金融机构隔离的二元格局。

在确立了这三个战略目标之后，我认为宁夏金融主管部门现在应该着力构建三个有效机制。

第一是建立财政支农资金与农村金融机构之间的无缝对接机制。现在的财政支农资金规模很大，来源多种多样，这些资金往往通过各个部门向农村流动，中间经过的渠道较多，截流损失严重，且资金使用效率不高。实际上，这些财政支农资金完全可以通过一些农村金融机构来运作，通过信贷的方式来发放给农民。这可以起到一石三鸟的作用：第一，更好地满足了农民的资金需求。第二，解决了农村金融机构资金不足的问题，增强其资金实力和竞争力，使其更有能力服务三农。现在村镇银行、农民资金互助组织和小额贷款公司的一个普遍存在的困难就是缺乏资金，资金困境使很多新型农村金融机构面临经营不下去的危险。第三，可以提高财政支农资金的有序发放和有效使用，提高资金回报率。一石三鸟，何乐不为？这个问题，需要金融主管部门加以协调。

第二是建立城市大的金融机构（如大型商业银行和国家开发银行等政策性银行）与农村金融机构之间资金的无缝对接机制。大的城市金融机构资金充足，但是基层网点少，没有"腿"；小的农村金融机构资金匮乏，但是贴近农民，具备信息优势和网点优势，如果建立他们之间的一个资金对接机制，可以实现双赢。应该鼓励大的金融机构向小的农村金融机构发放委托贷款、批发贷款，形成资金对接。宁夏在大银行与小额贷款公司的对接方面已经积累了很多经验，可以继续扩大试点，为小额贷款公司解决资金瓶颈提供助力。

第三是构建一个基于一定激励约束目标体系的小额贷款公司的升级机制。如果一个小额贷款机构在几年之内运行状况优良，贷款覆盖面很大，贷款质量很高，内部治理结构比较完善，内控机制严密，对社区内的农民增收起到明显作用，那么，金融主管部门应该设计某种机制鼓励这些小额贷款机构"升级"。这个升级机制，一方面，可以鼓励现有小额贷款机构稳健经营、提高经营效率和支持三农力度；另一方面，也可以使好的小额贷款机构有一个改组为真正的社区性中小银行的机会。设计这个升级机制的核心在于设计一整套相关指标（如资金规模、资产质量、贷款回收率、资产回报率和资本回报率、社区客户覆盖面、贷款农民客户脱贫效果等），这些指标，等于为升级设置了一个明确的门槛，鼓励小额贷款机构向这些目标努力。

本章我们对宁夏农村金融改革的创新性模式进行了详尽的分析。如何把金融与反贫困结合起来，以金融反贫困，以金融促新农村建设，以金融促西部地区发展，是笔者多年来一直在思考的问题。宁夏地方政府以及从事农村金融服务的业界人士，在艰苦的探索中创造了很多值得借鉴的模式。我们相信，在宁夏这片充满希望的土地之上，农村金融体系的巨大变革，必将为宁夏农村发展、农民创业增收和民族和谐注入新的活力。贺兰巍巍，黄河荡荡，在这山河之间孕育成长的宁夏，也将迎来新的发展机遇。

|第 3 章|

城乡融合

3.1 城镇化和城乡一体化

中国是一个典型的二元结构国家，城市和乡村的矛盾非常突出。城乡一体化发展是解决城乡矛盾、消除二元结构的必由之路。这就意味着，中国很多农村地区，在未来的一段时间中，不可避免地要进行大规模的城镇化建设。就国际经验和中国当前所处的发展阶段而言，城镇化将是中国未来 20 年驱动经济高速发展的主要引擎。城镇化进程将深刻改变中国的社会经济结构，也必将是未来中国经济和社会发展的重要内容。但真正的城镇化，并不仅仅是 GDP 的增长、城市的简单扩张或是城市人口的简单膨胀（农转非），而是要着眼于城乡的协调发展、城镇的均衡、可持续化发展，这是一个经济、社会、生态、文化的协调发展过程。新型城镇化的目标定位应有更高的要求，在发展哲学上，应坚持和谐发展、以人为本的发展取向，要实现城市、自然和人的和谐发展，城市和城郊农村的和谐发展，要体现绿色、低碳、可循环、可持续的城市发展模式。

从城镇化的内涵和外延上来看，推进城镇化建设至少涵盖三层次内容：人口城镇化、经济城镇化和社会城镇化。首先是人口城镇化，主要是基于城镇人口的增加，农民真正转变为市民的过程；第二是经济城镇化，是人口城镇化的经济基础，在于农业剩余和城镇化产业（现代工业、服务业）的发展扩大及其对农业剩余劳动力的吸纳；第三是社会城镇化，主要显现在城市规模和外观、生产方式、生活水平、社会组织关系等方面的全面转变。如果城镇化并不能带来福利的改进，包括生活环境（基础设施、自然环境）的改善、生活水平（就业、消费、社保等）的提高、更好的医疗教育保障等等，那就失去了城镇化的本质意义。

当前，我国的城镇化，过多地注重"人口城镇化"，注重"经济城镇化"中的经济增长，在"社会城镇化"方面仍有很大不足，因而让城市化的社会成本不断增加。世界城市发展的历史经验表明，在城镇发展过程中必须处理好核心城市区、城市郊区和城市周边农业区的关系，要注重城乡一体化发展。在城镇化的同时要逐步注重乡村的重新振兴和乡村机能的均衡化，即重视乡村的生态机能、环保机能、绿地机能、文化传统延续机能，要促进乡村社会生活和社会组织的复兴、促进市民与村民的交流机制以建设城乡共存的乡村社会①。

中国的地区与城乡发展极不均衡，城市核心区的人口膨胀财富积聚与城市周边农村的贫困化形成鲜明对比，城乡二元结构极端突出，这对中国的城镇化进程形成了严峻的挑战。因此，城镇化进程不仅仅是一个农村转型的问题，更是一个区域内协调发展与融合的问题，具体而言，就是城乡统筹发展。城镇化进程要注重城市和乡村的一体化发展，即在城市发展的同时，乡村也得到发展。

城镇化进程中，社会结构、经济形态、产业结构、文化形态都会发生深刻的变化，与此同时，其社会矛盾和经济矛盾会更加突出。如果这些社会矛盾和经济矛盾得不到妥善的解决，则会出现更大的社会问题和经济问题，隐含着很多社会冲突风险，严重影响经济社会的可持续发展。这些问题表现在以下几个方面。

第一，在城镇化过程中，失地农民创业、就业能力不足，短期培训无法迈过人力资本投入长期性的门槛。农民没有就业，就成为潜在的非意愿失业人口，其社会经济地位必然下降，长期而言会引发大量严重的社会问题，甚至会导致失地农民的再度贫困化，造就新的城市贫困阶层。

第二，在城镇化过程中，城市基础设施建设的投融资机制存在问题，过分依赖土地财政，风险加大，影响政府投融资平台的建设，导致政府的"角色"、"财政能力"都将会出现问题。城市基础设施建设中的金融机制创新显得极为重要。

第三，征地补偿款得不到有效利用引发的社会问题。城镇化过程中，农民获得比较可观的补偿款，这些补偿款如果不能得到很好的利用，就会不但不能给农民带来收益和稳定的生活保障，而且会引发大量社会问题，甚至会引发社

---

① 王曙光等："城镇化的目标定位与金融支撑体系"，《农村金融研究》，2010 年第 7 期。

会危机和家庭危机。因此，如何使巨额补偿款得到最有效的运用，如何使农民通过补偿款的有效利用而获得稳定的收益，是一个涉及社会稳定与经济可持续发展的大问题。

第四，城镇化过程中的产业链选择与设计、经济的转型问题。城镇化进程中，既要保持经济的可持续发展，又要促进其经济形态进行成功的转型，是一个必须解决的大问题。产业链的设计、构建和资源整合，必须充分考虑到各个地区不同的产业优势、资源优势、区位优势和人力优势，使该地区的产业在未来的市场中能够具备竞争能力，并增加当地的就业，使失地农民可以得到很好的就业机会，同时通过产业的发展，带动农民创业。

当然，城镇化也给当地的经济和金融发展带来巨大的机遇。在城镇化过程中，农民需要创业和再就业，农民在城镇化过程中得到的收益也可以转化为巨额的储蓄资源和再投资资源，这就为金融机构的业务扩张提供了基础。城镇化过程中产业结构的转型和大规模的基础设施建设也为金融机构提供了大量发展机会。随着城镇化进程中新的经济增长点的培育和新的就业机会的出现，农民和微型企业的贷款需求也会有迅猛的增长。

3.2　城镇化进程中的掌政镇

3.2.1　地理位置

本书所涉及的区域主要是宁夏回族自治区银川市兴庆区掌政镇。虽然掌政镇的面积和人口规模都不算大，在全国并不起眼，但是，从经济发展和社会发展的阶段、结构以及形态来看，掌政镇又颇具代表性与典型性。概括来说，掌政镇是城镇化的典型地区，同时又由于宁夏未来"黄河金岸"发展战略的影响，掌政镇又是一个未来高速增长、城乡一体化迅猛推进的地区。因此，我国城镇化和城乡一体化发展过程中的一切问题，诸如城乡协调、农业产业结构调整、城镇化中失地农民就业和可持续发展问题、城镇化中的社会保障、金融支持、小城镇定位与发展模式等问题，都在掌政镇这个弹丸之地有所体现。因此，摸准掌政镇的经济社会发展脉络，参透其面临的困惑并找到因应之道，可以说就找到了解决中国城市化难题的钥匙。

掌政镇隶属于银川市兴庆区，位于银川市区东部，距离银川中心城区约 9 公里，最远的村距离市区 18 公里。掌政镇南北分别与永宁、贺兰两县接壤，东临灵武市，以黄河为界，西与贺兰山遥相对望。全镇土地面积 153 平方公里，京藏高速、银青高速、银横公路、省道 203、机场高速贯穿全镇，对外交通十分便利。黄河、惠农渠、汉延渠从掌政镇穿过，水利灌溉条件十分优越。

以与中心城市的距离来衡量，掌政镇无疑可以看作是首府银川的一个卫星城镇，是首府城市功能的一个延展区和辐射区。作为一个中心城市的卫星城镇，其产业结构和经济发展必然极大地受到中心城市的带动与影响，中心城市为卫星城镇的发展提供了巨大的消费需求和广阔的就业机会，而卫星城镇的发展也为中心城市提供了大量的服务与廉价人力资源，在这种互动与耦合中，卫星城镇的发展面临着巨大的机遇。可以说，从长远的经济发展和产业转型来看，掌政镇的地域优势是非常明显的，在未来的 10 年左右时间，必将迎来一个城镇化的高峰时期。

3.2.2 沿黄经济带和黄河金岸

宁夏回族自治区近年来经济有了飞速的发展。自治区政府确立了沿黄经济发展战略，通过沿黄经济带的发展，打造"黄河金岸"。宁夏利用黄河流经宁夏 397 公里、沿黄地带集聚 10 座城市的地理优势，计划打造一个沿黄城市群，即构建一个"黄河金岸"。可以说，这条"黄河金岸"将汇聚整个宁夏最重要的中心城市，吸引宁夏最密集的人口，也将给整个宁夏带来一个城乡一体化发展的"黄金时代"。

宁夏人口总量仅 600 多万，通过"黄河金岸"构建，到 2012 年宁夏沿黄河城市带的人口将达到 400 万，占全自治区人口的 60% 以上；沿黄城市带的 GDP 将达到 1300 亿元以上，成为宁夏全区的经济增长黄金地带和集中区域；到 2020 年，也就是再过 10 年，沿黄城市带的人口将达到 500 万，城镇人口达到 400 万，分别占全区人口和城镇人口的 71% 和 94%，城市化率将达到 75% 以上，GDP 将跨越 3000 亿元大关，宁夏将真正进入城乡统筹发展、经济社会协调进步的新时代，这必将给沿黄地区带来前所未有的发展机遇。

3.3 掌政镇的区划、人口与就业

3.3.1 行政区划

掌政镇共有13个行政村，即掌政村、五渡桥村、春林村、孔雀村、洼路村、镇河村、永南村、永固村、碱富桥村、强家庙村、茂盛村、杨家寨村、横城村，共有105个村民小组。从下表2009年底的掌政镇情况来看，这个小镇的各项事业都在快速发展之中，公共基础设施比较完善，人均收入、农业产值等指标增幅都比较大。

表 3.1　　　　　　掌政镇基本情况表（2009 年底）

项目	计量单位	数量
村民委员会个数	个	13
其中：通电的村	个	13
通电话的村	个	13
通公路的村	个	13
通有线电视的村	个	13
通自来水的村	个	13
垃圾集中处理的村		
乡镇行政区域面积	公顷	15300
年末常用耕地面积	公顷	4140
年末有效灌溉面积	公顷	4140
乡镇用电总量	万千瓦时	1600.58
社会总产值	亿元	8.45
社会总产值比上年增幅	%	10
农业产值	亿元	2.89
农业产值比上年增幅	%	9
人均纯收入	元	6845
人均纯收入比上年增幅	%	12

资料来源：宁夏回族自治区统计局《乡、建制镇基本情况》，2009 年 12 月。

3.3.2 人口与就业

截至 2009 年底，掌政镇总人口数为 24907 人，其中外来人口 1618 人。乡镇从业人员 13211 人，其中外来从业人员 1588 人，第二产业从业人员 943 人，第三产业从业人员 1227 人。

由于城镇化速度的加快，掌政镇失地农民的数量逐渐增加。全镇有失地农民 1834 人，其中完全失地的 567 人，占失地农民的 69.1%，有劳动能力的有 1230 人。全镇有富余劳动力 4326 人，其中男性富余劳动力 2864 人，女性富余劳动力 1462 人，18～20 岁的富余劳动力 297 人，20～40 岁的 2612 人，41～60 岁的 1417 人。在所有富余劳动力中，有技术专长的 90 人，初中以上文化程度 4096 人，农业户 3959 人，城镇户 367 人，失地农民 521 人，有就业意向 590 人[①]。由于失地农民的数量增加和城镇化的加快，就业问题成为掌政镇面临的重要问题之一。

表 3.2	掌政镇的人口与就业基本数据	
项目	计量单位	数量
乡镇总户数	户	9088
乡镇总人口	人	24907
其中外来人口	人	1618
乡镇从业人员数	人	13211
其中外来从业人员	人	1588
第二产业	人	943
第三产业	人	1227

近年来，掌政镇的农民人均收入有了较快的增长，2009 年全镇农民人均收入平均值为 6579 元，与上年相比，增幅达 7.4%。随着城镇化的进一步加快，随着沿黄城市带开发力度的不断加强，掌政镇农民收入必将有一个飞跃式的增长。

---

① 资料来源：兴庆区掌政镇劳动保障所，2010 年。

表 3.3　　　　掌政镇农民人均收入变化情况（2008～2009 年）

区域	2009 年	2008 年	增减绝对值	增减百分比（%）
掌政镇	6579	6126	453	7.4
掌政村	6875	6402	473	7.4
五渡桥村	6843	6360	483	7.6
春林村	6916	6440	476	7.4
孔雀村	6776	6333	443	7.0
洼路村	6620	6187	433	7.0
镇河村	6980	6511	469	7.2
永南村	5984	5572	412	7.4
永固村	6393	5969	424	7.1
碱富桥村	6381	5952	429	7.2
强家庙村	6086	5688	398	7.0
茂盛村	6625	6180	445	7.2
杨家寨村	6753	6299	454	7.2
横城村	5890	5469	421	7.7

资料来源：《银川市兴庆区 2009 年乡（镇）、村农民收入增减情况统计表》，兴庆区统计局。

3.4　掌政镇的经济与产业结构

　　面临自治区发展沿黄经济带、打造"黄河金岸"的历史机遇，掌政镇以产业结构调整为主线，大力实施商贸富镇、旅游兴镇、科技强镇战略。重点发展设施农业为主的现代都市农业和"农家乐"为主的休闲观光生态农业，推进以掌政村、茂盛村为中心的城乡一体化建设，逐步缩小城乡差距，提升集镇建设水平，扩大招商引资成果，构建和谐富裕新掌政。

　　通过产业结构调整，使设施蔬菜和奶牛养殖成为掌政镇两大主导产业。2006～2009 年，新建二代温棚 5.5 万间，目前全镇有二代温棚 16 万间，人均温棚 7 间，从事温棚种植业的农户占总户数 70%，形成了以昆仑、洼路、茂盛、官湖四大科技示范园为主的设施园艺生产区，带动了农业产业化和农产品市场化的发展，全年蔬菜种植面积达 4.5 万亩，其中无公害瓜菜种植 3.7 万亩，实现蔬菜总产值 1 亿元，蔬菜总产值占农业总产值的 48% ，农民从事蔬菜产业的收入占人均纯收入的 50% 以上。畜禽养殖业迅猛发展，新扩建养殖小区 32 个，发展各类规模养殖户（场）72 户，成为兴庆区规模养殖户最多的乡镇。其中千头以上奶牛养殖场 2 户，百头以上奶牛养殖大户 33 户，奶牛存栏 2.01 万头。全镇羊只饲养 10.1 万只，生猪饲养 5.7 万头。养殖业总产值达 5830 万元，占农业总产值的 22% ，农民从事养殖业得到的收入占人均纯收入的 27.5% 。第三产业发展势头良好，服务领域不断拓宽，服务水平不断提高，商贸流通、农家乐、餐饮娱乐、运输服务等产业发展迅速，规模不断壮大，农村市场服务体系逐步完善。通过招商引资、土地租赁、土地入股参与合作经营、成立农村合作经济组织等，大力挖掘村集体经济增长潜力。

作为宁夏回族自治区最早的亿元乡镇之一，掌政镇依托地域优势、自然环境优势、农业基础优势，在设施农业和特色农业发展中走出了一条成功的道路。掌政镇突出"生态旅游、特色农业、绿色家园"三大特点，培育以"环保、绿色、生态"为主题的农业品牌产业，不断完善"物流中心型、绿色生态家园型、文化休闲旅游型、卫星城镇型"的新型城镇。

3.5 掌政镇基础设施和特色小城镇规划

3.5.1 基础设施建设

在城镇化和城乡一体化过程中，基础设施建设是重中之重，对于产业结构的调整和人居环境的改善具有重要的意义。近年来，掌政镇坚持不懈地搞好以农田改造和水利配套为重点的基础设施建设，加大基础设施建设的财政投入，积极推进重点建设项目，基础设施面貌发生了巨大的变化。

农田水利设施建设和沟渠改造早在 2006 年左右就开始加大力度，2009 年以来财政投入又进一步加大。2006~2008 年三年累计改造高标准农田 2.7 万亩，完成水利配套设施 386 处，机械清淤星火沟、中心沟等 18 条主干沟 36 公里；砌护闫生明渠、五渡桥边渠、掌政 3 号渠等 12 条支斗渠 24 公里；争取兴庆区人大议案工程，投资近 300 万元规划建设了强家庙扬水泵站和永富泵站，降低了水费收缴标准，解决了强家庙、永南村和碱富桥 3 个村 1.3 万亩农田浇水难问题，年均减少农民负担 70 万元。制定完善了村镇建设总体规划和掌政小城镇总体规划，科学合法用地，合理布局村镇建设，做到基础设施齐全，功能完善，为城乡居民提供良好的居住生活环境。完成了 3000 平方米商贸街和集镇 4 条主干道及相应的给排水等配套工程。规划建设了掌政村、碱富桥村"塞上农民新居" 2 个示范点，入住农户 60 户。新（翻）建丰收路、新寨路、孔司路、乡镇路等主干道 5 条 30 余公里，整修硬化庄点巷道 186 条 17.5 公里，基本实现了队队通柏油路的目标。生态环境建设进一步加强，2005～2007 三年共植树 30 余万株。2008 年在永通公路栽植经果林 5.3 公里，种树 4695 株，成活率达 90% 以上。

2009 年掌政镇投资 30 万元，完成了五渡边渠 1200 米改造工程；投资 60 万元，完成茂盛园区 6 号渠和 8 号渠 3.7 公里的 U 型砌护；投资 12 万元，完成镇河大浪湖沟和星火沟的清淤整理；争取兴庆区水务局资金 15 万元，完成掌政村 14 队 2 公里农渠的砌护，改善了农业生产条件。掌政镇结合"黄河金岸田园风光"综合整治暨秋季农田水利基本建设，高标准完成农田水利建设任务 28000 亩，中低产田改造 5000 亩，开挖整修农沟 188 条 131 公里，农渠 206 条 144 公里，整修农路 396 条 277 公里，清淤支斗沟 5 条 8.2 公里，完成秋翻地 20800 亩，其中机深翻 13300 亩，整修林带 7 条 416 亩，完成黄河金岸 5 公里的 50 米宽幅林带建设。2009 年以自治区全民义务植树启动仪式为契机，完成黄河金岸绿化任务，建设绿色通道 300 亩，共栽植各类树木 3.8 万株，树木成活率 95% 以上。2009 年掌政镇完成造林面积 704 亩，其中绿色通道 351 亩，农田林网 353 亩，设施果树 152 亩，秋季造林 29 亩，森防 5550 亩；完成"塞上农民新居"绿化面积 22.4 亩，植树 2600 株；完成滨河公园水面扩挖及绿化工程，完成土方量 90 万方，建设总面积 1407 亩①。以上基础设施建设和农田水利建设工程，极大地改善了掌政镇的交通、民居、农业生产和整体环境状况，为掌政镇的城镇化建设和城乡一体化发展提供了强大助力，推动了传统

---

① 资料来源：《兴庆区掌政镇第二届人民代表大会第五次会议文件（10）》。

农业向现代农业的转变，自然农业向设施农业转变，为构建掌政镇现代农业产业体系奠定了基础。

3.5.2 特色小城镇规划

沿黄城市带的发展和黄河金岸的打造，带动了沿黄小城镇的发展，为沿黄小城镇的改造、产业提升和就业提供了契机。近年来，掌政镇按照新农村建设"生产发展、生活宽裕、乡风文明、村容整洁、管理民主"的方针，把小城镇建设和新农村建设有机地结合起来，以"城市现代化、农村城镇化、城乡一体化"为基本目标，通过政府引导、市场运作、群众参与的方式，努力把掌政镇建设成为规划有序、布局合理、设施配套、功能齐全、环境优美、交通便利、经济发展、特色鲜明的现代化小城镇，全力推进掌政镇城乡一体化示范镇建设，制定了详尽且具有可操作性的特色小城镇实施方案。

小城镇建设成功的基础是合理科学的设计规划，成功的支撑点是政府各部门的密切协调、投融资部门的金融支撑以及农民搬迁安置工作的顺利推进。掌政镇特色小城镇建设项目规划范围为：东至鸣翠湖旅游开发区，西至汉延渠，南至银古高速公路，北至永二干沟，占地 3.97 平方公里，设计居住人口 5 万人，共规划安置区、新建区、行政服务区、旅游产业区、农副产品加工区等五个功能区[①]。掌政镇特色小城镇规划项目区域以掌政镇区为中心，将镇区和周边两公里范围内的掌政村、春林村、五渡桥村七队、孔雀村三队作为一个拆旧建新项目区域，共拆旧面积 1720 亩。在项目区内将用地指标与银川市城乡建设用地增减挂钩相结合，增加城镇建设用地，减少农村建设用地，确保项目区用地占补平衡。

在小城镇建设的起步阶段，将重点实施以下四个项目：一是拆除镇区内旧庄点，建设新的安置区。二是对镇区内银横路两侧建筑进行特色改造。三是完成项目区道路管网总体的规划设计，实施道路管网建设区域内的征地拆迁工作，以完善镇区道路管网体系。四是拆除规划农副产品加工区内地上各类建筑物，建设农副产品加工区。在第一阶段起步工作完成之后，第二阶段的重点是大力推动城镇安置，区域内道路、镇容镇貌的改造等二期建设工作，改善镇区

---

① 资料来源：掌政镇人民政府《掌政镇特色小城镇建设实施方案》。

群众的居住条件；加强土地平整开发，引进现代化农副产品加工企业；同时加强组织建设，实现县城镇的科学管理，完善公共卫生和基本医疗网络功能，提高城镇综合竞争能力。在第三阶段，将以小城镇建设为载体，切实推进社会经济结构的转型，彻底消除阻碍城镇化进程的体制性、政策性障碍，打破城乡分割的二元体制，加快城乡一体化进程。在城乡一体化的过程中，应着力推进主导产业提升、就业致富工程、文化设施建设、基础设施建设和民主制度建设，在体制机制上创造一个能够使小城镇合理高效运转的制度环境，提升小城镇的综合竞争能力和宜居性。完善城镇功能，增强小城镇的吸引力，形成以经济建设促进城镇建设、以城镇建设拉动经济建设的良性循环。促进城镇科技、教育、卫生、文化体育事业快速发展，进一步改善人居环境，全面建立城乡医疗保险制度和最低生活保障制度、医疗救助制度，将掌政镇建设成为富裕、民主、文明、和谐的沿黄特色小城镇。

特色小城镇的建设，是一项复杂的系统工程，其中政府功能的不断完善和相互配合、投融资体系的创新、基础设施建设中的市场机制、小城镇的经济建设和社会服务体系建设的协调推进、优势特色产业的选择和支持体系等，都是一些棘手的问题，需要政府高超的调控能力，也需要灵活的市场化载体来推动。

3.6 结论：挑战、制度创新与未来发展

3.6.1 掌政镇在城镇化进程中面临的挑战与因应之道

处于迅猛的城镇化进程中的掌政镇，必将在未来5～10年内发生巨大的变化，其社会进步和经济发展将迎来历史上空前的黄金时期，这是毫无疑义的。在这个历史进程中，农民生活和农村社会结构将发生巨大的变化，政府在这巨变中亦面临前所未有的挑战。

其中第一大挑战来自于农民在城镇化进程中公民权利的保障与维护，在这

里面最重要的是就业权。在城镇化过程中，很多农民被征用了土地，失地农民的安置问题涉及城镇化过程中的社会安定和经济可持续发展，因此，失地农民的创业和就业问题，是政府必须要处理好的第一要务。

第二大挑战是城镇化过程中的社会保障体系和医疗保险体系的完善。城镇化过程中农民逐步成为市民，这就要求有完善的社会保障体系和医疗保险体系作为后盾，才能最大限度地保障城镇化后农民生活的稳定，这是民生建设的重要组成部分。

第三大挑战是文化教育事业还很不发达，农民素质有待提高。城镇化之后的就业结构和产业结构发生了很大的变化，如果农民素质得不到提高，那么在快速的城镇化过程中，农民仍旧是弱势群体，仍旧在就业结构中居于最低的位置，这就很难提升自身的收入水平，也就使农民很难分享城市化带来的收益。

第四大挑战是农村的适度规模经营和农业产业化水平不高。在城镇化过程中，农业面临着转型，就是要逐步从小农经济逐步向组织化的大农经济转型。但是农村的规模经营程度不高，产业化程度不高，阻碍了农业的转型，不利于农民降低经营风险和提高经营收入。

第五大挑战是政府功能的重新定位和政府观念的进一步创新。在城镇化过程中，政府的功能逐步转换。原来为农村提供的公共品结构，现在在城镇化的新形势下发生了变化，政府要适应这种变化，为农民在城镇化过程中的就业、经营、转型做好服务。

3.6.2 城镇化进程、制度创新和政府定位

我国的城镇化是在相对固化的二元经济结构下推进的，存在生产要素限制流动、劳动力主体权利存在制度化差异等种种障碍。制度创新，应随着国家在不同时期城镇化发展战略目标和价值选择加以调整，这必然涉及到对原有城镇化制度与政策的创新与再调整。

要推进城镇化，就要推进城乡一体化，那么就要打破二元经济结构，因而户籍制度和土地制度首先就要有所突破和创新。户籍制度和土地制度的改革，不是简单的身份变革和生产资料属性的变革，而是一个国家公民的基本权利和发展理念的问题——被制度化剥夺的可行能力和权利需要逐步回归，特定历史条件下的差异化发展路径需要重入公平轨道。所以，落实到根本上，通过制度

创新而服务于城镇化发展目标的过程，就是落实"以人为本"、"公平正义"发展理念的过程，其突出的特征，就是通过制度化的赋权，让公民享有平等的财产权（包括土地）、生存权、发展权和福利权。而这也是培养具有可行能力的市场化主体，实现生产要素相对自由流动的前提。

当前的城镇化，经常被赋予推进产业结构升级和增长方式转变的期望。要实现这些宏愿，我们不得不思考如下的逻辑：农民只有获得平等的权利，财产权、就业权、福利权，才能对未来形成稳定的预期，才能转变生活方式融入城镇化生活，在城镇化过程中获得足够的社会认同和自我认同，进而才能启动消费，拉动经济，这样一来，转变增长方式、调整产业结构、社会平稳转型才能成为城镇化过程中的应有之义。而其焦点在于土地制度的创新，在于让农民获得土地的资产性收益，这一资产性收益在于土地在城镇化过程中"红利"的合理分配。

制度创新是一个根本性问题，其他的任何手段都是技术性的策略方法，其效果如何取决于这个问题解决的程度。

中国要解决城镇化进程中容易出现的弊端，需要在既有投融资模式安排的基础上，参考国际上行之有效的办法，并充分考虑城市化进程中的各个利益主体，尤其是政府定位问题。要综合化地考虑在城市化进程中的"经济增长"的利益的分配问题，在基础设施建设、社会保障、产业化促进引导（就业）乃至环境保护方面进行集约化的综合思考，也就是"四大红利"（资金）的跨主体间（各个利益主体、兼顾公平和效率）分配和跨期分配（长远、可持续）问题——因而其核心在于金融手段的综合与创新（主要是金融机制、金融产品的创新和运用）来实现对城市进程的支持，要更多地以市场化手段，充分利用三个层面的金融手段——依赖于制度创新的多层次的资本市场（如产权市场）、依赖于投融资机制创新的多种项目融资模式、依赖于金融工程原理的多种金融工具创新。

城镇化是一个系统工程，涉及产业资本（包括加工制造产业、仓储物流业、农业产业、旅游产业、文化创意产业等）、金融资本（包括银行、证券、保险、信托、投资基金等）、政府部门（包括村级、乡镇、区和市级政府）、市场（资本市场、劳动力市场、知识产权市场、土地产权市场、农产品批发市场、消费市场等）、农民等不同的主体之间的合作、博弈和协调，本身是非常复杂的。在这些主体当中，农民是一个核心的主体，也是一个最难得到正确处理的主体。农村城镇化过程中，如何安置好农民，如何保护和提升农民的福利，如何保证农民的就业和收入，是政府必须考虑的头等问题，其他金融安排、市场机制设计、产业链设计等，都必须围绕农民问题的解决来进行。

城镇化过程中，政府必将发挥重要的主导作用，这也是中国模式城镇化的特点之一。政府主导的城镇化模式，优点在于能够有效整合各种资源、迅速推动产业化和基础设施建设、有效保障弱势群体的利益等，但是对于政府主导的弊端，也要有充分的认识，有两点需要特别注意。

第一，政府自身的定位问题。城镇化的过程中，政府如何有效地整合各种资源，如何充分运用市场的力量、运用适当的金融工具来获得资本支持，从而满足城市化过程中的资本需求，并提升农村的产业层级，是政府必须考虑的大问题。在此过程中，政府的自身定位非常重要。政府在城镇化过程中要保持强有力的支持，但是介入的方式、介入的时机和退出的机制要有所考虑。如果解决不好政府的定位和退出机制问题，则会给后续经济发展制造很多障碍，影响经济发展。

政府的角色和功能应该定位于为农村城镇化提供必要的财政支持、在产业资本—金融资本—农民—各级政府之间起到协调和沟通作用、为产业资本和金融资本的整合提供必要的政策扶持、设计系统的市场运作机制和产业链、设计并推动农地征用和补偿方案并对农民进行有效搬迁、确保农民的福利在城镇化过程中不受到持续的明显的损害等等。

第二，市场化原则。政府在推进城镇化过程中必须注重运用市场机制，发挥市场的资源配置作用，用市场的杠杆来撬动各种资源、动员各种力量，而不要简单地使用行政权力，否则就会损害产业资本、金融资本和农民的利益。这样做的目的，一是确保城镇化方案的合理性和可持续性，使市场发挥基础性作用，保证城镇化的效率和效果；二是保证政府在城镇化过程中的适当介入度，不把各种矛盾集中到政府身上，尽量让各个市场主体之间达成彼此承认的合约，这样一旦发生问题，政府就处于一个中立的、比较主动的地位上，可以用法律的形式来界定合约双方的权利义务，而不是把自己置于矛盾的中心，这对于社会和谐和正确处理社会矛盾是非常有利的。

3.6.3 城镇化进程的金融创新

金融支撑体系需要根据城镇化进程的不同阶段及其需要量身定做，因地制宜。城镇化进程大体可以分为三个时期：第一是土地征用、失地农民补偿和社会保障体系建设时期；第二是基础设施建设时期；第三是产业链设计和发展时期。在这三个时期中，其面临的任务和政府政策重点是不同的，解决的方式和使用的金融工具也是不同的。

在第一个时期，其政策核心在于提升土地征用的效率，使土地的交易可以以市场机制来进行，并在土地征用的过程中维护和保障农民的利益，设计相应的农民社会保障体系，使农民在这个过程中利益不受损。土地的征用涉及到补偿款的规模设计及政府和农民之间的协调，也涉及到土地征用后土地的交易机制如如何安排。在土地征用和交易过程中，宁夏等地正在尝试的土地银行模式、重庆正在实践的地票交易方式等都可以总结研究，探索可以借鉴和推广的经验，并鼓励地方创新。在农民社会保障体系建设中，农民的养老保险、失业保险等都要同步进行，其保险费的筹集可以协调各级政府（包括村级集体组织）和农民等来进行。

在第二个时期，当土地征用基本完成之后，政府面临的问题是大规模基础设施建设，包括道路、电力、通讯、排水、公共设施等。基础设施建设一方面必须动用各级政府财政，因为这些基础设施建设大部分属于公共品，应该由政府来提供；但是另一方面，基础设施建设要提高效率，也可以运用合适的金融工具来实施。BOT 模式是一种有效的模式，政府可以对企业进行招标，运用该模式进行建设，通过运营来弥补企业的成本并使其获得收益，再转让给政府作为公共产品，这些适合于城市周边的高速公路建设、电力和自来水等公共设施建设等带有稳定现金流的基础行业。对于大部分市政公共设施而言，可以采用资产证券化的模式，向社会公众发行债券，筹集社会资本，并用未来的收益来向投资者返还投资收益。

第三个时期的核心政策要点在于根据各个地区的比较优势，设计合理的产业链，使城镇化之后的经济增长模式能够有持续的竞争力，可以保障农民的就业，并可以吸引更多的社会投资。要利用城镇化的机遇，推动当地经济转型和产业升级。为此有必要通过信托投资基金、股权投资基金、建立股份合作制企业、建立大型的农民合作组织、建立新型金融机构等措施，把农民资金和社会资金整合起来，促进农业的产业化，促进乡村集体经济的转型，使城镇化之后的区域经济有大的发展后劲。城镇化不是目的，发展经济、吸纳就业、提升产业，促进经济与社会的可持续发展，提高人民的生活水平和福利水平，才是最终目标。

总的来说，城镇化为地区金融发展提供了巨大的机遇，同时金融体系在城镇化过程中也面临着经营机制和金融创新方面的巨大挑战。宁夏掌政镇在城镇化过程中的金融需求日益旺盛，农户、农村微型企业、农业龙头企业、农村合作经济组织等在生产经营方面的规模扩张，必将对金融体系的改革起到促进作用。一方面，金融体系要逐步多元化，除了信贷类的银行机构之外，还要发展各种担保机构、保险机构、信托机构、投资机构、贷款机构、合作金融机构，只有这样才能使农村金融体系日益完善，以满足城镇化过程中多方面的要求。另一方面，金融体系在产权结构方面要逐步多元化，能够充分动员当地的民间资本，调动他们的积极性；农村金融机构还要加快金融创新的步伐，为城镇化进程中的各类创新型组织提供创新型的金融服务。

|第 4 章|

金融生态

4.1 金融生态的基本内涵

本章探讨掌政镇的金融生态问题。"生态"本来是一个生物学的词汇，中国的金融学家们将其运用到对金融体系运行的体制条件和外部环境上来。现在，金融生态已经成为中国金融学界常用的一个词汇，用以描述金融市场运行和金融机构经营所面临的由政治、社会、文化、意识形态、体制条件、市场发育条件、微观基础、法律法规、信用环境、传统习惯、行政管理体制、公众风险意识等多种因素构成的环境条件，这些外部条件对金融机构的经营绩效和金融市场效率产生决定性的影响。很多研究表明，在中国，金融体系的效率大部分是由外部的体制条件和社会文化环境所决定的。良好的金融生态，对于推动金融市场充分发挥资源配置功能、降低金融交易成本、改善金融机构运行机制和提升经营绩效、促进经济健康发展具有重要的作用。

2005 年，在中国人民银行支持下，中国社会科学院金融研究所对中国地区金融生态环境进行了专题研究，首次对金融生态这一概念及其内涵作了比较系统的论述，并发布了《中国城市金融生态环境评价报告（2005）》。在报告中，中国社科院金融研究所首次指出了评价一个地区金融生态环境的 9 项因素，即：经济基础、企业诚信、地方金融发展、法治环境、诚信文化、社会中介服务、社会保障程度、地方政府公共服务和金融部门独立性。此后这个评价体系又发生了一些变化，提出了评价地区金融生态环境的 4 个方面，分别是：政府对经济的主导、地区经济运行的质量、地区金融发展和金融信用的基础设施和基础制度。

▒ 4.2　掌政镇的金融生态（一）：经济基础

从地方经济发展的总体态势来看，掌政镇的金融生态具备了一个最根本的发展基础。本书第 3 章从城镇化的角度，对掌政镇的产业规划和社会经济发展作了概括性的描述，从整体来说，掌政镇作为银川周边迅速崛起的沿黄城镇化黄金地带，未来几年必然迎来经济和社会发展的一个鼎盛时期。经济和社会的迅猛发展，既为金融市场运行和金融机构的经营提供了旺盛的需求，同时也为金融体系的良性发展提供了坚实的基础和丰厚的土壤。

4.2.1　基础设施

城镇化战略的推行给掌政镇带来的最大变化是基础设施的改善。当地农民的居住条件、交通条件和生产条件正在发生质的变化，而这些变化又会对金融体系提出新的需求。近几年来，掌政镇的农田水利设施有了较大的改善，沟渠综合整治的力度在不断加强，"黄河金岸田园风光综合整治"不仅优化了当地的环境，而且使农民的灌溉条件有了提升，中低产田的改造极大提高了当地农业的产出水平。"塞上农民新居"工程改善了农民的居住条件，一批城乡一体化示范村的建立标志着农民的人居环境又上了一个新的台阶。掌政镇近来以争创全国环境优美乡镇为契机，不断加大村容村貌整治力度，建立完善了农村卫生管理的长效机制，推动了一系列生活垃圾和污水无害化处理项目，并在农村绿化方面有了突飞猛进的变化。基础设施条件的提升，使当地农民的创业和增收有了基本的保障，同时也极大地改善了当地农村金融机构的经营环境。

4.2.2　公共服务

掌政镇政府的公共服务水平在不断提高，为当地营造了一个比较和谐、稳定的社会环境。近年来，掌政镇以建设"责任、法治、诚信、亲民"的

"四型"政府为目标，坚持依法行政，自觉接受人大法律监督和人民的社会监督，积极推行以"八项民主管理制度"和"十项工作流程"①为主的村务公开、民主管理村治模式，取得很好的社会效果，为当地的经济社会发展营造了良好的制度环境。掌政镇提出"依法治镇"方针，规范政府依法行政，定期召开依法治理工作专题会议，完善了各项规章制度，建立了依法行政的长效机制，使政府的行政工作规范、透明、公平、可信，在人民中提升了政府的诚信亲民形象。掌政镇以优化发展环境为重点，严格执行首问责任制、服务承诺制、限时办结制、民主监督制等制度，倡导"马上办、主动办、上门办、积极办"的作风，加强了政府机关的效能建设，提高了政府的办事效率。一个地方的制度环境如何，在很大程度上取决于当地政府的行为模式和行为效率，如果一个地方政府能够以诚信、规范、周到、透明的服务取信于民，则当地的社会风气和经济运行效率必将有一个大的提升，从而金融机构的运作也就有了制度基础。

4.2.3 社会保障

社会保障体系和民生建设是影响金融体系运作的重要的基础条件之一。掌政镇在2010年的政府工作报告中提出了"以保障和改善民生为重点，努力构建和谐掌政"的目标，努力在社会保障和民生建设方面有大的突破。处在迅猛城镇化过程之中的掌政镇，最重大的任务之一就是促进农民进城稳定就业并安家落户，在这方面，掌政镇政府不断加强对进城务工农民的技术培训，为他们提供各种周到服务，深入开展全民创业活动，加大创业、就业培训力度，构建创业平台，引导农民发展二、三产业，树立了一批自主创业典型。掌政镇提出加快完善社会保障体系，实现农民老有所养、病有所医、困有所济；着力加强低保户的动态管理，实现应保尽保，推动农村合作医疗体系的不断完善，做好城镇居民基本医疗保险工作，实现城镇、农村合作医疗镇域内全员覆盖。社会保障体系的建立，是一个地区经济社会良性发展的基础，只有社会保障体系

---

① 八项民主管理制度：村务决策制度、村队集体资金管理制度、农村工程招标投标管理制度、村务公开制度、村级民主管理监督制度、农村群众意见建议办理制度、村干部谈听评制度、村干部工作责任追究制度。十项工作流程：选举流程、村务决策流程、农村集体财务收支流程、招投标工作流程、村务公开流程、村务监督流程、群众意见建议办理流程、民主议政日活动流程、谈听评流程、村干部责任追究流程。

完善了，农民的生产和生活才有了一个坚实的基础，农村金融机构的经营环境才会有彻底的改善。如果农村金融机构的客户没有很好的社会保障作后盾，则农村金融机构的资产质量必然缺乏最基本的保障。

■4.3 掌政镇的金融生态（二）：信贷需求

打造"黄河金岸"的战略目标将使得宁夏沿黄地带崛起一片沿黄城市群，到 2012 年沿黄城市群的国内生产总值将达到 1300 多亿元，人口占宁夏人口总量的 60%，而到 2020 年，沿黄城市带的国内生产总值将达到 3000 亿元，城市化率达到 75%，人口将占全区人口的 71%，宁夏经济将进入快车道。而掌政由于独特的区位优势，面临着发展的历史机遇，它处于黄河金岸的核心地带，滨河大道贯穿全镇，给全镇经济的迅猛发展提供了机会，同时也给农村金融机构的业务扩张与转型提供了机会。

掌政镇是发展现代生态型设施农业的很好的基地，随着包括农田水利等基础设施的逐步完善，农户进行设施农业投资的热情比较高涨，从而产生了较强烈的信贷需求。由于依托银川这个大市场，掌政镇的农户在种植业和养殖业方面的回报比较高，收益比较稳定，产业前景较好。

在迅猛的城镇化过程中，农民逐步转变为市民，农业生产的形态发生了很大的变化，农村的经济结构也发生了深刻的变化。失地农民、下岗职工、回乡大学生、返乡农民工等群体，其创业的热情很高，创业贷款的需求量也比较大。这些弱势群体原本位于信贷市场的边缘，很难获得贷款，但是这些群体由于面临创业机遇，很多人从事商业经营或其他二、三产业，创立了自己的微型企业，其发展潜力较大。

从金融生态的角度来说，旺盛的信贷需求是农村金融机构蓬勃发展的基础条件之一。

▌4.4 掌政镇的金融生态（三）：金融服务

掌政镇的农村金融体系具有典型性。

首先，在掌政镇，大的商业银行没有开设经营网点，因此也就没有提供相应的金融服务。金融机构的融资行为，受到信息获取成本、信用评估成本、风险控制成本、网点设置成本等的制约。对于大金融机构而言，当其面对大量的分散的农户的时候，其获取信息的成本很高，它难以对如此众多而分散的客户群体进行信用评估和甄别工作，因此贷款的风险和不确定性增大。而且，就网点设置成本而言，与有限的预期收益、较小的客户容量相比，国家商业性银行在农村地区遍布网点的代价太高，不符合成本收益核算的基本原则。这些特征，决定了国家商业性银行难以成为解决农户投资需求的主导性的金融机构。近年来，我国国有商业银行大批从农村地区撤出，或者减少分支机构，除了政府的特殊的政策意图这个原因外，其基本做法是符合金融机构的一般行为原则的，即符合"成本—收益"计算的一般原则。但是，另一方面，国有商业银行的撤出确实造成了农村金融需求难以满足和农村资金流出的消极后果。根据金融学的一般原理，解决的途径只有一个，那就是扶植农村中小金融机构（不管是正式还是非正式的金融机构）的成长，而且大型商业银行可以与中小金融机构形成资金上的合作和对接关系，从而既解决了大型商业银行服务下沉的问题，也解决了小金融机构资金短缺问题，防止了农村资金的净流出。

第二，掌政镇的农信社是在当地进行金融服务的正规金融机构的主体。在我国，带有准官方性质的合作金融机构偏离了信用合作的性质，国家行政性干预力量逐渐增强。从日常运营、管理制度、业务结构来看，我国的农村合作金融更像是一个官办金融和商业金融的混合体，各级政府的介入过多，农村信用社承担的行政性和政策性义务过多。同时，由于农村经济结构的变化，农村合作金融的商业化倾向开始出现并得到加强，农村信用社日益成为农村金融剩余的输出机构而不是农村经济发展的"加油站"。商业化倾向导致合作金融投向农业的生产性融资呈下降趋势，而更倾向于向利润丰厚的企业融资，农户的资金需求难以满足。对农村合作金融的未来改革方向，学术界存在巨大的争议①。掌政镇的农信社，现在已经改制为黄河农村商业银行，改制给农信社的产权结构和经营机制带来一定的变化，但是由于基层农信社的信贷权限较小，对农户的支持力度并不大，多年以来，掌政镇农信社的金融服务难以满足当地城镇化的需要，难以满足创业微型企业和农户的信贷需求。

第三，邮政储蓄银行在掌政镇设有分支机构，由于传统上邮政储蓄只有负债业务，没有资产业务，因此在三农信贷方面起到的作用比较小。近年来，尽管通过存单质押贷款等创新方式，邮储加大了农村信贷的力度，但是从总体来说，距离农户信贷的需求来说还有很大距离，其金融产品创新的能力也难以满足农户无抵押、无担保的信贷需求。

第四，村镇银行、农民资金互助组织、小额贷款公司等新型农村金融机构在掌政镇数量很少，到目前为止，掌政镇还没有设立一家村镇银行，唯一与农信社展开竞争的是掌政农村资金物流调剂中心，这家累计农业贷款已经达到近7000万元的新型金融机构，既不是单纯的小额贷款公司，也不是单纯的农民资金互助，而是两者的结合体。除了掌政农村资金物流调剂中心之外，掌政镇尚未建立一家农民资金互助组织，也没有一家小额贷款公司。

与旺盛的资金需求相比，掌政镇的信贷供给和其他金融服务的供给显得有些供不应求，这导致农户的信贷可及性大为降低，农户的扩大再生产和创业受到很大的约束，严重制约了当地经济的迅速发展。据测算，2008年掌政镇13个村贷款需求量在8000万元左右，当地信用社发放的信贷总量仅有2000万元，农业生产和农民创业所需的资金60%～70%依靠民间借贷，到现在，随着城镇化的加快，掌政镇资金的供求缺口更大，估计在1亿元左右。

① 关于我国农村合作金融的性质的争论，参见谢平："中国农村信用合作社体制改革的争论"，载《金融研究》，2001年第1期。

▊4.5 掌政镇的金融生态（四）：信用环境

传统上，农村的信用环境是很好的。农村社会评价体系具有一定的历史延续性，评价机制比较软性化。农村的社会评价体系是依靠村落里的居民世代相传来进行的，邻里之间的闲言碎语对农民的行为的约束力很强。所谓社会评价体系的历史延续性，指的是农村中对一个人的评价往往不仅看这个人的行为和品质，同时还要考察这个家族在历史上的行为和伦理积淀。农村中的评价还是依靠口碑，而口碑的激励虽然在形式上是软性的，但是实际上的约束力往往超过那些硬性的指标[1]。

但是当下，在乡土社会向契约社会过渡的过程中，农村的信用环境也在发生深刻的变化，尽管这种变化有时是不知不觉之间进行的。道德规范在乡土社会中是无形的，人和人之间有着天然的缘于地域、血缘和宗族关系的信任感，他们互相熟悉，因而互相欺骗的概率极低，而互相欺骗的成本极高。但是向契约社会过渡的过程中，人们由于社会关系的扩展，而不得不将交易扩展到陌生人的范围，这对乡土社会的信任体系必然产生冲击。由于传统社会结构的巨大变迁，使得支撑传统信用传统的社会基础逐步被削弱，导致传统信用观念和信德文化的衰微，这种现象，在社会剧烈转型的今天显得尤其明显[2]。

有两种景象在转型中的农村同时出现：一方面，由于农村人口流动的加快和农村社区的不稳定加剧，使得传统的信用观念受到冲击，农民不讲信用的现

---

① 农村的一些金融组织和信贷机构，不管是正规金融还是民间金融，如果能够调动农村中的这些非正式的软性的社会评价机制，往往会取得很好的效果。比如在2005年由王曙光带领的农村信用社研究小组在山西临汾的调查就表明，在一些农村地区，农村信用社往往尝试把农民的还款状况在村里进行公布，比如张贴在农村比较显眼的一处墙壁上，通过农民的口口相传来对不还款的借款者施加一种无形的压力，并评选信用户。这种方法，很好地降低了不良贷款率。

② 参见余英时：《现代儒学论》，上海人民出版社1998年版，第230页；王淑芹等著：《信用伦理研究》，中央编译出版社2005年版，第130~133页。另参见王曙光："制度变迁时期的伦理困境和市场经济的道德基础"，收于王曙光：《理性与信仰：经济学反思札记》，新世界出版社2002年版，第110~121页。

象开始出现，尤其当农民离开原来的农村社区而进入城市的时候，这种传统信德体系断裂的现象特别明显；另一方面，由于悠久的信用传统和乡土文化的熏陶，再加上农村的市场化和商业化的加强，农民的市场观念和与此相关的市场信用意识开始增强，这有可能成长为一种新的农村信用伦理文化。对此，持过度悲观态度是没有必要的，在社会经济结构剧烈变化的时代，道德伦理的转型需要一个过程，这个过程不是依赖于道德说教，而是依赖于市场经济的实践。农民在市场经济中的伦理实践，一旦与传统伦理积淀结合起来，就会产生一种新的极具市场适应力的伦理行为，从而使得农民和农户从小农经济下朴素的信用观念转变为市场经济下严格的契约意识和守信意识。

处于迅猛城镇化转型中的掌政镇，其信用环境也发生了同样的变化。人口流动的加强，导致原有的乡土社会结构发生了很大的变化，农民的信用观念以及背后的诚信评价体系在发生悄然的变化，因此农村金融机构面临的信用风险在增加。但是同时，由于农村的城镇化，市场经济的契约观念也在同时逐渐增强，农村金融机构完全能够以此为契机，加强信用意识的培育，塑造一种新型的农民信用文化。对于农村金融机构来说，关键的风险防控机制不是抵押物和担保，而是要加紧培育农民的信用意识，并通过经营机制的创新，营造良好的信用环境。

4.6 掌政镇的金融生态（五）：金融风险

对于我国农村微型金融机构而言，其面临的风险主要是以下几类。

4.6.1 政策风险

政策风险主要是因为金融监管机构和政府部门对农村微型金融机构的政策的不连续性和不确定性。在我国农村金融体系中，微型金融机构数量众多，且大多发育并不成熟，其运行机制和管理模式还在尝试和摸索之中。与那些巨型农村金融机构和大型农村金融机构相比，微型农村金融机构抵御政策性风险的能力显然比较低，承受力比较差。当国家的宏观经济状况和发展战略发生变化的时候，其他巨型或大型农村金融机构往往能够得到政府和监管部门的政策保护以及救助，使他们能够免于破产或崩溃。但是，由于微型农村金融机构在整个金融体系中往往是被政府和监管部门忽视的群体，而且它们在国家宏观经济决策和金融决策中没有代表者，其话语权极小，因此，当微型金融机构面临大规模经营困难时，政府往往以非常简单的手段，不分良莠地将其取缔。从历史上来说，1999 年全部取缔遍布全国的农村合作基金会就是一个很好的案例，可作为微型金融机构命运的前车之鉴。

这里有必要对农村合作基金会的发展和作用作一点论述。农村合作基金会是在 20 世纪 80 年代我国农村联产承包责任制实施之后出现的一种农村合作金融组织，其资金的来源最初大部分是集体资金，后来又逐渐吸收大量的农户股金。据统计，截至 1998 年底，农村合作基金会共筹集资金 1675.5 亿元，其中会员股金 1378.7 亿元，占 82.3%，集体股金在农村合作社初期发挥了关键作用，后期农户股金占主要部分。集体股金比较稳定，在其中充当了"准资本金"的作用。农村合作基金会集体股金和农户股金增长变化情况如图 4.1所示。

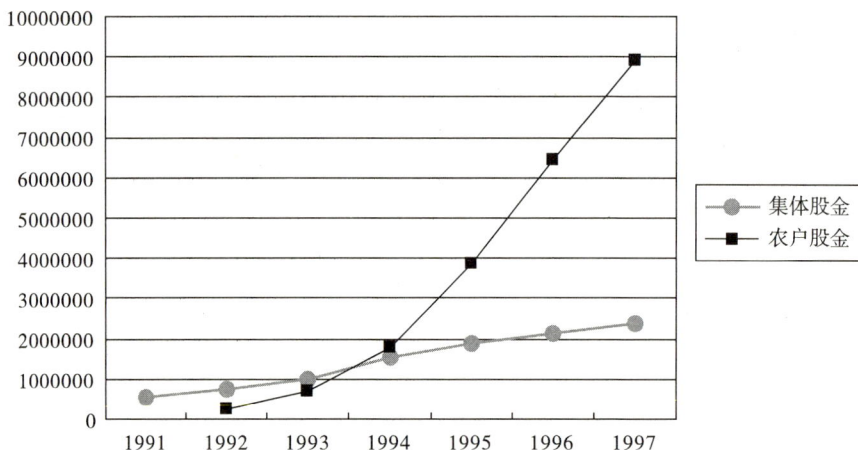

图 4.1 1991～1997 年农村合作基金会集体股金和农户股金增长情况

资料来源：王曙光等著：《农村金融与新农村建设》，第四章，华夏出版社 2006 年版。

农村合作基金会发展迅速，截至 1998 年底，全国共有农村合作基金会

29187 个，其中乡（镇）农村合作基金会 21840 个，占 74.8% 。可以说，这些由农民建立的合作金融组织，到上个世纪末，已经发展成为规模比较庞大、服务覆盖整个中国的农村地区、网点密布的微型金融体系，对于上个世纪八九十年代农村经济的发展和农户信贷可及性的提升，起到非常重要的作用。但是，由于 1997 年的亚洲金融危机，中央高度重视金融风险问题，为了防范和化解金融风险，中央决定整顿金融秩序，成立了 12 个金融整顿改革专题小组，整顿农村合作基金会专题小组是其中之一。随后，中共中央、国务院《关于深化金融改革、整顿金融秩序、防范金融风险的通知》（中发〔1997〕19 号）下发，对农村合作基金会提出以下要求：①今后各地区一律不得再新设立农村合作基金会。②现有农村合作基金会必须立即停止以任何名义吸收存款，停止办理贷款业务，同时要全面进行清产核资，冲销呆账，符合条件的并入农村信用合作社；对资不抵债又不能支付到期债务的，由当地政府组织机构批设者负责清盘、关闭①。1999 年 1 月《国务院办公厅转发整顿农村合作基金会工作小组清理整顿农村合作基金会工作方案的通知》下发，清理整顿农村合作基金会工作全面开始。农村合作基金会或者并入当地农村信用社，或者由地方政府负责清盘关闭，在此后的一两年间，农村合作基金会彻底退出了历史舞台。从客观上来说，尽管由于地方政府的过度干预，导致部分农村合作基金会内部治理混乱、不良资产增加，但是，从总体来说，农村合作基金会对农村发展起到重要作用，其经营管理制度也逐步完善，大部分农村合作基金会经过改造提升是可以做到可持续发展的，不应该不分良莠地、一刀切式地迅速全面取缔。1999 年全面取缔合作基金会尽管在当时有特定的历史背景和国际金融危机背景，但是这个决策从更长期的视角而言，其合理性和科学性是值得商榷的。如果当时全国的近 3 万家合作基金会能够保留其中绩效比较好的 50% ，则这部分微型金融组织经过改制发展，在今天必然成长为比较有规模的农村微型金融组织，这个数量比现在全国所有的农民资金互助社、小额贷款公司、村镇银行加起来的数量都要大。

从农村合作基金会的命运来看，微型金融机构的发展面临的政策风险确实是非常大的。现在的情况是，农村微型金融机构的发展虽然得到农户的欢迎和

---

① 王曙光等著：《农村金融与新农村建设》，第四章，华夏出版社 2006 年版。

民间资本所有者的拥护，但是国家还没有对微型金融机构实施系统的法律保护，在微型金融方面存在大量的法律空白，这就为政策性风险留下很多隐患。监管部门和政府往往把微型金融机构作为整个金融体系的点缀，认为其规模小，服务客户小，不值得特别重视，一旦发生问题，其处置措施往往简单而粗暴，认为即使全部取缔，也不会对经济全局造成大的影响和动荡。这种思维模式造成农村微型金融组织在一种高度不确定性中开展经营活动，其经营行为往往也采取短期的行为模式，因为它们缺乏稳定的长期预期。这才是导致微型金融机构风险的主要根源。如果微型金融机构有长期的预期，其经营模式就会变得稳健，就不会采取诸如高利贷这样的短期行为。要做到这一点，就需要国家进一步完善微型农村金融机构的法律框架，并保障其法律地位的稳定性和长期性。还有一些法律的空白或模糊也会造成农村微型金融机构的风险，如土地政策方面的空白或模糊往往造成很多地方农村微型金融机构在办理土地承包权抵押方面面临很大风险，同样地，由于农户没有房产证，有些微型金融机构采用农户房产作为抵押也有很大的政策风险。

4.6.2 自然风险

对于基层的微型金融机构来说，自然风险对其经营活动影响很大。农业中的种植业或养殖业都是易受自然灾害和疫病影响的产业。比如果农容易受旱灾或冰雹灾害的影响，养鸡专业户在禽流感疫情来临时，即使自己养的鸡没有出现瘟疫病情，也要被全部宰杀。在掌政镇，农业的基础条件比较好，农作物的灌溉设施完备，黄灌区供应了充足的水源，因此大部分的年份这里都是风调雨顺的。但是这并不意味着这里不存在自然风险。养殖业和设施农业面临较大的自然风险。因此，对于大的养殖户或者种植户来说，如果有农业保险作为辅助，那么他们获得农业信贷的可能性就很大。但是现实情况是，在中国的基层农村，商业性的农业保险几乎是不存在的，政府所建立的政策性的农业保险也只是覆盖了极小一部分产业，如能繁母猪的保险，部分地区对奶牛的保险等等，种植业几乎没有农业保险。因此，假如出现大的冰雹、雪冻、暴雨等灾害，掌政镇的设施农业就会遭受重大损失。

4.6.3 市场风险和产业风险

市场风险，指农户在生产经营过程中，由于市场原因而导致生产经营项目遭到损失，从而使贷款难以偿还，比如一些蔬菜经营专业户，由于市场信息不灵通或者由于销售失败，而导致蔬菜卖不出去，流动性受到影响，最终导致不能还贷。2011 年，大量的种植大户因为市场风险遭受了巨大的损失，如一些地区的西瓜价格暴跌，一些地区的蔬菜价格暴跌，导致农户破产，有些农户甚至因为巨大的市场风险而绝望自杀。要降低市场风险，就要为农户提供足够的市场信息，这方面，政府应该负起主要的责任，一些微型金融机构本身也可以为客户提供这样的信息，一些大型的农贸市场也可以提供这些信息。系统的农业信息的提供，有赖于一个比较快捷方便且科学可靠的信息网络，我国农业价格信息的网络建设迫在眉睫。

农户在市场上的失败有些来自于产业选择与技术风险。这些产业和技术风险是指农户在生产经营中由于产业选择失误或技术原因而导致生产经营项目失败，如养鱼户可能因为没有掌握相应的技术而导致项目亏损严重，最终不能还款；还有的项目失败是因为选择了错误的产业，不能适应当地的经济状况和条件，比如选择搞小型旅游服务的农户，假如地方偏僻，游客稀少，旅游服务项目多半遭受损失。产业选择或者技术的失败而导致的风险，其消除要取决于农户对相关产业信息的把握程度以及技术的掌握程度，加强农户的技术培训，并提供相应的产业信息，可以帮助农户规避这些风险。在这方面，微型金融机构应该发挥积极的作用。

4.6.4 道德风险或信用风险

我们在上面已经讨论到，在一个传统的农民社区，由于长期的软性评价机制的存在，因此引发道德风险的土壤并不存在，农户的信用比较有保障，发生信用风险的概率是很低的。很多微型金融机构都有这样的经验。但是，近年来随着市场化和城市化的迅猛推进，农村人口流动性很大，很多农民出去打工赚钱。农村微型金融机构把钱贷给农户后，有些农户也许就揣着钱出去打工了，由于农民打工的目的地并不确定，因此追索还贷的工作非常困难。而在一个流动性越来越大的农村社区，农民的信用意识也会相应地削弱，因为道理很简单，人口流动性越大，村民之间长久积累的"口碑"就不起作用了。农村微型金融机构面临的客户道德风险，绝大部分属于此类由于农户迁移而带来的风险。

第 5 章

信贷需求

[■5.1 我国农村信贷需求的制约因素

在我国农村地区，一方面存在着金融服务供给不足的情况，另一方面也有很多社会、经济、体制以及政策方面的因素导致农村的金融需求强度低，导致农民的生产性投资意愿弱化。其原因包括以下几条。

首先，就社会角度而言，农民在剧烈的社会制度变迁过程中面临着更多的风险和不确定性，其对未来的预期更加不稳定。在我国农村社会保障体系还未完善的情况下，农户面临的生存问题是多方面的，医疗问题、教育问题、赡养老人问题等，这些问题的大量存在导致农户的投资意愿必然减弱，需求强度必然不足。

其次，农户投资需求强度不足还有经济性的原因。农户的投资，如同一切投资一样，首先要考虑追求较高的经济收益，但是农业与非农产业相比，长期处于弱质微利的状态，很难激发起农民投资于农业的积极性[①]。同时从市场方面来看，随着市场经济的发展，农户面临着更多的选择，农业已经不是唯一的投资选择，在这种情况下，农户的投资将基本根据收益最大化的原则进行，计算多种因素对其预期收益的影响。当某些因素的作用可能会影响到其投资的预期收益时，农户就会作出改变投资的行为[②]。因此，农户在市场经济下的收益最大化的选择动机以及农村市场多元化的现实条件下，其在农业方面的投资资本需求强度不足，也就不难理解。

再次，农户投资需求强度不足还有体制层面的原因。体制内的正规金融部

---

① 这种投资需求制约可以称为"农业投资资本需求的软约束"。参见田鸣：《资金与资源配置研究》，经济科学出版社 2001 年版。

② 参见陈池波等："解析农业投资不足的成因"，载《农业经济问题》，2001 年第 1 期。

门在提供金融服务时，对于农户而言，交易成本过高，交易规则约束太强，因此减弱了农户向正规金融机构借贷的意愿。而一些非正规的金融机构以及各种友情借款则具有方便灵活的特点，容易被农民所接受。体制方面的原因还包括社会保障制度的不健全、国家财政体系和国家产业投资体系变革条件下农村投资的事权界定不明等。

最后，农户投资需求强度低还有政策方面的因素。政策给投资主体一种预期，稳定的政策给投资主体一种稳定的长期预期，诱使投资主体进行长期投资；相反，如果政策变动性大，会给投资主体一种很不稳定的预期，从而会减少其长期投资行为。在政策方面，最大的制约来自国家的土地政策。国家农地制度尽管在一定程度上释放了农业生产力，重构了我国的农业微观经济基础，但是其缺陷也是不容忽视的。现行农地制度很容易导致规模不经济、农业粗放式经营以及掠夺式投资，而且更为严重的是，由于国家农地政策的多变性和农地缺乏流动性，导致农户对未来的投资收益预期感到不确定，这极大地制约了农户的长期投资行为，导致其投资需求强度不高。

总之，在分析农村金融状况的时候，供给方面的探讨固然重要，但是需求层面的分析也非常必要。而需求视角的分析，使我们可以有针对性地反省在农村经济发展和金融发展中的政策与体制，发现其中影响农户投资需求和投资意愿的制约因素，从而进行有效的改进。

▌5.2 我国农村信贷需求结构的变化

当前我国农村经济正发生着巨大的变化，农村金融的需求主体也相应发生了很多变化，具体表现在三方面。

第一，农户的融资需求发生了较大的变化。以前，农户的融资大多是满足于一般日常的消费需求，尤其结婚、盖房、看病等方面的消费。但是近年以来，农户从事附加值较高的种养殖业、工商经营等方面的融资比例开始上升，而且农民所从事的农产品深加工制造业开拓发展，农户融资的规模与性质都发生了巨大的变化。这些变化，反映了农村在产业转型方面的一些必然趋势。农村金融机构的融资应该顺应这种趋势。

第二，农村中小企业的融资需求越来越强烈。改革开放以来，在农村地区成长起一大批实力雄厚的企业，这些企业大多从事与农产品加工与贸易相关的行业，对农村的产业结构调整与农民增收意义巨大。农村中小企业融资，很多与农产品的特定性质有密切的关系，因此很多融资需求具有季节性、流动性，而且蕴含着特殊的风险。因此，如何既能满足农村中小企业融资需求，又能尽量降低农村金融机构贷款风险，是摆在农村金融机构面前的一个大问题。农业政策性保险和商业性保险，农产品期货市场等，可以分散较大型农产品生产加工企业的风险，应在农村地区有步骤地积极推广。同时，农村金融机构也应该在农村中小企业贷款抵押担保、信用评估、贷款风险监控方面有所创新。

表5.1 　　　　　　　　　　　我国农村金融需求状况表

借贷需求主体层次			主要信贷需求特征	可用以满足贷款需求的主要方式和手段
农户	贫困农户		生活开支、小规模种养生产贷款需求	民间小额贷款、小额信贷（包括商业性小额信贷）、政府扶贫资金、财政资金、财政金融
	普通农户	一般种植养殖业农户	小规模种养业生产贷款需求、生活开支	自有资金，民间小额贷款、合作金融机构小额信用贷款，少量商业性信贷
		市场型农户	专业化、规模化生产和商业贷款需求	自有资金，商业性信贷
企业	微型小型企业		启动市场、扩大规模	自有资金、民间金融、风险投资、商业性信贷（结合政府担保支持）政策金融
	有一定规模企业		面向市场的资源利用型生产贷款需求	商业性信贷、政府资金、风险投资、政策金融
	龙头企业	发育初期龙头企业	专业化、技能型生产规模扩张贷款需求	商业性信贷、政府资金、风险投资、政策金融
		成熟型龙头企业	专业化、技能型、规模化生产贷款需求	商业性信贷
	农村基层政府		满足基本建设资金需要，提供金融公共产品	财政预算、政策金融

第三，农村专业合作社成为农村新型融资主体。农村专业合作社是农民的

互助合作组织，2007 年 7 月，我国《农民专业合作社法》正式颁布实施，确定了农民合作社的合法地位。但是农民的融资问题一直是制约合作社发展的主要瓶颈因素。《农民专业合作社法》第五十一条是关于合作社融资的专门条款："国家政策性金融机构应当采取多种形式，为农民专业合作社提供多渠道的资金支持。具体支持政策由国务院规定。国家鼓励商业性金融机构采取多种形式，为农民专业合作社提供金融服务"。农村专业合作社涉及生产、流通、加工各个领域，对于农村经济转型和发展意义重大，其成长潜力也很大。农村合作社既有企业的特点，也带有互助合作性质，经营灵活，将是未来农村金融组织重要的融资对象之一。

5.3 掌政资金物流调剂中心农户借贷情况调查

5.3.1 调查基本情况

本节将从掌政的实际数据出发研究掌政资金物流调剂中心（以下简称"掌政中心"）的农户信贷状况。课题组从掌政中心共获得贷款农户资料 900 份，主要是从掌政中心 2008 年的前期调查表与信用评估表中得到的档案资料（前期调查表与信用评估表的大部分内容相同）。档案中的贷款客户分布在 5 个乡镇，44 个村庄，具体的地区分布情况如表 5.2。从所获资料来看，贷款农户主要集中在掌政镇，这与掌政镇是掌政资金物流调剂中心自 2010 年 5 月才开办大新镇、望远镇、通贵乡、金贵镇四个乡镇的业务咨询点有关，那时始将业务向外拓展。所获得的资料内容主要包括借款人及借款人家庭成员的年龄、性别、职业、教育等基本特征，借款农户的家庭资产、收入、支出情况，借款农户从掌政中心以及从其他渠道的借款情况，借款人对资金物流调剂中心的评价满意度等。

在所收集到的 900 个借款人资料中，848 人为男性，52 人为女性，其中女性比例仅占 5.78%。从借款人民族构成方面来看，732 人为汉族，168 人为回族，回族占到所调查借款人总数的 18.67%。借款者年龄的均值为 42.08 岁，年龄最大者为 66 岁，年龄最小者为 23 岁。从借款人年龄的频率分布来看（图5.1），大部分借款者集中在 35～50 岁之间。这与掌政中心在信用评估时的年龄偏好有关，这个年龄段被视为青壮年劳动力，既有体力又有劳动技能，是放贷的最理想群体。一般而言，对年龄大（60 岁以上）或年龄小（30 岁以下）的人，掌政中心放贷时会非常慎重。而掌政镇的人口年龄结构是，20.74% 为18 岁以下，28.48% 为 18～25 岁，39.30% 为 35～60 岁，11.47% 为 60 岁以上。

表 5.2   贷款农户地区分布

乡镇	贷款村庄	贷款户	村庄总数	总户数
掌政镇	13	618	13	9088
大新镇	6	41	7	6000
金贵镇	8	65	12	8700
通贵乡	9	127	6	3500
望远镇	8	49	14	8000
合计	44	900	52	35288

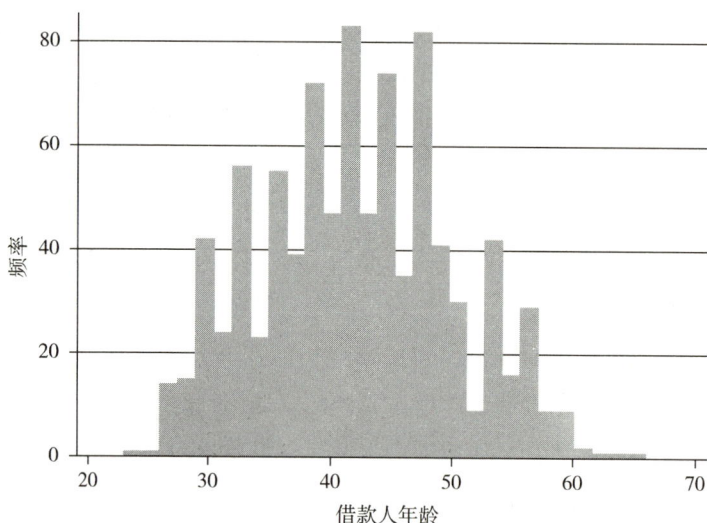

图 5.1　借款者年龄分布

贷款农户的年龄结构会影响到后面的家庭人口分布、教育水平等。借款者家庭人口的均值为 3.87 人，53.78% 的借款者家庭人口数为 4 人。从借款人受教育水平来看，约 76% 的借款人学历为初中，17.78% 的借款人学历为小学。这一特征符合当前农村主要劳动力的情况。（参见表 5.3、表 5.4）

表 5.3 　　　　　　　　　　　借款者家庭人口分布

人口数	个数	占比（%）
2	31	3.44
3	240	26.67
4	484	53.78
5	105	11.67
6	37	4.11
7	3	0.33

表 5.4 　　　　　　　　　　　借款者教育水平分布

教育程度	个数	占比（%）
文盲	6	0.67
小学	160	17.78
初中	684	76
高中	47	5.22
高中以上	3	0.33
合计	900	100

5.3.2　借款人近年来的借贷情况

（1）农户向中心贷款申请审批情况

从 2007 年以来，调查户中约 54% 的农户向掌政中心申请借款 1 次，约 21% 的农户申请借款 2 次，13% 的农户申请借款 3 次，从实际获得借款的次数来看，51% 的农户实际获得借款 1 次，21% 的农户实际获得借款 2 次，13% 的农户实际获得借款 3 次。未申请贷款的农户仅占 0.67%，未获得贷款的农户占 3.01%。定义申请通过率为实际获得次数与申请次数的比例，则 95% 的农户向中心借款的申请通过率为 100%。仅有 2.47% 的农户在申请中未得到贷款，即申请通过率 0%（表 5.5）。可见掌政中心对农户的贷款申请满足度较高。

表5.5　　　　　　　　借款人申请获得中心贷款次数统计

次数	申请贷款		实际获得贷款	
	个数	百分比（%）	个数	百分比（%）
0	6	0.67	27	3.01
1	482	53.67	460	51.28
2	186	20.71	187	20.85
3	117	13.03	117	13.04
4	69	7.68	72	8.03
5	21	2.34	22	2.45
6	10	1.11	9	1
7	3	0.33	0	0
8	3	0.33	2	0.22
9	1	0.11	1	0.11

在调查资料中显示的农户贷款申请率较高，有以下几个方面的原因。

第一，档案本身以贷款农户为主体，申请通过率自然较高。

第二，前期调查表是用于业务流程中第一步"市场前期调查"的，通过前期调查表形成农户档案。这样在摸清楚当地农户信贷需求情况的同时，掌握农户基础资料，农户申请时的信用评估只要做更新即可，加快了贷款审批流程，方便农户。这样的话，掌政中心工作人员在下乡走访做市场前期调查时，在选取调查对象时，必然是挑选有潜在贷款需求的农户。这样的前期调查才有意义。

第三，掌政适度放宽了第一次贷款申请的审批条件。如前文所述，在农民信贷记录空白的情况下，第一笔贷款的条件应适度放宽，中心在与农民交往的过程中进一步建立联系、甄别信息，形成信用记录档案。这样的话，审批通过率自然也会提高。

第四，金融反贫困的途径之一是覆盖更广泛的人群，尤其是中低收入农户。如果贷款申请过于严格，通过率过低，一方面对企业社会形象不好，不利于形成口碑效应，不利于扩大业务；另一方面，必然将那些迫切需要信贷而基础经济条件差的农户排除在外，这样一来，就与其他金融机构别无二致，存在"掐尖"现象。若审批过严导致贷款覆盖率低，显然不符合金融反贫困理念。

（2）调查对象从中心借款情况

近五年调查对象向中心借款情况见表5.7。从2007～2010年，调查对象从中心借款总额逐步上升，从 2007 年的 151.55 万元上升到 2010 年的 1097.5 万元，2007～2010 年间，贷款总额以平均每年 141% 的速度增长。同时贷款户数也逐渐上升，从最初的 75 户借款上升到 2010 年的 572 户，贷款户数增长率为每年 154%。从 2007～2011 年，累计由中心向调查对象发放贷款 1622 笔，平均每笔贷款 1.9 万元，这一均值从 2007～2011 年之间没有太大变化。2007～2011 年之间，最大一笔贷款额为 50 万元，最小一笔贷款额为 1000 元。贷款的还款率很高，除未到期贷款以及有一户借款人死亡外，调查对象的贷款还款率达到 100%。

表 5.6　　　　　　　　　近五年调查对象向中心借款情况　　　　　单位：万元

借款年份	总额	每笔均值	最大	最小	笔数	贷款户数
2007	151.55	2.0207	3	0.1	75	75
2008	373.755	1.8972	9.855	0.1	197	188
2009	593.5	1.8039	4	0.15	329	321
2010	1097.5	1.8261	10	0.3	601	572
2011①	928.6	2.2109	50	0.1	420	414
合计	3144.905	1.9389	50	0.1	1622	

注①：其中 2011 年数据仅统计 2011 年前半年数据。

由于调查对象中借款额在 10 万元以上的只有三户，分别为 11 万、28 万和 50 万，将 10 万元以上的借款样本剔除，调查对象借款数额的分布频率见下图 5.2。可见大部分中心借款在 5 万元以下，集中在 2 万元左右。从这个结果可以看出，掌政中心的额度控制做得较好，能够坚持以小额贷款为主，这样有利于覆盖更广的农户。同时，从小额贷款开始做起，有利于风险控制并逐步培养农民的信用意识，让农民有一个适应的过程。

从借款利率来看，借款利率大概集中在月息在 0.6%～1.2% 之间（图5.3、图5.4），并且借款利率有随借款规模增大而提高的趋势。掌政中心的利率定价原则多元化且比较灵活，其中一条就是贷款利率的"阶梯化差异"。利率的高低不仅与农户信用评估密切相关，同时与农户能力和贷款用途密切相关。也就是说，掌政中心在进行贷款时，会综合考虑农户实际的经济能力和承受能力，同时分析产业特色和基本利率情况，防止出现"农户为银行打工"的情况，即利息率超过利润率的情况。

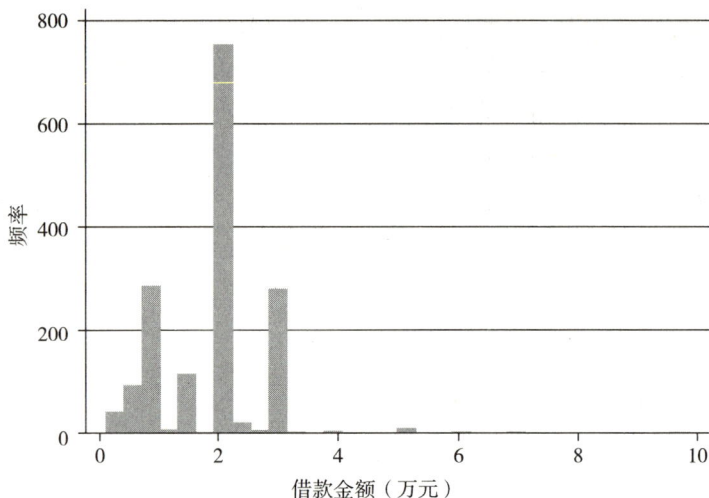

图 5.2　向中心借款数额频率分布

　　因此，掌政中心根据农户实际能力和产业特点实行差异化利率，对富裕农户扩大再生产或者中小企业流动资金周转，贷款利率要高，但依法不得超过银行同期基准利率的 4 倍；中等农户设施农业，特色农业贷款利率在 12% 左右；一般传统农业种植农户，利率在 7% 左右；个别特别困难但有经济改变现状愿望的农户实行零利率。掌政中心对于困难农户没有采取拒之门外的态度，而是更加注重考察其生活态度、性格、品格等"软信息"。对困难农户，早期提供低息甚至无息贷款，帮助他们获得生产资本，改善家庭经济条件后再逐步调整提高利率。

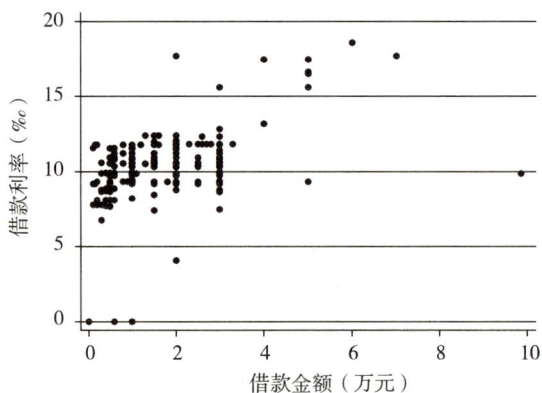

图 5.3　借款金额与利率

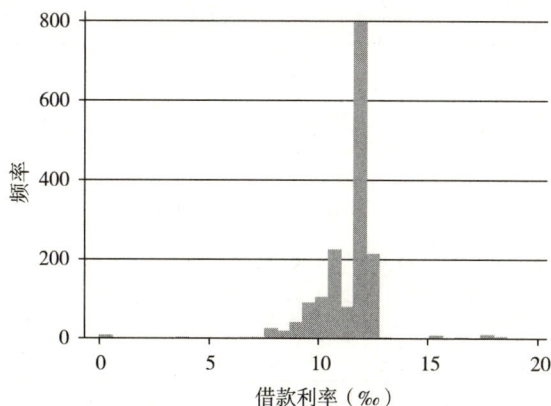

图 5.4   借款利率频率分布

掌政中心在利率定价方面以农户能力为重要参考指标，具有积极意义。贫困农户因为迫切需要贷款，所以利息率承受意愿很强，但是承受能力很弱。这也就是很多人认为小额贷款高利息合理性的原因，即小额贷款主要解决信贷可及性问题而不是价格问题。然而，高利息率会加重困难农户的经济负担，心理负担也会加重，拉开他们与金融机构之间的心理距离。对贫困农户早期贷款的无息甚至低息政策，会培养金融机构与农民之间的感情纽带，提高机构的亲和力，并通过交流工作和贷款管理工作培养其信用意识。此外，掌政还采取了较为宽松的展延期政策，让贫困农户能够有合理的调整期，使他们更容易脱贫贫困。印度小额贷款最后出现与民间高利贷同发展的局面，就是高利息和还款期限固定造成贷款户经常迫于压力不得不"拆东墙补西墙"而造成的。

（3）被调查者从其他渠道借款情况

2007 年共有 73 人从民间渠道借款，借款均值 4.61 万元，238 人从银行借款（包括信用社），借款均值 8.35 万元。与 2007 年相比，2011 年无论民间借款渠道还是银行借款渠道借款者个数都下降。从借款数额上看，民间借款数额的均值下降，银行借款的均值上升。

相对于掌政资金物流调剂中心的借款规模来看，民间借款和银行借款的规模很大，单笔借款的均值较高，但是覆盖的农户数量较少。这进一步说明掌政资金物流调剂中心定位以小额贷款为主，广覆盖、低额度的运行模式对中低收入农户帮助很大，对提高其收入有积极意义，发展前景很好。在一定程度上可以说明，掌政中心这样新的贷款机构成立，可以降低农户对民间金融的依赖。

表5.7　　　　　　　　借款人民间借款和银行借款对比　　　　　　单位：万元

	前期调查		2011 年		民间借款减少额	银行借款减少额
	民间借款	银行借款	民间借款	银行借款		
个数	73	238	54	159	19	79
均值	4.6151	8.3564	2.7518	9.4871	1.8633	- 1.1307
总额	336.9	1988.83	148.6	1508.45	188.3	480.38
最大值	30	120	25	73	5	47
最小值	0.5	0.1	0.1	0.1	0.4	0

（4）农户借款用途

图5.5 是借款人贷款用途的统计结果。从借款者借款资金用途看，贷款用作资金周转的较多。资金周转的概念很宽泛，与调查表的选项设置有关，并没有明确地注明用途，因此可能部分资金是为下面所列用途所用，如在蔬菜收获期，需要购买下期生产资料，然而此时蔬菜还未出售，需要借款应急。但无论如何，周转资金的基本特点有两个：一是急，二是期限短。"急"要求办理手续尽量快，如果像其他金融机构那样按部就班地走，可能钱拿到了，事情也耽误了。这样的情况下，掌政中心基于前期调查的快速审批就发挥了作用，因此需要资金周转的农户到掌政中心申请贷款的较多。期限短，对金融机构有利，可以加速资金周转，对于资金量小、可贷资金短缺的掌政中心而言，这类贷款也有利于他们的运营。

资金主要用于一般种植业，主要是春耕扶持、购买化肥种子等。其次是用于投资设施农业如温棚、大棚等。养殖业也是贷款资金主要的投放渠道，如养牛、羊、鱼等，购置饲料、修建圈舍。运输业也是重要的资金投放渠道。

在不考虑未注明用途的资金周转情况下，用于农业（包括种养殖业、设施农业、购置农业机械）的贷款比例占到81.4%，用于工商业（包括运输、购置出租车客车、承包工程、个体工商业、建库房）的比例占到13.76%，用于一般生活消费性用途的比例仅占4.83%。可见掌政中心的借贷主要用于生产用途，生活性用途（盖房买房、教育结婚）等比例借款比例很低。

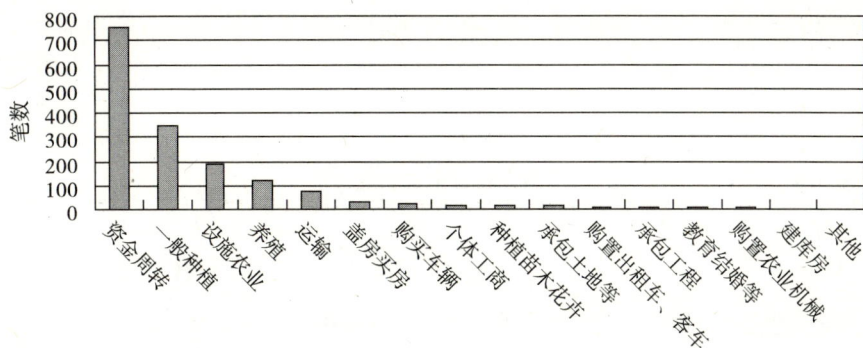

图 5.5 调查对象借款用途

在掌政中心的信用评估体系里面有关于资金用途的考察，并且资金用途会与利率挂钩。掌政中心会优先支持农户用于生产性用途的资金需求，在开发的贷款产品中，大部分也是以生产用途为基础的贷款产品。这样一来，中心可以以额度、利益、信用评估来引导农户，保证资金的生产用途。当然，农户是家庭决策模式，生产、生活资金都是在统一的资金池中，对于某些消费性用途，也应当予以支持。否则，一般也会影响农户的生产。

用于农业（包括种养殖业、设施农业、购置农业机械）的贷款比例占到81.4%，体现了当前掌政中心的特点。掌政中心以农民资金互助合作为基础，贷款主体自然是农民。以信贷支持帮助农民的农业投入，种养殖业是农民的主要产业，贷款利率一般较低。设施农业主要是蔬菜大棚，掌政中心支持农户购买新设备如卷帘机等，并从甘肃引进航天辣椒免费提供给农民试种，为农户寻找新的农业产品。农业机械的购买信贷支持是掌政中心农村资金物流调剂的特色产品。掌政中心了解政府支农补贴和农机补贴的政策，并向农民宣传。农民购买农业机械时，掌政中心帮助农户申请农机补贴，并以抵押方式提供信贷支持。这几种信贷产品非常贴合农村实际，与农民的资金需求相吻合，因而得到农民的支持与欢迎。

5.3.3 农户资金需求情况调查

（1）贷款需求情况

农户调查表中调查了借款人在经营中遇到的困难，对其进行统计的结果见表 5.8。资金缺乏是借款人认为最严重的困难，约 93% 的借款人认为自己经营中缺乏资金。相反，缺少项目、市场、思路等并不是借款人经营中面临的主要问题。由此可见信贷资金对于农民的重要性，这与农村调查的基本情况相吻合。

表5.8 借款人经营中遇到的困难

	是		否	
	个数	占比（%）	个数	占比（%）
经营中是否有困难	436	56.04	342	43.96
是否缺少项目	146	16.24	753	83.76
是否缺少资金	835	92.88	64	7.12
是否缺少技术	69	7.67	831	92.33
缺少思路	7	0.78	893	99.22
没有市场	33	3.67	867	96.33

当然可能也存在这样的情况，由于此项调查为掌政资金调剂中心工作人员主持，借款人为了更可能获取借款资金而夸大资金困难的程度而减小影响自己经营项目效益的一些因素的影响程度，比如思路、技术、市场等。然而，在农村地区，农民一般不会贸然进入陌生的农业产业领域，一般会选择当地比较成熟的农业项目，如大棚蔬菜、种植养殖。对于这些农业项目，农民一般只负责生产，到了收获季节，会有商人或农村经纪人到村庄收购种植养殖产品。当然也会存在一定的市场风险。此外，这些农业项目的技术也相对成熟，因此，农民不太关注技术、市场是可以理解的，这些不是他们所能改变的。缺钱投入生产仍是最主要的矛盾。

农民的谨慎态度从掌政中心为当地引进航天辣椒的事情可见一斑。掌政中心从甘肃考察引进了航天辣椒后，农民仍然不敢种这一新品种。于是，掌政中心免费提供给农民试种，并且承诺保底收购，这样才有农民愿意参与。第一年的经济效益很好，农民才纷纷开始种植收益更好的航天辣椒。

农民普遍性的资金匮乏，显示了农民信贷需求的巨大空间。很多低收入群体并不是缺乏劳动能力和劳动技能，而是缺少必要的货币资本投入收益更高的种植养殖项目中去。而这些项目资金需求量一般不大，一个蔬菜大棚投入在2万元左右。有了启动资本，农民就能提高收入、改善经济状况。在图5.2中显示，掌政中心的贷款户频次最高的借款金额是 2 万元，而且大部分借款都集中在 5 万元以下。这说明，掌政中心的目标群体集中于中低收入农户，符合其金融反贫困的定位。

（2）对中心的满意度分析

调查表中调查了借款人对掌政资金调剂中心的满意度。可以看到借款人对中心的借款额度、借款手续、服务态度等的满意度很高，各项指标的满意度均达到调查者总数的97%以上。

表 5.9　　　　　　　　　　借款人对中心的满意度

	是		否	
	个数	占比（%）	个数	占比（%）
借款额度是否合适	877	97.55	22	2.45
借款手续是否简单	896	99.67	3	0.33
服务态度是否满意	896	99.67	3	0.33
工作人员有吃回扣	0	0	899	100
有不公平现象	0	0	899	100

5.3.4　被调查者向资金物流调剂中心入股情况

在所有 900 户农户中，有 531 户提供了其入股次数情况，其中 474 户从未入股，占到89.27%。有 32 户农户向掌政资金物流调剂中心入股 1 次，23 户农户入股 2 次，2 户农户入股 3 次。调查入股情况的目的在于，掌政中心在信贷设计方面，实行了股权与信贷相挂钩的策略，实际上是农民资金互助社信贷方式的一种延伸。股东申请贷款，因为有股本金，掌政中心会适度放大信贷额度，更好地支持股东的生产与发展。掌政中心在业务和经营方面，具有农民资金互助社和小额贷款公司合二为一的特点，并且正在向社会银行发展，在注册形态上为股份有限公司，对于股东数有限制，因此不能像农民资金互助社那样在大量吸收股东（社员）。在最新的股权结构中，掌政中心仍然有 159 个农民股东。

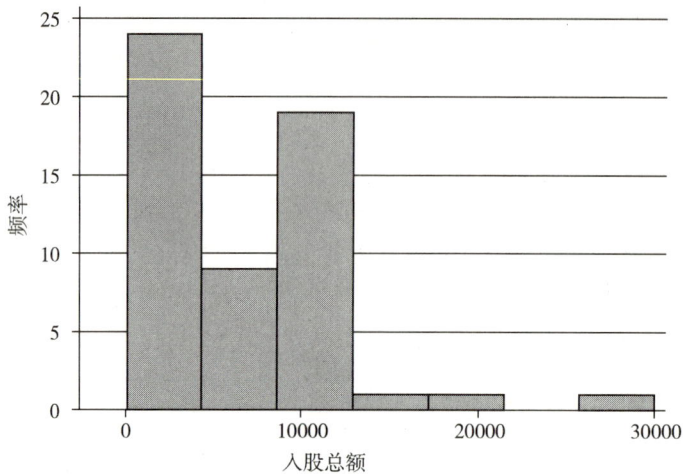

图 5.6　调查农户入股金额频率分布（单位：元）

在曾经向掌政资金物流调剂中心入股的农户中，有 56 户提供了其入股金额情况，56 户农户的入股总额为 462500 元，每户入股均值约 8259 元。考虑到入股数额中最大一户入股 120000 元，剔除这一极大值，得到入股均值为 6227.273 元。从入股金额的频率分布图可以看出，大部分农户入股金额在 10000 元以下，其中相当一部分在 5000 元以下。

表 5.10　　　　　　　　　调查户入股情况　　　　　　　　　单位：元

	入股总额	均值	最大值	最小值	计数
全部	462500	8258.929	120000	100	56
剔除极大值	342500	6227.273	30000	100	55

农民中也存在贫富分化，农民股东未必都是小股东。但从数据上来看，除少数农民股东外，掌政的农民股东仍然以小股东为主，这一点也可以从股本金来源构成可以看出。这表明，掌政中心在法律框架内吸收尽可能多的农民股东，目的不在于股本金，而是另有其他考虑。借助农民股东，掌政中心希望建立融入乡土社会的桥梁，与农民建立紧密的联系，实现机构与社区的共同成长。掌政大量的农民股东，使得掌政中心在增资扩股与发展壮大时农民资金互助的性质得以保留，这有利于中心继续完成金融反贫困的使命，做"农民自己的银行"。希望掌政中心今后能继续坚持这条原则。

5.3.5　信贷需求与金融减贫

通过掌政田野调查获得的第一手资料，可从微观层面更具体地看到当前农村金融领域迫切需要解决的问题，即金融服务尤其是信贷服务供需严重不匹配的问题。一方面在中国农村地区，农民资金需求旺盛，并且大部分是缺少生产资料引致的信贷需求；另一方面农民又普遍性地难以获得信贷，从而落于贫困陷阱而难以改变自己的命运，这从反面显示了金融减贫的潜在作用。

新农村建设以来，现代农业取得了较大发展，尤其是高附加值农业的兴起，实际上为提高农民收入提供了很高的产业基础。然而现代农业所需基础投资较大，起步资本远远超过传统农业，门槛较高，把大量中低收入农户屏蔽在外，使之不能参与现代农业。从这个角度来看，单单从提供起步资本来提高农民收入而言，中国的新型农村金融机构就可大有作为。而小额信贷要解决的一个核心问题就是"既向低收入人口大量开展金融服务，又能实现金融可持续"，世界范围内的小额贷款实践表明，"可以向农村贫困人口提供大规模的金融服务，而不依赖任何补贴"[1]。

---

① 杜晓山、聂强、滕超：《印度小额贷款危机及其启示》，《金融发展评论》，2011 年第 1 期，第 90 ~ 97 页。

|第 6 章|

业务结构

6.1 三位一体（一）：农民资金互助

　　掌政模式的核心是将农民资金互助、农村小额贷款和农村资金物流信息调剂有机结合起来。掌政农村资金物流调剂有限公司（中心）最初发起者为199户农民和当地民营企业家。由于这199名农民股东的存在，因此从最初创立的时候开始，掌政农村资金物流调剂中心就具有农民资金互助的性质，是一种农村的合作金融。掌政中心的农民资金互助业务，是依靠汇集农民股东的股本金，通过资金余缺调剂的形式，收取较低的利息甚至是免息，来满足股东内部农民社员的小额信贷需求，帮助农民这个弱势群体获得基本的信贷服务，扶持其脱贫致富。由于具有合作金融的性质，因此这部分业务的收费比较低，其利率水平一般低于国有商业银行和农信社的利率，在农民出现意外情况导致丧失劳动能力或劳动能力降低时，利率水平可以为零，这就极大地减轻了当地农民的还款负担。从这个角度来说，掌政农村资金物流调剂中心的这部分业务带有一定的扶贫性。

　　掌政农村资金物流调剂中心一直以"立足农村、服务三农"为自己的经营方向，并针对农村发展的实际情况和农户的信贷需求状况，开发了多种适合农民的金融产品，如科技兴农贷款、农业特色经济贷款（一户一品、一村一品、多村一品）、农户专业技能培训贷款、春耕生产扶持贷款、外出务工人员贷款、种植业和养殖业专项贷款、困难社员临时周转贷款（助学、婚丧、建房、农机具购置）、农业基础设施配套贷款、专业户流动资金贷款、复转军人和回乡大学生创业贷款、农业新技术推广运营贷款等。特别是外出务工人员贷款、复转军人和回乡大学生创业贷款、农业新技术推广运营贷款这几个金融产品，非常受农民的欢迎，而且这些贷款的利息很低，有些几乎是免息的，非常适应于农村经济发展的新特点和农户信贷的新需求。困难社员临时周转贷款，则带有扶困济贫的性质，一般是免息的，有时公司甚至对贷款户进行捐赠，以帮助困难农户摆脱困境。

从近 4 年的实践来看，掌政农村资金物流调剂中心的农民资金互助规模比较大，绩效也比较好，而且已经形成比较好的运行机制，在农民中间已经形成很好的口碑，而且也在很大程度上做到了可持续，给公司的其他业务运作奠定了很好的舆论基础和客户基础。其成功的原因在于，农民资金互助仅仅是掌政农村资金物流调剂中心全部业务的一个组成部分，而不是全部；公司虽然在农民资金互助这个业务领域基本不赢利或微利，但是其他业务有较大的利润空间，因此，公司有能力继续维持和拓展农民资金互助业务，为农户（尤其是农民股东）提供低成本的资金，以对农民尤其是困难农民进行帮扶。如果没有其他业务的利润支撑，掌政农村资金物流调剂中心的农民资金互助很难做到可持续发展。

2007 年，在银监会的开放农村金融市场准入的政策框架下，成立了一批农民资金互助组织。这是由农民自己发起创办的真正的信用合作组织。综观全球，农民合作的核心与基石是信用合作，即资金方面的互助合作。在银监会的政策框架中，农民可以通过共同出资的方式，组建信用合作组织，其成员在有资金需求的时候可以向资金互助组织提出贷款申请。农民资金互助组织的成立，可以满足农民短期的消费贷款和生产贷款需求，其贷款的交易成本比较低，信息比较对称，贷款违约的可能性较低。但是我国农民资金互助组织的发展并不顺利，有些农民资金互助组织成立之后，面临的最大问题是资金短缺，同时农民金融素质较差、资金互助组织管理混乱也是制约农民资金互助的重要因素之一。本来，解决农民资金互助组织资金短缺的一个可行的方法是商业银行或政府部门对资金互助社提供批发性贷款和再贷款，使资金互助社成为贷款零售商，它们可以利用自己与农户接近的天然比较优势，保证贷款质量和贷款支农功能的有效发挥，这样一方面可以弥补其资金匮乏之缺陷，同时也为商业银行降低了三农贷款风险。但是这样一个对接机制，由于农民资金互助组织内部管理往往不到位，因此商业银行根本不愿意为农民资金互助组织发放批发贷款。

而掌政农村资金物流调剂中心可以充分发挥自己的优势，一方面弥补一般农民资金互助组织资金匮乏的缺陷，另一方面又可以与贷款批发机构有很好的对接，因为其商业化的运作模式和法人治理结构能够与商业银行对接。成立以来，掌政农村资金物流调剂中心曾经获得交通银行的批发贷款扶持，也获得过宁夏农业投资公司的批发贷款支持，这充分说明了它与一般农民资金互助组织相比具有组织管理和资金方面的优势，可以做到可持续发展。

6.2 三位一体（二）：小额贷款业务

单纯的农民资金互助面临资金和管理上的很多困境，因此很难发展起来。但是要增强资金实力，就必须吸引大量民间资本参与到股权结构中来，然而如果没有一定的利润作为回报，民间资本很难有动力参与进来。掌政农村资金物流调剂中心从实践中认识到，仅仅依靠农民资金互助这块业务很难吸引投资者，其利润空间有限，而且对那些农民股东，不能采取较高的利率水平。从根本上来说，农民资金互助这块业务本质上是农民之间的合作金融，是公司履行社会责任的体现。因此，要吸引大的股东和投资者，就要有新的利润来源，这样才能以源源不断的后续资金支撑企业的长远发展，这不仅可能对股东们有更大的回报，而且公司也可以有更大的资金实力来支持农民创业，支持农村经济的转型，最终解决农村的信贷困境。

掌政农村资金物流调剂中心的小额贷款业务是采用商业化运作模式、以商业上可持续的市场化利率水平、针对具有成长潜力但面临融资困难的微小企业开展的信贷业务。在掌政镇以及周边地区，很多做生意的个体工商户、微小企业，虽然有很大的发展空间，现金流也很好，并且有旺盛的信贷需求，但是，由于这些微型客户处于发展的初级阶段，一般没有合规的抵押物来获得大型国有商业银行的支持，因此这些微型企业长期处于融资的困境之中，大多数微型企业依靠自我融资来解决信贷困境。但是依靠民间金融的融资，其不确定性很大，且借贷成本过于高昂，很多地方的高利贷使微型企业根本难以维持自己的发展。这些微型企业的信贷需求量少则几万元，多则十几万元、几十万元，信贷需求的规模不大，如果能够以比较灵活的信贷条件、快捷方便的金融服务、有弹性的利率水平来满足他们的信贷需求，他们就可以获得较快的成长，他们的还款能力和盈利能力都比较强，很多微型企业经过培育都可以成为优质的客户。

而且，对微型企业的小额贷款业务的开展，对于掌政农村资金物流调剂中心贷款的时间结构的优化、对于资金使用效率的提高也有很大好处。由于农户的资金需求受季节和时间限制很大，农户最需要资金的时间非常集中，一般在春秋两季，春耕备耕时节和秋后收购青储饲料的时候，农民大量借贷，当这两个资金需求的高峰期过后，掌政中心的资金使用效率就比较低。因此，开展针对微型企业的小额贷款业务，对于提高公司闲置资金的使用效率、拓展客户群体、优化资金的时间结构非常有利。

掌政中心的小额贷款业务主要是通过股东追加投资的方式，扩大运营资本，在满足辖区农户资金互助需求的前提下，开发了家庭贷款、土地流转贷款、设施农业经营权抵押贷款、种植养殖大户短期流动资金周转贷款、个体经营者流动资金周转贷款、个人资产抵押贷款、商户联保贷款、诚信企业担保贷款等金融产品。小额贷款业务重点支持有强烈发展愿望、资金需求旺盛且资金需求规模较大、因没有有效抵押物和担保从而被正规金融机构拒之门外的、处于创业阶段的种植养殖大户、个体工商户和微型企业。小额贷款的利息，高于农民资金互助业务的利息，也高于一般国有商业银行的利率水平，但不高于同期银行基准利率的四倍。由于利率水平比较灵活，因此利润空间也比较大，给公司的长远发展带来动力。实际上，小额贷款发放的过程，也是对这些有着较大成长潜力的微型客户的培育过程，这些客户的迅猛发展，为公司储备了大量的优质而忠诚的客户群体。

6.3　三位一体（三）：农村资金物流信息调剂服务

传统农村信息闭塞，农民的农产品往往因价格波动造成很大的损失，有些年份的价格暴跌甚至会导致农户破产；同时，农村的生产资料（如种子、化肥、生产工具）的价格也时刻处于变化之中，如果农民对生产资料的价格变动不敏感，也极容易产生损失，或支付过高的生产成本。我国农业正在由传统农业向现代农业转型，在这个转型的过程中，关于农产品和农用物资的信息供给是影响农民增收的核心问题。但是，这个问题长期得不到有效解决，严重影响了农民的生产和生活。

掌政农村资金物流调剂中心考虑到信息提供在农村发展和农民增收中的重要性，在自己的业务结构中，别出心裁地加入了农村资金物流信息调剂这块业务，为农民提供农业信息咨询（包括法律、国家农业政策等方面）、农需物资信息服务、科技信息服务、农产品价格信息服务等。掌政农村资金物流调剂中心通过自己丰富的客户资源和先进的信息平台，将客户在生产、种植、养殖、经营中遇到的各种问题和各类信息需求，通过收集、汇总，针对不同情况给予咨询、反馈，帮助农民联系农资产品生产厂家，咨询产品型号、团购价格等；同时积极协调相关政府部门争取政府补贴，鼓励农户集体采购，减少流通环节，降低购买成本，保障质量。对于部分购买农资时资金短缺的农户，如果符合公司的贷款条件，公司还会提供贷款资金支持，从而使物流信息调剂业务和小额贷款业务紧密结合起来。

例如，通过农民的信息收集和信息反馈，掌政农村资金物流调剂中心了解到掌政镇茂盛村要全面开发设施农业，急需一批卷帘机，公司一方面帮助农民联系厂家，咨询产品型号、质量和团购价格等，另一方面积极协调兴庆区、掌政镇农机站第一时间落实农机具政策补贴，不仅促使农户集体采购，保障了产品质量，而且还可以降低采购成本。再如，2007 年底，公司获悉航天蔬菜具有抗病害、抗高温、产量高的优势，便出资召集掌政镇农民和村干部十几人到甘肃天水进行考察，并且引种了航天辣椒、航天茄和航天豇豆等品种。尽管产量比较高，但是由于农户对航天蔬菜比较陌生，接受起来有点困难，不愿意大规模引种。公司本着"种给农户看，带领农户干"的原则，与一小部分农户签订包销协议，承诺按照高于市价的保护价收购。到 2008 年夏季，辣椒上市，公司按照保护价收购，试种的农户每栋大棚半年内获得无风险收益 2 万元。随后，公司又成立了两个辣椒育种基地，免费提供优质航天辣椒种子给种植农户，越来越多的农户开始了解航天蔬菜，并进行种植。目前，掌政、贺兰、通贵、永宁等地有上千户农民种植，收入比普通辣椒翻两番。

物流信息调剂服务作为第三项公司业务，本身的经济效益很低，但是可以产生很大的社会效益和外溢效益。从社会效益而言，物流信息调剂服务使农民降低了农资采购成本，获得了政府补贴，因此，农户的生产成本下降，收益提升，这也是公司履行企业社会责任的体现。从外溢效应来说，公司提供物流信息调剂服务的同时，也对客户的生产经营情况有了较为深入的了解，农户在购买农资后还会产生连锁的信贷需求，这些农户完全有可能成为公司的优质客户；由于对公司有信赖感，因此这些农户和农村经营者就会积极向公司寻求资金支持，这无形中为公司扩大了客户群体，增加了收入来源。同时，物流信息调剂服务也是公司为自己的原有客户提供超值服务的过程，在这个过程中，农户得到了实惠，提高了收入，反过来对公司的信贷质量的提升也是有益的。这就是物流信息调剂业务带来的巨大的外溢效应。

6.4 贷款结构（一）：农户小额信贷

6.4.1 农村小额信贷（一）：家庭贷款

家庭贷款属于信誉贷款，是由家庭全体成员承担偿还责任，并以家庭全部财产作为"信用担保品"的小额贷款形式。具体办理家庭贷款时，必须通过农户家庭所属村委会将其宅基地以书面承诺形式作为"信誉抵押品"向掌政农村资金物流调剂中心申请3万～5万元贷款。以全部财产作为信用担保品，以宅基地作为信誉抵押品，这是通过这种方式对农户造成心理上的压力，并不是真正要在农户难以偿还贷款的时候变卖其家庭全部财产和宅基地。从实践的层面来说，变卖其家庭全部财产和宅基地不具备可操作性，因此仍旧属于信用放款；农户仅仅是通过这种特殊的抵押担保方式提供了一种还款承诺，由于这种承诺是以农户财产和宅基地为后盾，因此是一种可信承诺。

（1）贷款对象及条件

①年满18周岁，有合法身份证明，具有完全民事行为能力的农户，具有

独立的宅基地。

②申请人年龄加贷款年限，男性不超过 55 岁，女性不超过 50 岁。

③抵（质）押物凭证合法有效，具有明确合法的借款用途，无不良信用纪录或不良生活嗜好。

④在本村具有良好的声誉，能够提供 1～2 个担保人。

⑤有稳定合法的收入来源，具备按期偿还贷款本息的能力。

（2）贷款额度、期限、利率、还款方式

"宅基地"信誉贷款最高额度为 5 万元，期限不超过 6 个月，贷款利率为月息 17.7‰，借款人可以根据自身情况分次或一次性偿还贷款本金，利息采取按月结息。在申请贷款时，借款人需要提供抵（质）押物权权属证明及有权处分人（包括财产共有人）同意抵押或质押的承诺，以及公司认可的部门出具的抵押物估价证明，然后，与公司以宅基地作为"信誉抵押品"签订借款合同、抵押合同、保证合同，夫妻双方及担保人还要签订还款承诺书。

6.4.2 农村小额信贷（二）：土地流转贷款

土地流转贷款属于抵（质）押贷款，针对贷款户自有商业用地、开荒地实行实名抵押，其他土地（耕地等）采取经营权流转、质押。办理贷款时，必须通过所属村委会确认。贷款户以签署"土地流转"协议的形式作为信誉抵押品，向掌政农村资金物流调剂中心申请 3 万～5 万元贷款。

如同宅基地抵押一样，掌政农村资金物流调剂中心开展"土地流转"贷款的目的并不是最终获得农民的土地，而是通过这种方式给贷款户形成还款的心理压力。根据目前我国的法律，自有商业用地、开荒地以及农民的耕地，可以在一定条件下进行经营权的流转，因此在法律上是可以操作的，当然在掌政中心的贷款实践中发生实际流转的概率是极低的。

土地流转贷款的贷款对象和条件与家庭贷款基本相同。

土地流转贷款的最高额度为 8 万元（具体额度根据抵质押物的市场价值而定），期限不超过 6 个月，贷款利率为月息 17.7‰，借款人可以根据自身情况分次或一次性偿还贷款本金，利息采取按月结息。贷款户和公司要签订"土地流转协议"，并由其土地所在村委会盖章生效，同时签订借款合同、抵质押合同、保证合同，夫妻双方及担保人签订保证还款承诺书。

6.4.3 农村小额信贷（三）：设施农业经营权抵押贷款

设施农业经营权抵押贷款属于信誉抵押类贷款，根据政府相关规定，对贷款户名下的设施农业（温棚等）作为"信誉抵押品"进行抵押，并由所属村委会确认，可获得 3 万 ~ 5 万元贷款。其申请条件除与家庭贷款相同者之外，还需要申请人在当地拥有独立的设施农业经营权，生产经营正常，抵押物或质押物及担保方能够被公司认可。

掌政镇的土地和水利条件优越，距离银川市区很近，因此设施农业发展很迅猛，发展前景很好。很多农民从事设施农业，在申请一笔贷款进行建棚的投入之后，在较短的时间内就可以获得利润回报，具备偿还能力。设施农业的贷款需求比较急，期限比较短，掌政农村资金物流调剂中心开展设施农业经营权抵押贷款，充分抓住了这一市场机遇，对当地农民的脱贫致富起到很大的支撑作用，同时也促进了掌政镇传统农业向现代农业和设施农业的转型。

土地流转贷款的最高额度为 5 万元，期限不超过 6 个月，贷款利率为月息 17.7‰，借款人可以根据自身情况分次或一次性偿还贷款本金，利息采取按月结息。

6.4.4 农村小额信贷（四）：种植养殖大户短期流动资金周转贷款

种植养殖大户短期流动资金周转贷款属于信誉抵押贷款，针对种粮、种菜、果园经营、养殖大户短期流动资金周转的需求，发放短期贷款。贷款户可以通过质押"承包经营权"、种植或养殖物，以及其他有效资产等方式向公司申请 5 万 ~10 万元的贷款。

种植养殖大户短期流动资金周转贷款的最高额度为 10 万元，期限不超过 6 个月，贷款利率为月息 17.7‰，借款人可以根据自身情况分次或一次性偿还贷款本金，利息采取按月结息。在办理贷款时，贷款户应把自己名下的承包经营权、或种植养殖物以及其他有效资产作为信誉抵押品，与掌政农村资金物流调剂中心签订借款合同、抵押合同和保证合同，夫妻双方和担保人签订保证还款承诺书。

6.4.5 农村小额信贷（五）：农村个体经营者流动资金周转贷款

农村个体经营者流动资金周转贷款属于信誉质押贷款，是一种针对农村小商户、运输户、农机具服务户等个体经营者的短期资金周转贷款，通过动产质押和信用担保形式办理贷款业务。农村个体经营者流动资金周转贷款的额度是5万~10万元。由于这类农村个体经营者一般都有自己的农机具或运输设备，因此贷款户能够以这些动产作抵押来获得贷款，但这些抵押物必须有价值且易于变现，在申请贷款时，贷款户购进这些机械设备和运输工具的发票必须齐全且与抵押设备型号相符。农村个体经营者流动资金周转贷款最高额度10万元，期限不超过6个月，贷款利率为月息17.7‰，借款人可以根据自身情况分次或一次性偿还贷款本金，利息采取按月结息。

随着掌政镇的城镇化速度加快，掌政镇的农民依靠种植养殖等传统农业产业生活的比例在降低，而从事小生意、运输和农机服务的农民比例显著增加。由于靠近城市，且掌政镇当地的设施农业发展很快，因此对农机具的需求以及对于运输业的需求显著增加，导致这些产业往往处于供不应求的状态，其发展前景很好。掌政农村资金物流调剂中心看准了这个市场机遇，通过开发个体经营者流动资金周转贷款，给予这些个体工商户和运输户以巨大的资金支持，从另外一个方面来说也极大地支持了城镇化过程中失地农民的就业和传统农村产业的转型。

6.4.6 农村小额信贷（六）：农村创业发展贷款

（1）小额创业贷款

小额创业贷款是掌政农村资金物流调剂中心根据所属地经济发展特点、专门为失地农民、下岗职工、回乡大学生、返乡农民工等弱势群体开发的一项信贷产品，贷款门槛较低，手续简便。

该产品的特点是：①轻松贷款，无需抵押；②一次授信，两年有效，最长授信期限为两年；③最高授信额度为30万元；④还款方式灵活，可根据贷款者情况选择按月等额本息归还或一次性归还。

贷款条件是：①年满18周岁，具有完全民事行为能力；②拥有个体工商

户执照、个体私营企业营业执照或其他经营证明；③具有合法有效的身份证明
及贷款人所在地居住证明，有固定住房；④有稳定的经济收入、资信状况良
好，有到期偿还本息的能力。

（2）创业发展贷款

创业发展贷款是指向从事合法生产经营的个人、非法人资格的私营企业主
和个体工商户、公司股东发放的贷款，主要用于解决生产经营流动资金需求以
及租赁商铺、购置机械设备和其他合理资金需求。

该信贷产品的特点是：①适用范围较广，适合周边广大个体工商户和私营
企业主；②贷款方式灵活，可以根据情况选择抵押担保和保证人担保等方式，
额度小、资信良好的甚至可以免担保轻松获得贷款；③贷款手续简便，在一定
额度内可以当天申请当天受理；在抵押物、质押物、担保全部按要求落实到位
的，承诺当天发放贷款；④授信期限长，最长授信期限可达 3 年，授信额度区
间范围较大，可满足各类经营业主的资金需求。

贷款条件是：①执有当地工商行政管理机构登记颁发的相关营业资格证
明，拥有固定的经营场所，符合国家产业政策和规划要求；②有稳定的经济收
入和良好的社会诚信记录，能按期足额偿还贷款本息；③借款人户籍所在地、
固定居住地或经营场所在申请贷款机构的服务辖区内。

创业发展贷款对于掌政镇那些商铺店主、房地产中介所经营者、装饰材料
市场的经营者、手机市场摊位经营者等客户，有很大的吸引力。这些小经营者
属于微型客户群体，大多虽然有正规的抵押物，但是在商业银行借款抵押率过
低，其额度满足不了这些小经营者的需求。而掌政农村资金物流调剂中心的创
业发展贷款，其最高额度为 30 万元，最低额度 3 万元，贷款规模可选择的余
地较大。创业发展贷款的定价也比较灵活，在发挥和政策允许范围内，综合考
虑借款者信用等级、贷款金额、贷款期限等因素，在不高于银行间同期基准利
率 4 倍的浮动区间内确定贷款利率。

创业发展贷款的担保方式有以下几种：①商户联保：是指由两个或者三个
商户组成一个联保小组，不再需要其他的担保，联保商户最高贷款总额不超过
30 万元；②商户担保：是指由一到两家熟识的商户提供贷款担保，最高贷款
额度不超过 30 万元；③信用担保：是指担保人必须在本区域内信誉良好，或
者多次被银行授信的资质良好的企业或个人，最高额度不超过 10 万元；④亲

属担保：是指作为行政机关或事业单位员工的亲属为借款人提供担保，最高额度不超过担保人5年内工资总额的80%。

6.5 贷款结构（二）：城市小商企信贷

6.5.1 微型企业贷款困境的原因

微型企业融资难已经成为全世界的难题。微型企业为什么普遍存在融资困境？目前学术界的研究主要得出了以下基本结论。

第一个原因是信息不对称。斯蒂格利茨等人提出的非对称性信息理论和信贷配给理论认为，银行和企业间的信息不对称导致逆向选择和道德风险，所以银行信贷的供给必然不是利率的单调增函数。其推论为，当市场上有各种类型的借款者时，由于信息的不对称，有些人即使愿意支付再高的利率也会遭到拒绝。我国很多学者也指出，妨碍我国银行机构扩大对微型企业信贷支持的主要因素是银行机构缺乏企业客户风险方面的足够信息，从而不能做出适用的风险评级并提供相应的信贷服务。

第二个原因是银行规模与微型企业贷款的负相关性问题。金融机构信贷的规模匹配理论指出，银行对微型企业的贷款与银行的规模之间存在很强的负相关性，即大金融机构通常更愿意为大企业提供融资服务而不愿意为资金需求规模小的中小企业提供融资服务。很显然的一个原因是，从经济的角度讲，大金融机构并不愿意承担小型企业的信贷业务，因为那样将支出较高的组织成本。所以，银行规模越大，则越不愿意为中小企业贷款。现在各国银行业出现集中化的趋势，大银行很多，中小银行数量少，因此导致中小企业贷款难。

第三个原因是微型企业信用不足。国内研究一般都认为微型企业信用不足是造成其融资困境的内在原因。微型企业自身风险高，信用记录累积的历史短且信用记录不完善，很多银行并不掌握微型企业信用记录；同时，微型企业的财务制度不完善，这就导致那些可以反映其信用状况的信息严重缺乏。实际上，由财务制度不完善和财务信息不足导致的信用不足，其原因归根结底还是信息不对称和信息不完备问题。

综合以上的分析可以看出，微型企业贷款难问题，既有外部金融机构的原因，也有微型企业自身的原因。从外部金融机构的角度来看，当金融机构的竞争不充分，金融机构中中小金融机构缺乏的时候，对于微型企业的贷款意愿必然下降，因为对微型企业贷款意味着更多的网点铺设成本、更大的单位企业贷款成本以及更大的信息成本。很显然，大的金融机构在搜集和处理分散的微型企业的信息的时候，并不具备比较优势。这就导致它们降低对微型企业的贷款份额。从微型企业自身来看，微型企业一般规模小、经营风险较高、未来不确定性较强，同时大量的微型企业出身草根，没有很完备的人力资源，其财务记录一般比较粗糙且不规范，很难真实而全面地反映其经营状况。在这种情况下，银行就很难得到有价值的信息，因此难以把握对微型企业提供贷款的成本收益。因此，必须培育大量的微型金融机构，这些微型金融机构可以运用自己扎根基层、熟悉微型企业的信息优势，对中小企业进行放贷。

6.5.2 城市小额信贷业务（一）：个人资产抵押贷款

个人资产抵押贷款，是针对拥有有效抵押物（商品住房、营业房、商业用地等）的客户而开发的信贷产品，这些客户通过办理他项权利登记的形式将这些抵押物进行抵押，可以向掌政农村资金物流调剂中心申请 10 万 ~20 万元的贷款。

个人资产抵押贷款最高额度 20 万元，期限不超过 6 个月，贷款利率为月息 17.7‰，借款人可以根据自身情况分次或一次性偿还贷款本金，利息采取按月结息，结息日为每月 20 日。申请贷款者必须提供公司认可的质押物凭证及工商行政管理机关颁发的营业执照及相关行业的经营许可证，有固定的经营场所，经营收入稳定；有稳定合法的收入来源，具备偿还贷款本息的能力；能够提供 1~2 个担保人。

6.5.3 城市小额信贷业务（二）：小商户联保贷款

小商户联保贷款属于信用担保贷款，由三家或三家以上符合担保资格的商户进行联保，共同承担该贷款申请人的贷款连带偿还责任，贷款额度为 10 万元~20万元。

小商户联保贷款在那些商户密集的综合市场中比较容易实施，很多商户在经营过程中形成了伙伴关系或上下游供应链关系，互相比较熟悉，能够为彼此进行担保。小商户联保贷款，相当于农户联保小额信贷，这种小组形式的小额信贷方式，有助于通过小商户之间的信用担保而扩大信贷供应，符合小商户的实际情况。但是也存在一定的风险，应避免出现联而不保的情况。这就要求联保人有较高的信誉，有固定的经营场所和稳定的收入来源，掌政农村资金物流调剂中心要与联保人分别签订借款合同、抵押合同和担保合同。

6.5.4 城市小额信贷业务（三）：诚信企业产销关系担保贷款

诚信企业产销关系担保贷款属于信用担保贷款，这种贷款通过与贷款申请人（小商户或小企业）有上下游关联关系的实力强、信用好的大企业的信用担保，由这些大企业承担贷款连带偿还责任，从而降低了小商户或小企业的贷款偿还风险。由于这些小企业、小商户自身的信用较低（无信用记录、可抵押物缺乏等），但这些小企业、小商户与一些大企业有密切的产销关系或上下游产业链关系，因此如果有大企业做担保，就可以极大地扩大这些小企业的信用，并极大地降低微型金融机构的贷款风险。诚信企业产销关系担保贷款最高额度为30万元，期限不超过6个月，贷款利率为月息17.7‰，借款人可以根据自身情况分次或一次性偿还贷款本金，利息采取按月结息，结息日为每月20日。

6.6 贷款结构（三）：专业合作社贷款

6.6.1 农民专业合作社的融资困境

农民专业合作社是农村金融机构的重要贷款对象，但合作社普遍面临融资的瓶颈。由于资金缺乏，合作社很难做强做大，合作社成员的很多事业难以开展。合作社融资困境产生的原因可以从资金供求的两方面来看。从资金的供给方来看，农村金融机构本来就很少，而且现有的农村金融机构又很少会向农民合作社贷款。农业银行、农村商业银行和农村合作银行、农村信用社以及新建的村镇银行和邮政储蓄银行等，在贷款方面都有很严格的抵押担保要求，而且这些农村金融机构普遍认为，贷款给合作社前景并不好，面临的不确定性很大。因此，真正给农村合作组织贷款的金融机构寥寥无几。

从资金需求方也就是合作社这个角度来说，确实也有很多障碍。首先，农业生产本身的很多特性导致贷款必须具有高度的灵活性，其贷款期限有的要很短（因为农产品的生产有季节性），有的又需要很长（农业基础设施的投入需要很长时间才能有回报），而金融机构很难适应这种期限的灵活性。其次，在现有的金融机构贷款条件下，合作社缺乏合格的抵押品，合作社的集体财产很难作为抵押，而土地的抵押又面临法律方面的很多约束。再次，合作社的融资缺乏有效的担保机制，没有担保公司愿意为合作社提供贷款担保，政府也没有建立相应的担保机制。最后，合作社的财务记录大多不完整，使得农村金融机构无法对其进行规范的信用评估，从而阻碍了农村金融机构对合作社的授信和贷款。

这些障碍都是客观存在的，有些可以加以改进（如合作社应该有规范的财务记录），而有些则由于农业生产的物理特性或出于法律方面的硬性规定而难以改进。在这种情况下，政府、农村金融机构和合作社应该共同设计一个良好的贷款机制，使得这种机制既能有效化解银行的信用风险，又能使合作社真正受益，突破资金瓶颈。

6.6.2 掌政农村资金物流调剂中心对合作社的支持

在农民合作社面临资金困境的情况下，政府、农村金融机构和合作社应该共同设计一个良好的贷款机制，使得这种机制既能有效化解银行的信用风险，又能使合作社真正受益，突破资金瓶颈。掌政农村资金物流调剂中心在实践中，非常重视对合作社的融资支持，这种融资支持在合作社内部成员互相担保（联保）的基础上，把合作社成员的信贷风险降到最低，实际上通过合作社内部担保构建了一个"中心—合作社"合作机制。这种模式的核心是合作社内部实施严格的内控制度，当合作社社员提出贷款申请后，由合作社内部先进行初步的信用审核和额度控制，并由合作社内部负责担保，然后再向掌政农村资金物流调剂中心提出贷款申请。合作社成员（往往是主要成员，有资金实力）出面担保，合作社提出还贷承诺，这就解决了银社合作中合作社信用不足的关键问题。

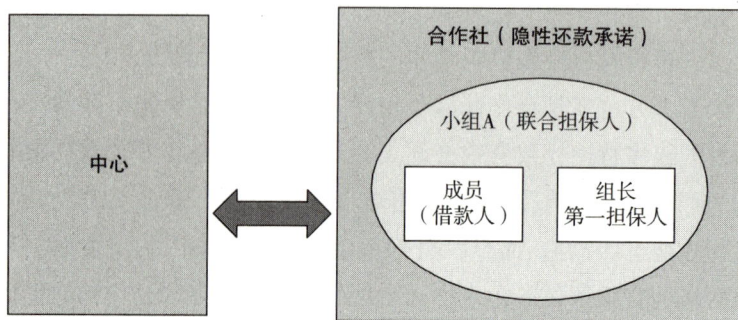

图6.1　"通过合作社内部担保构建银社合作机制"模式示意图

在上面这个示意图中，合作社分成若干小组，一个小组的成员提出借款申请，整个小组提供联合担保，而组长是第一担保人。这个模式有些类似于孟加拉乡村银行中的小组联保机制。在孟加拉乡村银行的贷款机制设计中，借款者也是首先向所在的小组提出借款申请，小组的负责人进行贷款信用调查，并决定贷款的额度和期限；小组成员之间实行联保制度，如果一个成员还不了贷款，则整个小组都有连带责任，银行会取消向所有小组成员的信贷。在上面这个模式中，小组成员之间也是连带责任，而组长是第一责任人（第一担保人），如果借款人不还钱，则组长必须首先负责偿还。这就加大了组长的责任。合作社负责催收贷款，实际上，这里隐含着的意思是，合作社是最后还款人，尽管在法律上没有明确这样规定。合作社有一个"集体信誉"问题，因此，如果出现成员不能偿还贷款的情况，合作社总会想方设法为其还贷，以维持合作社的"集体信誉"。

|第 7 章|

运营机制

7.1　三位一体的运营模式

7.1.1　定位：商业性和扶贫性的有机结合

从经营战略来说，我认为掌政农村资金物流调剂中心应定位于一个将商业性和扶贫性相结合的农村小额贷款机构。

一方面，中心具有商业性。商业性意味着掌政农村资金物流调剂中心在运营中应该注重风险控制、注重企业利润、注重股东回报，意味着掌政农村资金物流调剂中心不是慈善机构，不是政策性机构，不是政府的附属品。商业性要求中心的业务流程设计和内部管理机制都要符合一个公司的要求，要为股东和社员负责。

另一方面，中心又具有扶贫性。掌政农村资金物流调剂中心面向三农，服务三农，为农民脱贫致富提供机会，最终志在反贫困、消除贫困。因此，中心又具有扶贫的性质，它关注本社区的农民福利的提升。

中心既然是将扶贫性与商业性有机结合的金融机构，就要在自己的经营中特别注意体现这两种不同的经营理念的区分。首先，在客户群体的划分中，对不同客户有所区别。哪些客户是商业性的，哪些客户是扶贫性的，作为信贷员要清楚，客户经理也要清楚。其次，对不同的客户要采取不同的业务模式。比如信用放款，就要针对不同的客户，对于那些扶贫性质的客户，要采用信用放款，而对于小企业贷款和合作社贷款，就要考虑运用抵押或担保贷款。最后，对不同性质客户，要采取不同的利率水平，对于重点的扶贫性质的客户，采取免息或者其他扶助措施。

7.1.2　三位一体的运行模式

掌政农村资金物流调剂中心运营模式的核心是：以农民资金互助合作为基础，以社会民间资本为主导，以市场化运作机制为保障，以扶贫性金融为手段，将农民信用合作、商业性小额贷款、农资物流信息调剂三者密切结合而构建的一个三位一体的商业化可持续的金融反贫困框架。

在这个定位里面，第一，掌政模式的基础是 200 个农民的信用互助合作，他们共同出资，由 1000 元到上万元不等，构建了一个资金互助社的基本框架。第二，在这个基础之上，民间资本加入进来，壮大了这个资金互助组织的实力，拓展了资金规模，同时也使得单纯的农民资金互助有了更丰富的内涵。没有民间资本的参股，单纯的农民资金互助不仅存在资金上的困境和瓶颈，在未来经营方面也会存在若干问题。第三，在运作机制上，掌政资金物流调剂中心完全是市场化的，追求的是可持续的发展，也就是说，这个中心毕竟是一个公司，它必须实现财务上的可持续性，必须实现稳定的盈利。它不是一个政策性金融组织，更不是一个慈善机构。但是，第四，中心的宗旨是为农民服务，其主体业务必然体现金融反贫困的要求，其利率水平也必然与农民的实际承受能力相匹配。这四个方面的定位，基本涵盖了掌政农村资金物流调剂中心的一些精髓的创新理念。

掌政农村资金物流调剂中心是一个"需求引导型金融创新"。所谓需求引导型，就是该中心的一切制度设计和机制创新，都基于对农户和农村小企业的实际需求。说白了，就是农民需要什么，中心就提供什么。所以这个中心，实际上是融合了农民的很多需求，包括资金互助、小额贷款和农资物流信息调剂。这种"需求引导型金融创新"不拘泥于一种模式，带有很强的综合性，可以把不同的资源和产业链整合起来，调动不同主体的积极性，在全国农村金融改革和创新中颇具代表性。

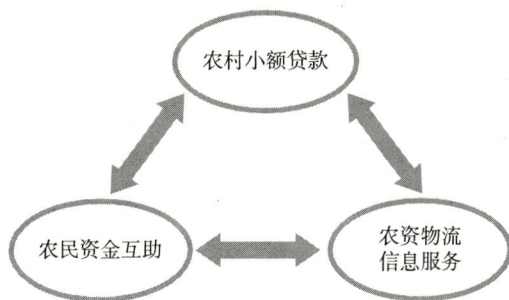

图 7.1　掌政农村资金物流调剂中心三位一体金融创新

[7.2　风险控制机制

任何金融机构，风险管理都是一等大事。风险控制不好，一切都无从谈起。任何一个金融产品的创新，任何一个业务流程的设计，任何金融从业人员的行为，都要围绕风险管理这个核心来进行。2008 年爆发了全球金融危机，这场危机使得很多投资银行、商业银行、保险公司和房地产抵押贷款机构都深陷其中，遭受了巨大的损失，有些在业界声望极高的百年老店也未能幸免于难。从某种意义上来说，这些大型金融机构遭遇困境的一个根本原因在于缺乏对风险的足够认识，从而过深地介入很多风险极高的衍生金融产品的交易，最后导致血本无归，损失惨重。

在新型农村金融机构中，村镇银行、小额贷款公司和农民资金互助组织的组织架构、产权结构和营运模式有很大的区别，这就决定了这些机构的风险管理方法也会有很大的不同。具体来说，村镇银行具有一般股份制商业银行的特征，它可以做全面的资产负债业务，可以吸收存款，也可以发放贷款，同时可以做很多代理、中介、结算等中间业务和表外业务。因此，村镇银行的风险管理模式与一般商业银行趋同，要注重流动性管理，注重资产组合管理和期限组合管理。农民资金互助组织的风险管理则具有风险自担的特征，因为从根本上来说，农民资金互助组织是一个农民自愿组成的合作社，它的风险必须由合作社成员自己承担，而不会涉及其他外部的主体。在这个方面，吉林梨树闫家村百信资金互助社的风险管理机制具有代表性。他们将贷款额度与股权额度挂钩，按照一定的比例来缴纳股金。比如，你如果想贷款 3000 元，你就必须缴纳 500 元股金；你要贷款 10000 元，就必须缴纳 2000 元股金。股金额和贷款额的互动机制，是农民资金互助组织将风险内化的重要措施。小额贷款公司是一个只贷不存的机构，其风险管理主要是对贷款流程的管理，以确保贷款质量。

掌政农村资金物流调剂中心具有多种功能，所以其风险管理方法也有综合性。一方面，掌政中心是一个由 200 个农民组成的资金互助社，所以在社员内部，其贷款风险主要靠社员内部的风险机制来防范，这方面中心主要是借鉴了吉林梨树的经验，把贷款额度与股权额度挂起钩来。另一方面，掌政中心又是一个小额贷款公司，对社员以外的中小企业贷款的风险主要应从提高贷款质量这个角度着手。具体来说，要从以下几个方面来进行风险控制。

第一是防范操作风险。防范操作风险的核心是合规经营，在整个公司中强调合规文化，以最大限度地消除操作风险。

首先，在授信方面，应该有严格的标准与原则。正确的合理的授信是贷款风险防范的第一个门槛。在农村，对农民的授信不仅要看其抵押物，看他的房产和固定资产，还要看他的人品，看他在农村社区中的威望与口碑。对农村中小企业的授信要看这个企业的发展前景，看企业主的诚信观念。总之，在农村的授信，不仅要重视财务方面的"硬信息"，更要注重人品、声誉、口碑等软信息，这样才能准确地授信。

其次，在贷款流程的设计方面，要充分考虑到农村居民和中小企业的生产特点，以最低的成本和最简便的方式提供贷款，同时要有相应的贷款风险防范措施。有些中小企业可以有抵押物，或者有正式的担保，有些则纯粹是信用放款，需要相应的承诺。比如，掌政农村资金物流调剂中心在农民贷款时，要求其写一个承诺书，这个承诺书需要全体家庭成员签名，包括配偶和子女。其用意是，让所有的家庭成员都看到贷款的发放，都树立一种贷款偿还的诚信意识，尤其是让子女签字，对贷款人而言是一个不小的心理压力。如果他将来不还款，则意味着在孩子面前失去了诚信的榜样和示范，会让孩子瞧不起。这种心理压力和引导成功地强化了贷款人的信用意识，这个方法是一个很有意义的创新，十分适合于农村的文化传统。

最后，在收贷环节的设计方面，也要讲究科学性和对农村社区的文化适应性。农村讲究面子，因此如果设计一种还款机制，使农民在这个过程中有一个面子上的压力，则贷款的回收就大大降低了成本。在一些小额信贷组织中，都实行集中性的集体还贷制度，比如在某个时间，由贷款到期日相同的人到一个中心集中还款，则不按时还款的人会有很大的压力，这种在小额信贷技术上被称为"注意力压力"。一旦一个人处在一个群众的注意力压力中，则他必然会强化自己的诚信意识，采取主动还款的方式来避免群众的负面评价。当然，收

贷环节还要讲究灵活性，既要使贷款人感受到守信的重要性，还要让他们感受
到中心的关爱；既要让贷款人的不守信的行为受到一定的惩罚，又要同时提高
贷款人对中心的信用理念的认同。

第二是市场风险。市场风险主要涉及到宏观经济的走向、行业发展的趋
势、产品需求的趋势以及市场的动向。对于市场风险的防范，主要取决于经营
者对宏观经济和市场动向的准确把握，要对经济发展的趋势有一种敏感性。

农村金融机构的经营者对农业产业的市场风险要有清晰的认识，并采取相
应的机制来防范风险。传统的种植业和养殖业风险很大，受气候和疫病的影响
很大，容易造成市场的剧烈波动。比如养鸡，禽流感对市场的影响很大；在养
猪业，口蹄疫等疫病业也会带来致命的影响；在蔬菜种植业，蔬菜的价格波动
往往出人意料，今年还卖三块钱一斤的蔬菜到了明年可能只值三毛钱了。要克
服市场风险，一种方法是引导农民加入农业保险，另一种方法是引导农民关注
市场预测，加强对相关信息的追踪与分析。在机制建设方面，当前防范市场风
险的最好方法是引导和帮助农民组建专业合作社，以使得农民在一个组织化的
生产中获得更大的谈判能力，并以组织化的优势获得更多的信息，从而提高其
规模效益。在帮助农民组建合作组织方面，掌政农村资金物流调剂中心发挥了
积极的作用，这也有利于中心降低贷款风险。

市场风险的防范还要求经营管理者对宏观经济的走向有一个清晰的把握，
对经济周期有一个准确的判断，这样才能采取相应的对策来应对宏观经济的变
化。比如在现在这个时期，美国金融危机正波及全球，全球面临着经济衰退和
紧缩，而中国的出口行业和其他产业也面临着巨大的压力与挑战。在这样的情
势下，管理团队就要在一起仔细探讨一下金融危机背景下的应对策略，探讨一
下在紧缩的宏观经济条件下我们的贷款业务都会受到哪些影响，哪些产业会受
到比较大的影响，而对这些产业的信贷我们应该采取什么样的措施。"凡事预
则立，不预则废"，对于宏观经济的大的走势，要有前瞻眼光和战略眼光，不
能只注重具体的业务。掌政中心在日常工作中特别注重对于政策风险和宏观经
济波动情况的研判，将其视为整个中心运作的基础。

第三是战略风险。这种风险是金融机构对国家的大政方针和未来发展战略
领会失误或把握不清而引起的损失或风险。比如国家正在建设节约型社会，倡
导可持续发展理念，因此对一些高能耗和高污染的产业就要进行一定程度的遏

制。此时金融机构也要配合国家的这个战略，调整自己的信贷结构，而一旦没有及时调整，就要遭受很大损失。

对于农村金融机构来说，国家最大的战略就是建设社会主义新农村。2008年10月召开的十七届三中全会在很多方面提出了新的战略举措，其中的核心突破是在农业发展方面。从某种意义上来说，十七届三中全会是在回应1978年底召开的十一届三中全会，在30年之后，我国农业发展面临着新的机遇和挑战，国家粮食安全被提到一个新的战略高度来看待，农民增收与农业转型成为我们国家未来长期经济增长必须解决的根本问题。大家可能都注意到了，十七届三中全会在农村土地流转、农村经营模式转型、建立现代农村金融制度等方面都有所突破，尤其是强调农村金融体系的重建问题，强调要对农村金融机构进行更大力度的财政支持和政策扶持。可以预期，这些政策取向必定是长期的，在未来的几十年当中，国家消除二元结构、促进城乡协调发展的战略不会改变，其力度只能越来越大，对此，掌政农村资金物流调剂中心有很清醒的认识，他们积极支持国家的三农战略，在三农贷款方面实施较低的利率水平，积极落实自己的社会责任。这些行动，也给中心换来政府的尊重和认同，换来社会的肯定与褒扬，从而为中心赢得较好的社会资本。社会资本的提升，反过来给中心带来政府的各类批发贷款、委托贷款和支农优惠贷款，带来其他大型商业银行的各类批发贷款和拆借，从而为中心带来更多的利润和回报。

对于掌政资金物流调剂中心来说，最大的机遇就是党中央提出的建设社会主义新农村这一重大战略举措，因此公司发展的立足点必须是围绕这个重大国家战略来确定经营策略和方向，公司发展的最大优势和最大资源是贴近农村与服务农民。可以说，"农"是掌政农村资金物流调剂中心的立身之本，一定要坚定不移地支农、扶农、依农，要做足"农"字文章，最大限度地利用好手里的资源。很多短视的农村金融机构，急急忙忙"脱农"，迫不及待洗净泥巴穿鞋上岸，这是一种缺乏战略眼光的表现。脱离了农民，掌政农村资金物流调剂中心就会丧失根本。

📖 7.3 贷款定价机制：阶梯式差别定价

在利率市场化的大背景下，定价能力的高低对于保障农村金融机构的竞争力、盈利能力和风险防控能力非常重要。掌政农村资金物流调剂中心为适应农村金融市场竞争的需要，满足多样化客户的需求，同时也为了增强自己的盈利能力与风险控制能力，在实践中探索实行差异化的阶梯式利率机制。通过对不同客户实行差异化的贷款利率水平，掌政中心培育了独特的竞争优势，在增强盈利能力和风险控制能力的同时，也提升了客户对自己的认同度。

掌政农村资金物流调剂中心的阶梯式差别定价机制遵循以下几个原则。

第一，成本收益原则。即利率定价既能够覆盖各种操作成本和风险，还要取得适当的收益。作为一个商业化运行的小额贷款机构，掌政农村资金物流调剂中心的目标之一是效益和价值最大化，因此差别定价机制也要以效益为核心，充分考虑资金成本、承担风险以及预期资本回报。

第二，市场竞争原则。即差异化的定价必须考虑到市场竞争情况，在综合分析当地农村金融市场供求的前提下，贴近市场，制定出具备市场竞争力的价格，才能有效地扩大中心的市场份额，赢得客户，赢得利润。如果对农村金融市场没有一个准确的判断，对竞争对手的利率定价策略没有一个全面深入的了解，贷款利率定价就很难做到准确和有效。

第三，阶梯式差异化原则。农村金融市场的需求方在个体上存在很大差异，他们在经营项目、抵押物的性质、资金实力和财产状况、经营风险、与中心的关系、偿还贷款的实力等方面千差万别，在定价时应该充分考虑到这些差异，根据客户的具体情况来定价。

第四，简便规范原则。利率定价尽管要考虑到客户的具体差异，但是也不能过于繁琐，要适当精简其操作环节，要使得贷款利率定价具有可操作性和稳定性，使信贷员和客户很容易理解和区分不同的定价及其依据。

基于以上原则，掌政农村资金物流调剂中心的利率定价采用"基准利率

+浮动幅度"的方式，其中浮动幅度的确定参照以下四大因素。

第一，政策因素。按照客户所属的行业，将其分为鼓励性、一般性、限制性行业。同时，根据中心服务三农的战略定位，重点划分出三农客户。不同行业的客户对应不同的浮动幅度，其中三农客户上浮的幅度最低，充分体现中心的扶贫性、支农定位和社会责任意识。

第二，经济因素。浮动利率的范围要考虑到贷款额度。贷款额度与公司贷款风险和管理成本在一定条件下成正比（这里不考虑规模经济的情况），对于单笔贷款额度越高的企业，就要适用更高的利率水平，浮动幅度越大。掌政中心在实践中将客户的贷款额度分为 5~6 个不同的档次，适用于不同的利率浮动水平。

第三，风险因素。这里主要考虑客户的信用等级和贷款抵押担保方式。在客户信用等级方面，根据客户实际，依据客户授信管理办法，评为优秀信誉户的客户或者信用等级较高的客户可以享受到最高 10% 的利率优惠。同时，按照抵押担保方式的不同，对有正规抵押物的借款人，其贷款利率水平低于变现能力不强的宅基地使用权、设施农业经营权和其他各种实力担保方式的贷款。

第四，合作历史。对于那些与掌政农村资金物流调剂中心合作时间较长、关系牢固、经过长期考验被证明是有信誉的客户，由于其发生道德风险的可能性较低，因此适用于较低的利率水平。而对于那些新近与公司发生信贷关系的客户，则要适用较高的利率水平。利率浮动与合作历史挂钩，也是为了鼓励客户与公司的长期合作。

表 7.1   宁夏掌政镇农村资金物流调剂股份有限公司贷款利率表（股东）

宁夏掌政镇农村资金物流调剂股份有限公司贷款利率表（股东）
（2011 年 03 月 03 日）单位：月利率‰

贷款形式	贷款种类	贷款额度	六个月	一年	备注
信用担保贷款	生产扶持贷款	5000 元以下	8.665	9.715	逾期贷款按日息万分之六收取罚息
	一般生产和生活消费贷款	5001~10000 元	9.2125	10.3375	
	生产发展和创业贷款	10001~20000 元	10.3075	11.5825	
	扩大再生产贷款	20001~30000 元	11.4025	12.3275	

宁夏掌政镇农村资金物流调剂股份有限公司贷款利率表（股东）

（2011 年 03 月 03 日）单位：月利率‰

贷款形式	贷款种类	贷款额度	六个月	一年	备注
抵质押及有实力担保贷款	特色产业贷款	30001~50000 元	15.3	16.62	
			16.5	17.46	
	规模产业及多种经营流动资金贷款	50001~100000 元	17.4	18.66	
			18.6	20.16	

表 7.2　宁夏掌政镇农村资金物流调剂股份有限公司贷款利率表（掌政镇）

宁夏掌政镇农村资金物流调剂股份有限公司贷款利率表

（2011 年 03 月 03 日）单位：月利率‰

贷款形式	贷款种类	贷款额度	六个月以内	一年以内	备注
信用担保贷款	生产扶持贷款	5000 元以下	9.7125	10.5375	逾期贷款按日息万分之六收取罚息
	一般生产和生活消费贷款	5001~10000 元	10.8075	11.5725	
	生产发展和创业贷款	10001~20000 元	11.4855	12.39	
抵质押及有实力担保贷款	特色产业贷款	20001~50000 元	15.3	16.62	抵质押
			16.5	17.46	担保
	规模产业及多种经营流动资金贷款	50001~100000 元	17.4	18.66	抵质押
			18.6	20.16	担保

7.4　信用机制：评级与动态激励体系

　　传统乡土社会信用的维系依赖于封闭社区中成员长期的博弈行为，在数代人的长期交往过程中，形成了熟人社会的天然信任。传统乡土社会的违约成本极高，因此信用维系的难度不大。但是在传统乡土社会向现代社会转型的过程中，这种信用体系维系的难度就大一些。掌政农村资金物流调剂中心所服务的地区，恰好是农村城镇化转型正在快速进展的区域，因此培育当地的信用文化、构建一个有效的信用体系和信用机制就显得极为重要。

掌政农村资金物流调剂中心始终坚持"农民最讲诚信，我们就是农民值得信赖的朋友"这一信用理念，在设计合理的业务流程的同时，增设信用文化宣传职能部门，与当地镇政府和村委会密切配合，大力培养农户的信用意识和市场契约意识，树立守信为荣、失信可耻的市场经济道德风尚。中心频繁深入农户，对他们的生产经营状况进行全面了解和综合分析，建立较为系统完整的档案记录。

掌政农村资金物流调剂中心对农户进行较为科学的信用评级。成立农户信用评定小组，按照信用户的评定标准、等级和评定办法，对农户进行信用等级评定，根据不同的信用等级给予不同的授信额度，真正让农户的信用成为贷款的"抵押担保品"。

农户小额贷款的信用管理比较复杂。由于农户数量众多，且每次贷款额度较小，如果农村金融机构针对每个申请都进行详尽的调查，则伴随的成本过高。因此，采取措施降低调查成本，就是农村金融机构信用风险管理的重要组成。如果能够建立起比较完善的农户信用评级制度，将针对每项申请的评估改为定期评估，就能够在一定程度上降低同贷款发放相伴随的信用评估成本。掌政中心对农户的信息进行跟踪调查，并进行定期的信息调整，确保了信用调查的动态性和系统性，使贷款风险的控制有了一个可靠的基础。

在农户信用评定的基础上，通过开展信用村评定，给予信用村内的集体贷款和农户小额贷款提供一定的优惠，农村金融机构能够激励信用村内的村民互相监督，从而降低自身的监督成本，更好地防范信用风险。由于信用村内的村民能在贷款时获得利率优惠或其他优惠，他们就会努力维持"信用村"的称号。在这种情况下，如果一个村民不守信，那么其他村民的利益都会受到牵连，这样，每个人都会监督其他人的行为，甚至可能会在其他人因突发事件无法正常还贷时协助其还贷。在这种情况下，乡村银行尽管因提供优惠性的贷款条件而损失一部分利润，却能够在很大程度上规避信用风险，实现自身资产的稳定。掌政中心如果能够结合信用户评定来大力推进信用村的评定，将极大地降低农户信用评估的整体成本。

农户的信用等级可以分为三类，即黄金客户、优良客户和一般客户，其具体标准如下：黄金客户：①社会信用度高；②经营项目收益率高；③在金融机构无欠款记录；④动产、房产抵押或有价证券、有价单证等质押物变现能力强。优良客户：①社会信用度高；②经营项目收益可观；③在金融机构借款能按期归还；未到期贷款有足额的财产抵（质）押；④所用之抵（质）押物有较强的变现能力。一般客户：①社会信用度较好；②经营项目收益可观；③在金融机构借款无不良现象记录，未到期贷款届时可以足额偿还；④虽无个人财产抵（质）押，但具有多个较强经济实力的客户予以联保。各个等级的客户可以享受的优惠政策也不同：①政策优惠。各等级信用客户都可以享受到资金倾斜的政策优惠。但同等条件下，信用等级越高的客户，将先行受到优先受理借款申请、优先办理借款合同、优先满足相关资金信息和科技服务需求的待遇。②利率优惠。不同的客户可以享受不同的利率水平，等级越高的客户，其贷款利率水平就越低。③服务优惠。对其黄金客户实行上门服务，尽可能满足其合理需求。④时间优惠。对不同等级的客户可以采用便捷度不同的服务。

掌政农村资金物流调剂中心在信用机制创新中一个比较大的特点是信用的动态管理。小额贷款公司的信用机制一定是一个动态的东西，客户的信用记录要动态地调整，客户的贷款信用额度要进行动态的调整，这样，对于客户来说才会有激励。比如，客户的授信额度尽管有 3 万元，中心第一年先给他贷 1 万元，按时偿还之后第二年立刻增加贷款额度为 2 万元，按时偿还之后第三年再增加到 3 万元。动态调整有利于传递一个明确的信号：客户守信了，中心就会给他更大的帮助。

7.5　信贷业务流程设计

农村金融机构信贷业务流程的设计是否科学规范、是否符合当地农村社区的习惯，是农村金融机构风险控制和保障绩效的核心要素，是经营管理的关键环节。掌政农村资金物流调剂中心在实际经营过程中，摸索构建了一套行之有效的信贷业务开展的流程，在这套流程中，针对农村金融运行和农村产业发展特点，找出主要的风险暴露点，然后再设计具体的可操作的应对机制来消除可能风险，并对责任人进行责任追究。掌政农村资金物流调剂中心的信贷流程包括六大环节：市场调查→信息整理及档案建立→贷款审批→贷款发放→贷后管理→贷款回收。下面把这六个环节分别加以描述。

7.5.1 市场调查

市场调查环节主要是信贷员对服务区域内信贷资金需求、信贷投向的综合调查。信贷调查分为不定期调查和定期调查。定期调查每年进行一次，即信贷营销员对服务区域内的农户逐户进行调查，客户经理对服务区域内的重点客户进行调查。不定期调查可以根据信贷员所负责的区域的实际情况和业务要求，随时开展。

市场调查的主要职责是对服务区域内的个人客户信贷资金需求、经济状况进行走访，全面了解客户的家庭基本状况、生产和消费资金需求情况、家庭负债情况、土地耕种面积和种植种类、以往生产经营情况、未来生产发展项目等信息。市场调查还要对服务区域内的个人客户的贷款资格进行初步确认，并细化优质客户、一般客户、拟退客户，近期客户、潜在客户、舍弃客户，以便及时满足优质客户、一般客户和近期客户的需求，培养潜在客户的需求，及时清退拟退客户和舍弃客户的存量贷款。同时，市场调查还要对服务区内经济发展前景进行综合预测和评价，认真研究竞争对手的市场策略和营销手段，确定信贷投向；向客户宣传公司的信贷政策和产品，提高潜在客户对公司的了解程度，培养存量客户忠诚度和信用意识。

市场调查环节的主要风险点在于，信贷员由于道德风险，或者由于自身对农村经济了解有限，而导致其对客户的基本信息判断失误，导致客户群体的划分不准确，从而导致超额授信、超能力担保、关系型贷款、虚假联保，或者对于客户的产业发展规划有错误的判断，从而导致信贷风险的产生。要消除这些风险，主要是加强信贷员的责任意识，提高其市场调查和进行综合判断的能力，同时通过建立工作日志、多方采集信息等方法，提高信息的可信度和完整性。

7.5.2　信息整理及档案建立

信息整理和档案建立工作关系到农村金融机构信贷风险的判断准确度，掌政农村资金物流调剂中心高度重视档案工作，对客户的信息档案有完整的保存和定期的更新。笔者每次到掌政中心调查，都被其极有效率且规范的档案工作所震撼，那些分类清晰、保存完整、信息准确的档案材料，不仅为中心保留了系统的历史资料，更重要的是，中心依靠这些信息，可以有效分析客户的财务状况和潜在风险，从而将很多风险点消除在无形之中。

信息整理和档案建立工作涉及到信贷员、信贷主任、信息柜员、财务柜员等多个环节。信贷员的主要职责是对个人客户的基本情况进行整理，计算出客户的固定资产价值、年收入、年负债，对客户的资信、还款意愿、社会诚信状况、经营生产资金投入和资金来源情况等进行核实和记录。信贷主任的主要职责是对档案进行审核，逐户对档案的所有内容进行核查，重点是档案的完整性、合规性和信息的真实性，并对有疑问的信息责成信贷员重新调查核实。信息柜员的职责是对档案信息进行维护及管理，即信贷员将编号的客户经济档案按自然行政村或街道划分，移交给信息柜员，信息柜员对相关数据进行复核。财务柜员的职责是根据客户信息档案，对信息柜员信息录入情况再进行复核。之所以设计如此复杂的程序，是努力保障档案信息的完整性与准确性，掌政农村资金物流调剂中心把档案工作视为全部工作中的核心环节，要求每个信贷员都要严肃对待。

在档案建立这个环节，其主要风险点在于信贷员或其他负责人由于疏忽大意或者故意，而使档案的信息发生遗漏、扭曲或错误，因此通过日常的排查和抽查、信贷员和信息柜员以及财务柜员之间的交叉复核等方法，可以比较有效地防范这些风险。当然，作为社会责任的一部分，掌政农村资金物流调剂中心严守客户的信息和隐私，不准员工私自对外披露客户的档案信息资料。

7.5.3　贷款审批

在贷款审批环节，掌政农村资金物流调剂中心设计贷款审贷小组，审贷小组成员由公司经理、信贷主任、主管会计、信贷员组成，对辖区内的个人客户信用等级进行评定并确定授信额度，根据客户的借款申请资料对贷款进行审批。审贷小组的职责是对借款人及保证人（含联保人）的基本情况进行审查，确定是否具备准入条件，主要包括借款人的信用情况、家庭基本情况、土地耕种面积及种植种类、负债状况、家庭收入结构及三年来的收入状况等。审贷小组对信贷员提供的信用等级、授信额度是否合理可行进行审核，同时对抵押物的合法有效性、保证人和联保人的生产经营情况和还款来源等进行审核，还要审定贷款用途、期限、方式、利率水平等是否合乎法律规定。

贷款审批环节的主要风险点在于审贷小组由于自身知识结构、判断能力或者道德水准等方面存在问题，从而在审批方面出现超权审批、错误审批，对一些信息披露不充分、风险分析不全面、风险控制措施不全面的申报材料没有提出自己的质疑，从而导致决策的失误。因此，在贷款审批环节，掌政农村资金物流调剂中心特别注重发挥民主决策的优势，审贷小组集体决策，议事力求真实、客观、全面、审慎，提高审贷小组的责任意识和风险意识，提高其揭示项目风险的能力。

7.5.4　贷款发放

贷款发放环节特别强调每个流程的合规性，从而最大限度地降低操作风险。在这个环节中，信贷员负责与借款人签订借款合同，根据审贷小组确定的授信额度填制限额核定表，填写农户贷款证，并发送至农户。额度柜员要按照客户额度认定表或合同正确输入额度信息，同时负责对贷款额度信息进行日常维护。信息柜员的职责是为客户贷款进行贷款开户（除农户小额信用贷款和联保贷款外），审核借款人本人的身份证件和相关贷款资料，准确输入各相关数据。财务柜员的职责是在贷款的发放过程中认真审核客户递交的《农户小额信用贷款证》、借款合同、开户通知书、身份证件、名章等，审核无误后方可发放贷款。担保品柜员则对担保品权利证书和相关要件进行入库保管，对担保品入库信息进行维护。

在贷款发放环节中，主要的风险点在于一些常见的操作风险，如非借款人本人签订借款合同、信贷员未经审贷小组许可擅自与借款人签订合同、不按现金管理规定发放贷款等。掌政农村资金物流调剂中心在实际操作中，实行柜员分设、定期轮换，加强信贷检查，强调合规操作，以最大限度降低操作风险。

7.5.5 贷后管理

贷后管理包括贷款的贷后管理、信贷档案的管理以及担保品的贷后管理。信贷员要对辖区内的借款人和担保人进行不定期的回访，回访借款人和担保人的家庭生活情况、项目经营情况、负债水平、偿还意愿等，并对借款人信贷资金的潜在风险进行预警，对到期或逾期贷款下发催收通知书。信贷档案管理员要保障信贷档案的完好无损，定期对档案进行整理，并及时与信贷员沟通，对存量档案进行及时的补充和完善。担保品柜员应定期与信贷员进行担保品与权利证书及相关要件的核对工作，负责好担保品日常信息的维护。

贷后管理这个环节的风险，部分与自然气候变化相关，如由于农业大面积受灾而使得借款人的生产受到影响，从而导致贷款难以收回；部分与信贷员的能力或责任心有关，比如信贷员由于判断能力有问题，对行业风险、国家政策风险等没有及时作出判断，或者由于监督检查不到位而产生风险。因此，加强对借款人的动态跟踪管理和信息更新、提高信贷员对行业风险和国家政策风险的判断能力、更好地执行信贷预警制度并加强风险分类管理，可以较好地预防这类风险。

7.5.6 贷款回收

信贷员对到期或逾期贷款要做好回收和催收工作，短期贷款到期前15天，信贷员就要对借款人口头或书面下发《到期贷款通知书》，贷款到期后借款人20日内不能按期还款的，在逾期30日内向借款人和担保人发出《逾期贷款催收通知书》。如果确实出现贷款逾期，信贷员应该积极采取各种形式的清收保全措施，要与借款人和担保人积极协调，尽量使得贷款能够得到清收。有关柜员也有责任积极配合信贷员的贷款回收和清收工作，提示信贷员哪些贷款即将到期或逾期，哪些贷款即将超过诉讼时限。公司经理主要负责贷款回收的总体安排以及不良贷款的清收工作的任务布置，协助信贷员清收不良贷款。

|第 8 章|

信用甄别

8.1 乡土社会与农民信用

信用意识古已有之,"君子一言,驷马难追",守信是君子"仁义礼智信"五德之一。商品交易产生后,信用开始具有了经济价值。早期,交易双方达成的契约没有明确的书面形式,属于口头契约,没有监督其实施的第三方权威机构,契约之执行依赖于信用等社会道德基础。违约者不会受到第三方所强加的惩罚约束,但却会受到社会的隐性惩罚。例如,当一个人总是违约时,其他潜在交易者会对其避而远之,失信者不仅失去了交易机会,更会面临社会的谴责和社区共同体的抛弃。因此,信用的社会价值是其经济价值的基础。也正因为如此,新型农村金融机构的信用放款也需要借助于乡土社会的道德观念。

伴随着人类社会的发展,从口头契约渐渐发展出文字契约,并且产生法律来监督契约的执行,使得信用的保障不再单纯依赖于共同体的民间制裁和社会道德力量约束。但是,人类经济生活与日常生活的运转显然不能完全依赖于文字契约和法律规范,那样成本太高,大部分仍然依赖于信用等道德观念。这是法律的局限和道德的力量。在传统乡村社会更是如此,不能忽视社会道德和共同体的力量。

在传统的乡土社会,生活在同一地区的人由于具有共同的文化传承,容易通过彼此间的联系结成社会网络,在社会网络的基础上,人们可以建立包括信用关系在内的各种联系,并通过这种网络获取各种社会资本和物质资本。社会资本是一种无形的资本,能够惩罚破坏信任关系的人或行为。以共同体的方式建立一种违约惩戒机制,可以促使人们为共同的利益而采取合作态度。时至今日,尽管城市化、工业化等社会大变革已经给中国农村社会带来了巨大的冲击,然而社会网络依然在乡土社会中发挥着重要的作用,农民之间具有很高的社会信任度，社区共同体依然有着较强的约束力，传统道德依然在影响着农民的行为方式。农村金融机构进入乡土社会，就必须要充分认识乡村社会，又必须有足够的耐性与韧性去融入这个乡土社会。

农村的社会经济环境决定了在相当长时间内农民贷款仍以信用贷款为主。第一，农民缺少必要的抵押物。农民申请贷款本身就因为缺少必要的货币资本去发展生产、改善生活，难以提供存单、金银财产等作为抵质押物；宅基地、农村房产在法律上不是合格的抵押物；土地承包经营权虽然在部分地区开展了很好的流转试验，并能够进行抵押，但从全国范围来看，以承包经营权作抵押，仍需时日；贷款投向的农业项目，如大棚、作物、养殖产品等，即便能够作为抵押，仍然只具有惩戒意义，即便违约，金融机构也难以实现抵押的经济价值。第二，农民缺乏必要的社会资本寻找合格的担保人。某些农村金融机构的贷款申请条件，要求农民找到公务员、事业单位工作人员等作为贷款担保人，农村中能够满足条件的很少，大部分农民被屏蔽在金融服务之外。此外，即便农民和金融机构之间能够找到双方接受的抵质押品，但土地、房产等评估收费非常高，农民难以承受，对于几万元的小额贷款而言，必要性也不大。

因此，大多情况下，农村金融机构对农民的贷款是以信用放款为主，是基于农民信用——对农民人格与品质的信任而实施的贷款。实际上这已经不是纯粹的经济考量，更多的是道德与道义考量，里面承载了对农民的"赋权"与"赋能"理念，提高农民的可行能力从而改变其经济社会地位。因而当下的农村金融具有更高的社会责任。在相当长一段时期内，"合格"的农村金融机构都存在着强烈的社会企业色彩。

那么，如何将这种美好的愿望转化为具体的微观经营行为，从而实现农村金融机构的可持续发展呢？换句话说，如何将农民信用转化为农村金融机构的社会资本，实现其经济价值，解决金融机构的生存问题呢？

农民信用具有两面性。在共同体内部，对自己人、对内部人，极为守信。跟邻居借了几块钱，哪怕过了几个月，都会记得还。而对共同体之外，对外界、对外人，往往会表现出农民可爱的狡黠。在田野调查中曾听说这样一则趣事，投保养猪瘟疫保险时，保险规则要求提供猪耳朵作为物证，一次某投保农民要求理赔并有猪耳朵为证，保险员去农户家复查时，发现农民全家正在吃猪肉，原来那头猪并非得瘟疫而死。该农民自然很不好意思，最后"诚恳"地说，算了算了，不用赔了，坐下来一起吃肉喝酒吧。

费孝通先生有一个经典比喻，乡土中国的社会关系，犹如在平静的水面上扔一颗石子所荡出的涟漪，由中心开始，一圈圈地往外延展。圈里圈外的感情基础、交往规则都有着很大不同，农民之间的交往是以情感为基础，"自己人好说话"。金融机构下乡，首先必须做到是"农民"的银行，成为内部人、自己人，进入乡土社会关系涟漪中的内圈，才能真正立足于农村社会，形成可持续发展能力。

第一，只有成为"自己人"银行，乡土社会的信用制约机制才会发挥作用。高高在上的银行，包括慈善公益类金融扶贫组织，当农民违约时，邻里亲戚更多的是给予同情，乃至于"道义的支持"。而当乡村银行能够真正融入乡土社会，农民能够视同己出，当农民违约时，邻里亲戚会谴责他，会想办法让他不违约，信守承诺。若违约农民固执己见，至少在情感上他会被共同体成员所谴责甚至抛弃。这就是乡土社会的道义哲学与游戏规则，是乡村银行集聚社会资本、形成良性发展机制的社会基础。

第二，只有成为"自己人"银行，农民才会以心换心，坦诚相待，主动提供相关信息。对于信用贷款而言，真实有效的信息最关键。然而乡土社会的真实有效信息不是靠报表等方式能够获取的，而是依赖"软信息"的，需要金融机构深入农村社会像海绵一样汲取。

我们在做农村金融田野调查时，尽管存在"过度亲密化"的调查方法缺陷，但仍然会鼓励同学回到自己家乡去调查，这样会保证所获取的问卷或调查信息尽量少缩水。否则，只有人类学的调查方式，在一个村庄至少住上一年半载，获取的信息可能最有效。乡村银行的信用甄别面临的也是这样一个问题。

农民对外部世界有天然的防备心理，对于外人涉及自己及邻居状况的询问，大多是三缄其口，或者是只报喜不报忧，致使金融机构获取的信息片面，信用甄别产生误差，给信用贷款带来风险；然而，对于"自己人"，一般情况下农民会坦诚相待（尽管对于自己的收入、财产等信息，农民往往会更加谨慎）。当乡村银行与农民打成一片时，农民往往会善意提醒工作人员要注意哪些人不守信用，贷款时应注意。

▌8.2 基础信息与信用甄别

进入乡土社会时，金融机构的诸多现代信息获取方式均会失效，必须根据当地社会特点，寻找新的信息获取途径，建立自己独特的信用甄别体系。

第一，农村金融发展不足的事实造成了"个人信用不下乡"的现实。农村金融新政的一个背景是金融空白，即农民长期得不到有效的金融服务。农民长期得不到贷款，更无能力办理信用卡等享受现代金融服务手段，这样一来，个人信用账户缺少必要的信息，形成空白账户。

目前社会信用账户共享机制不足，农村中的个体商户以及城乡结合部的个体工商户，在工商、税务等职能部门有其部分信用信息，尚且无法纳入到个人信用体系。

第二，即便有些经济实力较强的农民客户，因其经济往来和贷款申请记录等，其个人信用账户有必要的信息，草根农村金融机构难以申请使用人民银行的个人信用账户，只能借助正规金融机构申请使用。

第三，农民的文化程度不高，贷款申请表的填写尚且存在困难，需要贷款员的协助，对于种种报表更是无力应对。因此，对农民的信用甄别也不能直接套用金融机构现有的报表，而应根据机构所在地的农村社会特点，独辟蹊径，研究农民信用信息的获取方式与途径，因地制宜地制定合宜的信用评估表。

8.2.1 信用评估表与风险评估

掌政农村资金物流调剂中心就根据业务特点，自己开发了信用评估表，共分为六个部分：基本情况、家庭、行业、乡邻口碑、文化及信用、负债。

表8.1　　　　　　　　　　　掌政中心个人信用评分表

客户姓名：　　　　　　　　得分：

一、基本情况（8分）

	具体情况	标准分	选项
年龄 3分	①18~25岁	0	
	②25~30岁	1	
	③30~45岁	3	
	④45~50岁	2	
	⑤50~60岁	1	
	⑥60岁以上	0	
性别	①男	1	
	②女	1.5	
婚否 4分	①已婚有子女	4	
	②已婚无子女	3	
	③离异	2	
	④未婚	1	
合计：[8]			

二、家庭情况（28分）

	具体情况	标准分	选项
固定资产 16分	①50万以上	15~17	
	②20万~50万	12~14	
	③10万~20万	9~11	
	④5万~10万	6~8	
	⑤1万~5万	3~5	
	⑥1万以下	1~2	
人均收入 5分	①5万以上	7	
	②3万~5万	5	
	③1.5万~3万	4	
	④0.6万~1.5万	3	
	⑤0.6万以下	2	
房屋内设卫生情况 3分	①非常好	3	
	②良好	2	
	③一般	1	
	④较差	0	
保险情况 4分	①没有参加保险	0	
	②有农村医疗保险	1	
	③购买其他类保险	2~4	
合计：[11]			

三、行业（15分）

	具体情况	标准分	选项
1. 职业	①小职员	0~2	
	②一般职位	3~5	
	③高职位	6~8	
从事主业（四选一）8分　2. 多种经营	①一类	0~2	
	②二类	3~5	
	③三类	6~8	
3. 种植	①一类	0~2	
	②二类	3~5	
	③三类	6~8	
4. 养殖	①一类	0~2	
	②二类	3~5	
	③三类	6~8	
兼营加分	占家庭一定收入	1~3	
从事行业年限 5分	①十年以上	5	
	②五年以上	4	
	③三年以上	3	
	④一年以上	2	
	⑤刚起步	1	
行业发展状况 2分	①目前发展稳定并有前景	2	
	②目前发展不稳定但有前景	1	
	③无法预测	0	
合计：[14]			

续表

客户姓名： 　　　得分：

四、乡邻口碑（26分）

	具体情况	标准分	选项
对待老人 5分	①非常孝顺	5	
	②比较和气	4	
	③不好说	2	
	④较差	0	
夫妻关系 5分	①非常好	5	
	②良好	4	
	③一般	2	
	④危机	扣分	
乐于助人 5分	①非常好	5	
	②良好	4	
	③一般	2	
	④爱占小便宜	扣分	
积极心态 5分	①非常好	5	
	②良好	4	
	③一般	2	
	④消极	扣分	
信誉小组 6分	①非常好	7	
	②良好	6	
	③一般	4	
	④不了解	2	
	⑤较差	扣分	
合计：[22]			

五、文化及信用（15分）

		具体情况	标准分	选项
文化 3分		①初中以上	3	
		②会写简单的字	2	
		③不会写字	1	
专业技能 2分		①有驾驶技能	2	
		②种植养殖经验丰富	2	
		③瓦工技能	2	
		④电焊技能	2	
		⑤其他技能	2	
信用评价 10分	自我评价 2分	①优秀	2	
		②良好	1	
		③一般	0	
	陈述信息情况 5分	①属实	5	
		②基本属实	3	
		③夸大	1	
		④虚假	扣分	
	贷款用途情况 5分	①专款专用	3	
		②倒贷款	2	
		③其他	1	
		④用途不真实	扣分	
合计：[14]				

六、负债（8分）

		具体情况	标准分	选项
有债务 8分	债务情况 3分	①按时清息还款	3	
		②特殊情况	2	
		③不按时还款消息	0	
	负债率 5分	①70%以上	扣分	
		②60%~70%	0	
		③50%~60%	1	
		④40%~50%	2	
		⑤30%~40%	3	
		⑥10%~30%	4	
		⑦10%以下	5	
无债 8分		①家庭情况非常好无负债	8	
		②家庭情况好无负债	6	
		③家庭情况一般借情钱	4	
		④家庭情况较差无意愿	2	
		⑤借不上款	0	
合计：[5]				

第一，基本情况部分中包括：①年龄。按一般原则，28岁以下、60岁以上的客户贷款申请一般不予以受理，前者主要是年纪太轻，尚且不具有举债的能力和资信，后者年龄太大，风险过高，二者都不适宜作为贷款主体。在实践中，会根据实际情况调查综合判断后，对某些客户采取特殊政策。例如，某些年轻人创业较早，28岁时已经形成一定的事业规模。②性别。从经验总结判断，掌政中心认为若女性作为主贷人，在还利息与还款时间的及时性方面要优于男性。因此，在信用评分表上，女性分值要略高于男性。在农村金融机构的信用评估中，这一点比较具有特色。③婚否。从稳定系数来看，已婚有子女 > 已婚无子女 > 离异 > 未婚，从而相应的贷款风险系数也会不同。

第二，家庭部分的设置如下。

①固定资产。②人均收入。③房屋状况：房屋内设和卫生状况体现家庭成员勤奋度、生活状况和生活态度，是重要的"软信息"。④保险状况。此处的保险指的是新农村合作医疗保险、养老保险、意外险等险种，针对的是家庭成员人身健康、意外等风险的控制。新成立的农村金融机构往往非常注意农户的投保状况，实际上是希望能够通过保险机构防止不可意料的事件发生给贷款所带来的潜在风险。

第三，行业部分的设置如下。①从事主业。职业（有固定工作、公职、务工）、多种经营、种植、养殖，并另设兼业加分。职业方面的信息可反映其收入状况，并可预测其还款能力。对于主业的考察可以兼顾对贷款用途及其风险的考察。②从事年限。年限越长，反映其对本行业越熟悉，风险相对较小。③行业发展前景预测。对行业发展前景的预测，要求乡村银行对于农业产业的状况有一定程度的了解，从而能够估计贷款用途的产业风险状况，预知其风险点。在必要的时候，乡村银行应介入并提供相关信息，从而降低贷款农民所面临的风险。如掌政中心以简报的形式，为农户提供的农产品价格信息、物资物流价格、天气、农业技术等，目的就是帮助农民降低产业风险及市场风险。

第四，乡邻口碑部分，主要考察农户的软信息。①对待老人。孝敬老人是中华民族的传统美德，百善孝为先，"孝"是掌政中心在搜集农户"软信息"的重要指标。②夫妻关系。夫妻关系和睦与否，不仅关系到其生产及事业的顺利开展，更影响到还款问题。实际运行中，曾发生这样的案例，因为夫妻关系不好，在贷款到期后，双方都不愿意还款，互相推诿，给贷款回收工作带来了相当的困难。因此，夫妻关系不好或多次离异的申请者，掌政中心会非常慎重。在实务操作中，曾经有多次离婚、并且目前夫妻关系仍不和睦的人申请贷款，经多方考察并慎重考虑，最终被中心拒绝。③乐于助人。在乡村社会，热心肠的人在遇到困难时，一般也会得到周围更多人的帮助。乐于助人的农民往往会集聚更多的社会资本，从而给他的生产生活带来很多便利条件。④积极心态。心态实际上考察了贷款农户的生活态度，心态好的人往往更能克服困难，从而改变生活状态，脱贫致富或取得更大发展。心态不好的人往往容易向困难低头，怨天尤人，即便有好的生产项目，很多时候也坚持不下去。掌政中心建立之初，曾帮助过一位困难农户郁风玲。在丈夫出事故重度烫伤，基本丧失劳动能力，家庭蒙受灭顶之灾的情况下，郁风玲依然没有丧失生活的信心，有着改变生活、改变命运的强烈愿望。尽管从金融评估来看，郁风玲的状况已经是家庭破产，实施贷款风险会很高，但掌政中心通过对其"软信息"的考察，依然给郁风玲发放了无息贷款，从而帮助她最终实现了脱贫致富。⑤信用小组。根据业务开展情况，中心在每个村选择信用好、人品好的农户，相继建立了信用小组，作为信用贷款的"毛细血管"式组织，支持信用评估与考察。信用小组的成员之间建立了一种互相约束机制，保证了成员的履约意愿。因此，能够参加信用小组的农户，会增加信用评分。

第五，文化及信用。①文化。文化程度高的人，往往学习能力较强，接受新技术的速度快，在评估时给予适度加分。②专业技能。专业技能会提高农民农闲时节的务工机会，从而提高农户收入，如建筑行业中，泥瓦工等工种的工资价格很高。因而专业技能能够增强农户的还款能力。③信用评价。信用评价项下包括自我评价、陈述信息情况、贷款用途情况。后两项由信贷员根据自己从周围人群的调查中核实信息真假，并进行评分。此项是为了防止信用评价表过分依赖农户的个人陈述，同样能否核实，关键取决于机构是否能够真正融入当地社区，取得农民的信任。

第六，负债。分为有债务、无债务两种情况。有负债主要考察其负债率和还款情况，负债率过高会增加新贷款的风险，还款情况可以考察其以往的信用情况。

掌政中心这样一份详尽细致的信用评估表，并不是自运营之初就开始使用的，而是通过对信用风险的深切感受而"逼"出来的。掌政中心开始运营时，并没有进行严格的信用评估，信用贷款主要根据信贷员的走访调查和信贷小组的主观判断。经过几个月的运营后，掌政中心忽然意识到，他们所发放的贷款中大部分都是无抵押、无担保的信用贷款，而中心对于这些信用评估并无文案可查，也没有严格的评估程序和科学的分析技术，换句话，掌政中心对这些信用贷款到底风险多大没有"数"、没有"底"。尽管当时并没有发生严重的违约事件，但包括董事长康永建在内的高层人员越想越不踏实，意识到必须采取措施应对其中隐含的风险，否则影响中心的可持续健康发展。于是，康永建带着诺贝尔和平奖得主、小额贷款之父尤努斯的书到上海"闭关学习"，最终和员工开发并完善了这套信用评估表。

这套评估表很快进入了掌政中心的工作流程，用于考察农户的信用。在实践中，掌政中心并不是仅仅针对贷款申请户使用这套信用评估表，而是在工作流程中增加了市场前期调查环节。具体而言，就是要求信贷员和信贷小组成员要经常进行田野调查，"骑着单车去下乡"，进村入户进行访谈、填写评估表，回来后进行信用评估，并形成农户档案进行长期管理。这样一来，信贷员会和当地农户熟悉起来，有利于中心尽快与当地社区融合，并对当地的信贷需求和信用状况有更深入的了解。同时，通过轮岗方式和相互交流，使得掌政每位工作人员都能掌握入村调查技能，都能熟悉当地的村庄和农民，从而掌握重要的第一手资料和数据。长此以往，中心将熟知当地的市场，形成核心竞争力。

这种基于农户信用信息及评估的农户档案，使得被动的信用评估转向为主动的市场前测，同时会大大缩减农户贷款申请时的周期，当农户提出贷款申请时，信贷员会直接调用农户档案，进行必要的复核和数据更新后，经贷款小组讨论即可决定贷款的发放。

8.2.2 走向开源——什么信息最重要

开放源代码（简称开源）是软件领域产生的重要开发模式，简而言之，其原理就是在软件发布的时候，不仅公布其产品，更将编写软件的源代码一起公布。这样用户与其他开发者可以看到软件背后的代码，并可以进行修改、改进。开源软件已经成为"闭源软件"（如微软）的强有力的竞争者，而开源思想已经从软件领域扩展到医学研究、航线控制、天体发现、网络百科全书（维基百科等）等领域，也被引进到政治学、社会学领域。

开源背后所蕴含的是"比结果更重要的是过程"思想，不管是代码开放，还是进程开放、标准开放，都使得利益相关者能够追本溯源，从源头开始入手，发现问题、解决问题，每位参与者均有可能形成自己独特的风格。

近年来，开源思想也开始被人尝试引入金融领域。美国次贷危机前三个月，即 2007 年 4 月，布克斯塔伯出版了其著作《我们自己制造的魔鬼：市场、对冲基金以及金融创新的危险性》，可视为次贷危机的预言之作。作者认为复杂性和紧耦合性是造成金融系统崩溃的重要原因。关键症结在于市场和监管机构无从获得与风险相关的基础数据，只能依赖于根据会计准则公布的财务报表等，因而加强监管和金融创新，并不能解决问题，反而增加了解决问题的难度[1]。

布克斯塔伯提出的对策是尽可能获取基础数据。汇总后的报表有可能掩盖问题，基础数据反映了原始交易行为，让问题无所遁形。这一思想对于监管和机构本身都有启发意义。

第一，将开源思想引入金融监管，强调了原始交易数据的重要性，将监管行为由断点式的结果监管变为常态化的日常管理。我国地方政府在资金互助社的监管创新中已经不自觉地运用了这一思想，北京市通州区就是很好的案例。

2006 年底银监会发文放宽新型农村金融机构的准入门槛以来，资金互助社的审批非常严格，数量一直很少。原因之一就在于资金互助社的资金量少，机构分散，监管难度大，而且监管责任重大，尤其有农村合作基金会的前车之鉴。经过 2008 年的十七届三中全会公报及 2009 年、2010 年中央一号文件的政策放宽后，农民专业合作社实际上获得了开办资金互助社（组织）的资格。这样农业部门就获得了部分的审批权、监管权，也承担着部分监管责任[2]。

北京通州区通过农村经济经营管理站来引导、鼓励并监督农民资金互助组织的发展。按照经管站的工作思路，在鼓励发展的同时，执行最严格的监管标准。核心的监管目标有三点：①明确农民资金互助的性质为合作性金融，因此

---

① 笔者曾于 2009 年 1 月 10 日与《我们自己制造的魔鬼》作者布克斯塔伯先生通过电子邮件取得联系，并很快得到其回复。布克斯塔伯认为，出于竞争力的考虑，金融机构公开基础数据的难度很大，但这些数据可以考虑向金融监管部门公布，如此一来，监管机构可以全貌式地监测金融体系的风险状况，并对个别风险突出的机构提出建议和规劝。

② 王曙光、王东宾："农民资金互助：运行机制、产业基础与政府作用"，《农村经营管理》，2010 年 8 月，第 24～26 页。

应严格限定在成员内部，利用成员的闲散资金，规模不宜过大。试点期，经管站即已经规定了资金互助社的资金规模指导原则，发展过快的要求放缓步伐，总结经验，操作规范后再扩大规模。②本金要求百分之一百安全。为保证这一点，从四个方面入手严格管理。一是资金来源除政府或外界扶持资金外，严格限定在社员内部，借款也仅限于成员使用；二是额度担保和人数担保相结合，要求借款数额不得大于担保人的互助金总额；三是比例控制，成员借款不得高于股金的 15 倍，且单个成员的借款额不能高于互助社股金的 20%，借出资金应在 30% 以上的成员中分配；四是以财政补贴本金和风险拨备作为最后的保障线，防止不可抗拒因素导致的违约风险。③明确资金用途为流动资金，不提供固定资产投资支持，因此借款期限严格限定在一年以内，保证大多数成员都能受益于互助资金，同时降低长周期带来的资金风险。

经管站工作人员同样有限，如何实现其监管行为，提高监管能力，实现上述监管目标，同样是摆在他们面前的一道难题。

为促使资金互助社积极接受监督，经管站加大财政支持力度。2007 年至 2009 年，政府部门共投入扶持资金 45.3 万元，其中补贴社员存款利息 12.8 万元，支持本金 32.5 万元，另外补贴互助资金设备 12.76 万元。其中，财政按照资金互助社本金的 10% 注入补贴资本金，三年共支持 32.5 万元，这部分资金不能动，是风险储备资金，用于抵御借款产生问题的风险。同时，财政按照 3% 的利率为互助社的本金提供贴息，补贴三年，到 2009 年底，共 12.8 万元，主要用于资金互助社初期维持正常经营运转。这些财政补贴引导了资金互助社主动接受经管站的监管。

提高监管能力关键在于互助资金设备的补贴方面，这 12.76 万元主要用于财务管理软件、电脑和打印机。进入试点的专业合作社资金互助业务部分要应用统一的管理软件，日常经营行为和借还款交易要及时上网，并尽可能实时从计算机上操作。这些计算机与经管站的监测中心联网，原始数据向经管站开放，农村经管站能够实时监控资金互助社的经营活动，发现违规行为及时进行规劝和制止。为保证监管质量，经管站每季度要对资金互助社进行文本审计，保证电脑中的原始数据与事实相符。

不难发现，北京市通州区经管站对资金互助社的监管模式，实质上是运用了开源思想，强调基础数据和原始交易在监管工作中的重要性。

第二，某些金融机构在中小企业信用评估中同样使用开源思想。广东深圳等地的金融机构，对于中小企业的贷款申请，不再仅仅依赖于传统的财务报表、项目报告，而更多地依赖于"三表"（水表、电表、报关表）。原因同样在于，财务报表使用的是汇总数据，并且容易造假，难以鉴别且很容易迷惑机构，而"三表"等基础资料和原始数据作为"软信息"，更能反映企业的经营行为和实力，对于资信评估而言，价值更高。

金融机构若能与中小企业形成一种良性的、紧密的、基于各种"软信息"的互动关系，评价社区内的中小企业的信用风险和业绩的时候，主要不是依靠企业报送的各种硬性的财务指标，不是以各种冷冰冰的数据为导向，而是以客户为导向来评价企业，通过各种紧密型的信息搜集手段，来印证客户的财务指标，这样，在客户的信用评估和风险评价方面，就会减少信息失真的概率。

关于数据的认识问题，是布克斯塔伯书中最精彩的部分。"问题在于，基础数据无从获得"，……"理想的方式应当是，从原始数据和实际交易本身出发建立报告"。"理性状态应该是让会计员摆脱数据加总业务"，……"利用现代数据标记语言和互联网工具，公司让人人都能够将数据加总成原始交易数据，以供分析之用"，因此，"会计员的任务将是合适并加速这个过程，确保所有数据都可也用，并且对其描述无误"[1]。这是真正的开源，基础数据成为中立性的、不应受人为干扰和控制的创新平台，这让有关人员都能对此进行评估和分析，从而实现组织和业务的创新。

以掌政中心的信用评估体系为例，在传统的模式中，信贷员通过走访形成报告后，提交给贷款审批小组，在这个阶段，基于信贷员的报告所做的决策基本上会是确定的结果，若信贷员认为该贷款户可靠，审批小组却拒绝其贷款申请，则明显有悖于组织管理的原则。但在现行模式下，有信用评估的最后得分，但也有各方面的基础信息和原始数据，每个人都会基于基础资料与信息得出自己的判断，从而形成多种意见，贷款审批会议才会形成讨论，发挥其作用。

掌政中心通过信用评估表和信贷员的频繁走访，实现六个方面基础资料的细致化，从而掌握真实的基础信息作为决策的依据。

---

① （美）布克斯塔伯著，黄芳译：《我们自己制造的魔鬼：市场、对冲基金以及金融创新的危险性》，中信出版社 2008 年版，第 118 页～121 页。

第一，农户基本的家庭情况与经营情况。这些信息可以反映一个农户的基本信息，包括户主姓名、家庭人口数、有生产能力的人数和主要经营项目。

第二，农户可变现财务情况，以此来评价农户是否有足够的抵押品，或可以了解其经济实力。那些不可变现的财务或很难实现的财务不能计算在内，如住房和土地等。但根据土地属性，可以进行抵押和经营权流转来实现抵押价值。

第三，农户家庭收支情况。其中包括年收入的各个项目和规模，以及年支出的各个项目，如生活消费、生产投入和重大支出等。收支相抵得出纯收入。家庭情况可以反映出农户一年的现金流情况，也是衡量农户偿还贷款能力的一个重要指标。

第四，农户资金需求的基本信息。设计农户需要多大规模的资金、资金用途以及资金运用项目的预期收益。预期收益，是偿还贷款的保障。

第五，农户以往的信用情况和品行等"软信息"。要考察这家人的人品怎么样、在村里面的口碑怎么样，以及该农户以往是否有违约情况。这些"软信息"要通过对邻居、村民或村干部的访谈获得。"软信息"对于评价该农户的信用情况非常关键。

第六，农户当前的债务情况。该农户是否又外债、外债规模多大、外债是否对农户未来的生产生活造成较大影响等，这些信息可影响农户的现金流及目前的经济实力。如果一个农户以往又较大规模的外债，并且在短时间内难以偿还，发放贷款时就要特别小心。

8.3 信用风险管理

如本章开篇所述，农村的社会经济环境决定了在相当长时间内农民贷款仍以信用贷款为主。对于资产有限、抗风险能力较差的乡村银行而言，正确管理信用风险，对其健康、稳定、持续的发展与壮大具有相当重要的意义。信用风险的发生可分为两个方面：一是信息失真导致机构自身的判断失误；二是贷款人自身的道德风险产生违约。乡村银行的信用风险管理，应着力于此。

8.3.1 信息失真导致信用甄别失误

掌政中心在进行信用评估时，不仅考虑客户的房产、地产、固定资产，还要看其人品、在乡邻中的口碑和威望。对小企业而言，不仅要看其企业发展的前景，还要看企业业主的诚信。同时加大对"软信息"的收集、分析、研究，利用道德准绳来有效约束，以此达到与客户信息、心理对称，从而避免了因为源头的基础信息不对称或借款客户的道德因素造成非赖账行为的呆账甚至坏账。

鉴于基础信息对于信用评估的重要性，信用风险管理的第一个重点就是信息失真问题。掌政中心是从以下几个方面防止信息失真的。

第一，工作流程保证。掌政农村资金物流调剂中心的信贷流程包括六大环节：市场调查→信息整理及档案建立→贷款审批→贷款发放→贷后管理→贷款回收。其中市场调查与信息整理及档案建立两个环节是保证信息准确完整的关键，掌政中心均建章立制，明确各岗位工作人员的责任，研究各工作环节的风险点及防控措施，并制订了风险责任追究机制。通过工作流程设计，让信贷员频繁地深入下去，对农户和小企业的状况进行全面了解、综合分析、详细记载，确保信息的准确完整，建立了完整的农户和小企业信息档案。

第二，人力资源保证。招聘熟悉当地环境，勤恳、务实的农村大学生充实到掌政中心的一线队伍中，拉近中心与农户的距离。通过轮岗制度，让每一位员工都有机会到农村进行调查走访，了解当地社会。通过不定期内部学习与讨论，提高员工在调查走访时提问和信息甄别的技术能力。

第三，动态更新保证信息的时效性。信用状况自身是常常变动的，不能评定完后为固定的。也就是说，不守信的人经过交流与劝导，可以变为守信的人；守信的人，外部环境变化了，也可能变得不守信。信用信息的及时更新有助于防止工作僵化，保持组织的活力与生命力。通过不定期走访、根据信贷行为等及时更新数据，保证信用信息的时效性，实现信用评级的动态化，是掌政中心的特色之一。

第四，股权结构保证信息的准确性。掌政中心一开始就有了 183 名农民股东，从产权机构和治理机制方面形成了掌政中心根植乡土社会的基因。183 名农民股东有助于中心甄别客户信息，是中心风险管理的基石。此外，通过把贷款额度和股权份额挂钩的方法，也有效地解决了农民股东的贷款风险问题。

第五，社区文化建设推动中心融入当地社区，使中心获得农民的支持与信任，保证汲取信息的准确性。社区文化建设基于掌政中心成为未来农村社区银行的战略定位，并契合于其新型农村机构的身份认同。社区银行应立足于农村、立足于社区，与农村社会共同繁荣。

建设社区文化，有利于金融机构与社区人民形成水乳交融的亲密关系，创造深入人心的企业形象，成为社区生活中不可或缺的组成部分。这样一来，也推动了金融机构了解社区情况，甄别信息，更好地开展业务工作。这是一条"从农民中来，到农民中去"的新型农村金融机构发展之路。

8.3.2 道德风险导致信用失范

信用不仅依赖于个人的自我约束和道德观念，同时容易受外部环境和他人的行为影响。若一方先行违约，那么合约方也必然违约，在今后的合作中，违约可能成为首选策略；如果大的信用环境出问题了，那么置身于其中的人都将深受其害，容易发生道德风险，从而形成信用博弈的囚徒困境。在此情形下，技术层面的信息汲取和评估将失效。因此，乡村银行同样要注意防范道德风险，塑造良好的信用环境。

第一，守信是一个双向行为，金融机构在希望农民守信的同时，也要严于律己。掌政中心自运营之初，就树立了"农民最讲诚信，我们就是农民值得信赖的朋友"的诚信理念，花大力气建设信用文化。

培育信用文化，一方面要培育农民的信用观念、守信意识，另一方面要培养金融机构自身的信用观念与意识，经理与信贷员都要有强烈的信用意识。信用文化意味着农村金融机构自身要有强烈的信用观念，要设计严格的业务流程，在客户信用甄别方面做大量细致的工作，要求员工从自身出发，严于律己，恪守时间观念。

第二，信用评级与激励约束机制。成立农户信用评定小组，按照信用户评定标准、等级和评定办法，对农户进行信用等级评定，根据农户不同的信用等级给予不同的授信额度。在信用户评定和业务扩展的基础上，开展信用小组建设和信用村的评定。信用评级与激励机制参见 7.4 "信用机制：评级与动态激励体系"。

第三，刚性规定，亲情引导。贷款到期时，中心会提前通知，以信誉、时间、额度与利率挂钩的方式，进行诚信教育，引导农户自觉还款付息。

第四，动之以情，晓之以"利"。表彰信用户、信用村，在贷款手续、利率方面给予优惠。信用评级与贷款额度和利息高低挂钩，且敏感性高，让农户信用成为贷款的"质押担保品"，让信用具有真正的经济价值。

第五，主动与镇政府、村委会密切配合。在拓宽信息获取渠道的同时，通过他们鼓励农民的守信行为，约束农民的违约动机。吸收农民股东，保证董事会中农民股东的席位，形成利益相关者群体，建立更有效的乡村信用激励约束机制。21 名股东代表中，15 名为农民股东；7 名董事中 4 名是农民，各代表种植业、养殖业、多种经营、妇女，并根据各自特长分管相关的事务。

第六，在公司治理结构中，增设信用文化宣传职能部门。开展以诚实守信的信用文化、乡土文化、合规文化的教育、宣传与奖励。大力培养农户的良好道德意识，树立守信为荣、失信可耻的道德新风尚。不定期开展各种培训讲座，积极引导农户努力做诚信守法的模范，更广泛、更深入地将信用文化贯穿到服务辖区内的每一个角落。

8.4 信用评估的历史借鉴[①]

历史上，关于信用评估的成功做法和精彩思想很多都很值得借鉴，其中于树德先生的信用评估观和实践是特别值得珍视的。

20 世纪二三十年代，是中国合作社思想与实践大发展的时期，涌现了许多合作社与乡村建设的著名人物，于树德就是其中一位。于树德，早年留学日

---

① 于树德出版关于合作社的书籍主要有《信用合作社经营论》（1921，再版七次）、《农荒预防策》（东方杂志合订本，1924）、《合作社之理论与经营》（1929）、《消费合作社之理论与实际》（1932）、《合作讲义》（1934）等《信用合作社经营论》，本文所编辑引用的信用评估部分出自于树德：《信用合作社经营论》（第七版），1933 年，上海中华书局。其主要著作可从 www.cui－zy.cn 网站下载。

本京都帝国大学，师从河上肇，是李大钊的亲密朋友，曾任北京大学教授，主讲合作社理论①。其著作与理论尽管历经数十年，但对今天的信用合作和农村金融事业仍有重要的借鉴与启发意义。在此，特收录编辑于树德著作中信用评估思想和方法的部分内容以飨读者。

于树德认为"信用要在人格上着眼，而要熟知人格信用的高低，非有特设之机关不可"，需要有专门的部门与机构负责信息搜集和信用评估。而"信用程度表可以作信用放款的标准，又可鼓励会员向上心"。

第一，信用程度表的作用。信用程度表的作用是作为信用放款的标准，然完全绝对地依赖信用程度表，则恐怕有种种流弊，所以于树德主张此表只作为信用放款最重要的参考。经过一段时间，信用程度表的得分会有所变，但如无真正坚实的理由，不可随意加减。

第二，信用程度表的秘密与公开。关于信用程度表，有主张秘密的，有主张公开的。主张公开的人说，若是公开，使人人都晓得某人信用高，某人信用低，则信用高越奋发向高处走，而信用低者也必受刺激而向上；而且使信用委员不敢随意评定，可以表明评定信用的公正，又可使执行委员不能恣意低减信用放款额。主张秘密的人说，若是公开，使世人都晓得某人信用高某人信用低，对于信用高的人，固是有利无害，而对于信用低的人，实在不能堪受。且因此而使该会员不只在合作社中为人所轻视，恐怕连在社会上的信用都要受影响。这种公开的方法，不但是不能激之奋发向上，十有八九适得其反，或者连合作社自身都要受恶影响。这两种说法都很有理由，但是若是信用公开，则某人的信用程度如何，为世人所周知，执行委员都受一层制裁。又某甲今年信用程度五十分，明年六十分；某乙今年信用程度九十分，明年八十分，都可以激劝。又如贫者的信用程度若是比富者的信用程度高的时候，更足激励了。

第三，信用程度表的内容。"信用程度表关系最大，评定又最难，故标准宜先定，手续应慎重"。信用程度的高低，依分数表示。以百分为满分：八十分以上至一百分为甲程度，六十分以上至八十分为乙程度，六十分以下为丙程度（信用程度再细分之为五等或九等皆可）。标准如下：一、品行。以五十分为满分，其中信实、义气、勤勉、和气、无恶嗜好五项各十分。二、储蓄存

---

① 关于于树德先生的生平，请参见王东宾：《于树德——革命者与合作专家》，全文可从链接 ht-tp：//www.cui－zy.cn/Recommended/coops/于树德先生小传.doc 处下载。

款。以二十分为满分，常常存储（不问钱数多少）十分，不常支取十分。三、家庭。以十分为满分，谐和（五分），勤勉睦邻（五分）。四、财产。以十分为满分，股份（五分），个人财产（五分）。五、教育十分。【识字不识字，固是教育，如幼年失学，现在正在热心求学时（入星期学校、半日学校等）则当定为满分，比幼年仰仗机会认得几个字者，分数宜多。认得几个字，品行很坏的前清秀才，不算有什么教育，可说一分不值。】

其中，信用程度表格式如下。

表 8.2 于树德著作中信用评估表

姓名	品行					储蓄存款		家庭		财产	教育	备考
	信	义	勤	和	无嗜	常存	不常取	谐和	睦邻			

此外，于树德还搜集了当时其他六种决定信用程度表及标准数种，作为参考。

（甲）

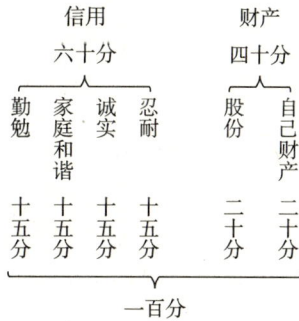

```
          信用              财产
         六十分            四十分
    ┌──┬──┬──┬──┐    ┌──┬──┐
    勤 家 诚 忍      股   自
    勉 庭 实 耐      份   己
       和                财
       谐                产
    十 十 十 十      二   二
    五 五 五 五      十   十
    分 分 分 分      分   分
    └──┴──┴──┴──┘    └──┴──┘
              一百分
```

（乙）（表内系假定的分数）（各以五十分为满分，共以五百分为满分）

财产	股份	勤勉	节俭	储蓄	德行	约束履行	品行	家庭和谐	小孩礼貌	合计	姓名
五〇	二〇	二〇	十五	三十	五十	十八	十七	八	十二	二四〇	张某
二〇	十五	五〇	六〇	五〇	二〇	三〇	三〇	五〇	四〇	三六五	王某

（丙）

财产（比合作社决定每人放款最高金额多三倍以上者）　　　　十五分

勤勉产业者（亲身从事于生产事业并真具热心者）　　　　　　二十分

有产业经营上及产业作业上之技艺者（实际上事业计划高超且获利独厚或收获独多者每年品评会获优等奖者）　　　　　　　　　　　十五分

生活程度适宜，收支能相偿者（即善理家政之类）　　　　　　十五分

平常在家庭中注意子弟之教育及卫生，全家真能和谐者　　　　十五分

诚实道德高尚者（人很正直，对于社会上尽相当的义务，常以同情待人接物，又常能改良习惯者）　　　　　　　　　　　　　　　　二十分

（丁）　　品行　　五〇〇分　　储蓄存款　　一〇〇分 ⎫
　　　　　家庭　　一〇〇分　　热心合作社　一〇〇分 ⎬ 一千分
　　　　　股份　　一〇〇分　　财产　　　　一〇〇分 ⎭

| 第 9 章 |

风险管理

9.1 风险管理是乡村银行的生命线

风险反映了对一个事件产生影响的各种不确定性因素。根据人们对风险的态度，可分为三种类型：风险爱好者、风险规避者、风险中立者。作为稳健经营典型代表的银行业（投资银行例外），自然应该归属风险规避者之列，这也是银行业经营采取审慎原则的缘由。因此，任何一家金融机构，其业务流程的设计、从业人员的行为、规章制度的设立，都要围绕风险管理这个核心来进行，企业的合规管理、风险控制都是金融机构健康发展的头等大事。

作为在农村地区与农民打交道的乡村银行，在风险问题上更应该慎重。农民抵抗风险能力弱，又天然地被自然风险、市场风险等因素所缠绕，对风险极为敏感，自然是极端厌恶、规避风险者。乡土社会中，"好事不出门，坏事传千里"，一次微小的失误，都有可能被放大为一次事件。从社会群体意义上而言，获得农民的信任很难，但失去他们的信任往往在顷刻之间。乡村银行的主要客户与服务对象就是农民，必然要顺应农民这种风险态度，从而对风险采取更加谨慎的态度。

作为"三农问题"中人的因素，农民问题是公共政策中极为重视的问题，并且往往对政治社会影响的关注要远远高于经济影响的关注。前车之鉴就是20世纪90年代农村合作基金会的惨痛教训。

农村合作基金会被全面取缔，其中一个重要原因就是从地方主管方到基金经营方，都几乎没有风险管理的概念，更谈不上风险管理。违规操作、挪用资金、粗糙经营的现象在全国各地非常常见，并且有些地区已经产生了严重的问题。尽管取缔时，很多地方由于并未发生严重的问题，对"一刀切"政策存有异议，但从全局来看，各地的农村合作基金会已经累积了相当大的风险，一旦出现爆发出来，将产生极为不良的政治与社会影响。农村合作基金会有其积极贡献的一面，也有因其不规范产生的消极一面，政府对此采取的严厉态度，存有刮骨疗伤之意，但毋庸置疑，那次严厉的整治措施让农村金融尤其是信用合作的发展大为倒退，迟滞了很多年。至今，业界、监管部门、学术界等很多方面对此还记忆犹新，影响着现在人们对农村金融隐含风险的认识和监管态度。

21 世纪以来，尤其是自中央提出新农村建设后，人民银行与银监会等监管部门开始了农村金融新政，放宽了农村金融的准入门槛，开始出现了农民资金互助社、村镇银行等新型农村机构。然而，监管当局显然对农村金融的监管责任非常清醒，尤其对机构微小但责任重大的资金互助社，态度是慎之又慎，几年下来，也不过审批了几十家。这几十家农民资金互助社，相对于中国 60 多万个行政村而言，简直是杯水车薪，无济于事。

于是，经过十七届三中全会公报及一号文件等政策文件的认可，农民专业合作社取得了开办资金互助业务的合作权利，拓宽了农民信用合作的组织载体。这样一来，事实上信用合作的部分审批权与监管权分流到农业部门、工商部门手中。农业部门对监管责任也有着清醒的认识，对于农民资金互助组织的监管同样非常严格。例如，北京市通州区在投入财政资金补贴大力扶持农民资金互助社发展的同时，由农村经济经营管理站实施了最严格的监管，要求"本金百分之一百"安全，并通过财务软件和计算机联网方式对其经营行为进行实时监管，严防互助组织不规范经营产生的风险。监管层对农村金融的严厉态度，甚至使其行为由谨慎滑向"保守"，尽管时常被外界所诟病，依然不为所动，原因仍在于农村金融的特殊性。

今天的新型农村金融机构则不这样。既然谓之"新型"，除了新在法律地位、组织形态等方面，最基本的还是属于新生事物，新成立的。这样的一批机构对农村合作基金会并不太熟悉，当然也不会有切肤之痛，反而有着一股"初生牛犊不畏虎"的冲劲，信心十足、激情澎湃地面对农村金融这个市场，对之前因各种原因撤出的其他金融机构往往不屑一顾。正因为如此，新型农村金融机构对监管当局的严厉态度最反感也最反对。在他们眼里，监管部门最保守，束缚了他们的手脚，使得他们难以施展十分的本事。

然而，农村金融领域的这批"新兵"，对于风险的态度更多的是"无知者无畏"。他们对农村金融的风险认识与体验基本空白，对市场、产品与业务风险缺少实践体验，更没有经历过挫折与教训，因而缺乏足够的重视与认识。另外，这些机构中的投资者来自于敢拼敢闯的产业界，对谨小慎微的风险管理体系难以适应、难以接受，有些时候甚至希望高风险、高回报，完全忽视了金融机构的性质与原则。农民资金互助社因其出自草根，对其成员非常熟悉，乡土社会的约束机制还会发生作用，因而对自身的发展更加信心百倍，更难理解来自监管部门的横加干涉或指手画脚。河北一家当地自发组成的农民资金互助组织，发展相对规范，给当地群众带来了便利，并获得了学者和社会外部力量的支持。他们也一直认为自身风险防备措施已经到位，绝对不可能出现问题，也一直反感地方金融当局的监管和干涉。在政策松动的背景下，通过学者、互助社与监管部门的沟通交流，互助社没有被取缔，反而获得地方认可。然而，在此关键时刻，发生了内部违规操作事件，"不可能的事情的确发生了"，互助社领导者为了避免出现更大的问题，不得不忍痛割爱，主动解散了资金互助社。资金互助社发起人为资金互助事业倾注了大量心血，互助社的主要成员也非常负责任，事后他们都痛心疾首，反而理解了监管当局的"保守"态度。他们明白，一旦解散就很难再重新获得老百姓的信任，难以再次积聚足够的社会资本重新组建资金互助社。

新型农村金融机构代表着农村金融领域的新生力量，是解决农村金融空白和提高农民信贷可及性的重要力量。因此对监管当局而言，在采取严厉监管措施的同时，要注意对新型农村机构进行风险管理的培训，让他们认识到风险管理的重要性，提高监管对象的主动性，进而提高监管的效能。对农村金融机构而言，自身也要对风险管理有足够且清醒的认识，真正明白"风险管理是金融机构的生命线"，苦练本事，提高风险管理的能力。

9.2 风险管理体系

风险管理应牢记概率论的一个结论："概率为零的事件并不一定不发生，概率为百分之一百的事情并不一定会发生"。这表明，对于任何风险事件都应该审慎对待。"墨菲定律"即是这种风险态度的经典概括，"凡是可能出错的事必定会出错"[1]。"墨菲定律"指的是"怕啥来啥"，最担心的可能事件一定会发生，"不怕一万，就怕万一"，那么万一的事情肯定会发生。它要求人们不能存在

---

[1] 维基百科，http://zh.wikipedia.org/wiki/%E6%91%A9%E8%8F%B2%E5%AE%9A%E7%90%86

侥幸心理，要有高度的风险意识，仔细地分析风险因素，建立风险防范体系。在实践中，乡村银行应以"墨菲定律"严格要求自己，丰富风险管理的理论与实践知识，提高风险管理的能力，从"无知者无畏"到"有知者无畏"。

9.2.1　风险认识

风险与不确定性（概率）是密切联系的，直观地理解，不确定性大（发生概率大）风险越高，不确定性小（概率小）风险越小。然而风险的衡量却不仅仅如此，而要同时考虑与风险事件相关的原因、概率、损失（后果）问题。可监测性指的是，风险是否可以进行识别和观察。综合起来看，风险的大小由可监测性、概率、后果三个因素决定。

先从概率与损失两个方面来看，可产生不同的组合，从而形成表 9.1 的风险级别矩阵。由表 9.1 中显然可见，概率低的未必表示风险小，概率大的未必表示风险高。这对农村金融机构有两个方面的启示：一是"垒大户"的问题；二是信用培育问题。

"垒大户"、"傍大款"的问题不仅是乡村银行为之所困扰，大型商业银行同样纠结于这个问题。民生银行近几年发现了"垒大户"的弊端，开始转而注重小微客户。① 当然，"大户"是个相对概念，乡村银行业务中的"大户"自然不能同全国性大银行的"大户"同日而语。但是乡村银行因为力量薄弱，"垒大户"的后果就更加严重。

"垒大户"直接违背风险管理的一项最简单原则："不要将鸡蛋放在一个篮子中"。篮子出了问题，鸡蛋不可能安全。尽管大客户的经营相对稳定，看起来风平浪静，然而一旦出现问题，爆发出来的风险将令乡村银行难以应付。当业务向大客户集中时，风险同样向大客户集中。

"垒大户"更违背乡村银行的经营哲学。第一，业务过度向大客户集中，容易使金融机构产生依赖性，丧失独立性，在谈判地位上也将陷于被动。第二，对资金力量薄弱的乡村银行而言，"垒大户"容易导致资金迅速耗竭，周转不灵，丧失"资金融通，服务农村"的职能。此外，对金融机构而言，资金耗竭将影响对外形象。第三，"垒大户"实际上是脱离农民，脱离乡村社

---

① "民生银行逼上'小微'"，《新世纪》2011 年 8 月 28 日，http：//www. cmbc. com. cn/news/gb_mtgz/2011 –9/27/17_ 22_ 30_ 858. shtml

会。长期将导致乡村银行难以真正扎根农村，与以往的农村金融机构别无二致，不能形成自己的经营特色与核心竞争力。

"垒大户"对企业文化与公司治理产生不良影响。"垒大户"将导致公司业务向个别员工集中，经营依赖个别员工，从而导致公司治理结构失衡。一旦拥有大客户的员工跳槽或离职，对企业的经营将产生极为不利的影响。大客户的业绩效应，促使员工将视线转向大客户，忽视农民客户，轻视信用调查与信用评估，企业文化与公司治理将逐渐脱离乡土社会。

对于全国性的大行而言，可以从全行范围内调动资源应对不可预期事件的发生，并可能从其他分行或总部调取资金解决资金耗竭的问题，这些对于社区型银行而言均不可能。在没有外援力量的情况下，一招不慎，全盘皆输。因此，表9.1中★★★框（灾难性后果、很不可能发生的事件，可视为"垒大户"的极端情况），在项目管理中可划归中等风险，而对新型农村金融机构而言，则应该划归严重风险的范畴，属于不能接受的风险范围，对此必须慎之又慎。

然而，不论对金融机构还是对其员工而言，"大户"又是一个极具诱惑力的选择。金融机构应该有大客户，但应注意"度"，一旦大客户经营滑向"垒"的程度，就应敲响警钟，很可能为机构带来灭顶之灾。因而，在企业管理制度中应设立相应的红线。掌政中心为防止"垒大户"的问题，从公司制度上做了严格规定。规定对单一自然人的贷款总额不超过资本净额的10%；对单一自然人及其在同一户口簿上的其他关联人贷款总额不超过资本净额的15%；对前十大客户贷款总额不得超过资本净额的50%；资产损失准备充足率不低于100%。实际上这个比例还是相对宽松，随着中心的发展壮大，资金实力进一步上升，应有所调整。

表 9.1　　　　　　　　　　风险级别矩阵

后果 ＼ 概率	很不可能	不太可能	偶尔	可能	很可能
灾难性	★★★	严重风险	严重风险	严重风险	严重风险
非常严重	中等风险	中等风险	严重风险	严重风险	严重风险
严重	轻微风险	中等风险	中等风险	中等风险	严重风险
轻微	轻微风险	轻微风险	轻微风险	中等风险	中等风险
非常轻微	轻微风险	轻微风险	轻微风险	轻微风险	★

资料来源：汪小金：《项目管理方法论》，人民出版社 2011 年 6 月版，第六章 "项目风险管理"，第 161 页。引用时有改动。

与风险级别矩阵★★★框对称的★框（后果非常轻微、却极有可能发生的事件，可视为向信用评估得分较低的农民发放了很小额的贷款），在项目风险管理中视为中等风险。而在乡村银行中，可划归轻微风险，属于可接受的风险范畴，这涉及到乡村银行对农民小额贷款的立场与决策问题，并体现了信用培育的重要性。

第一，信用环境不应是一个静态概念，而应是一个动态概念。当金融机构决定要进入农村时，就要重视信用培育，改善当地的信用环境。这也是金融机构企业社会责任的一部分。

第二，农民的信用观念是在乡村的社会交往中形成，还未接受与外部机构进行交易和贷款等交易方式的考验。农民需要在接受与适应金融信贷服务的同时，逐步将信用观念迁移到与金融机构的交往中，即对金融机构由"外人"而"内部人"的接纳过程，这同时是新型农村金融机构扎根乡土社会的过程。

第三，大部分农民的信贷交易记录为空白，在新型农村金融机构获得的贷款有可能是他们人生中的第一笔贷款。这表明，无论信贷员所作的信用调查表如何详细，调查如何认真，获取的基础资料如何细致，对农民的早期信用评估都有强烈的主观臆断色彩。此时，更大的风险实际上来自于信贷员的判断失误。因此，这时候的放宽标准应适度放松，通过额度控制和风险监测来管理信用风险，同时以此农民信用信息建立信用记录账户。

这种决策方式也符合第8章中所介绍于树德先生的观点，信用评估表应作为最重要的参考，而不应视为绝对的标准，要保留一定的灵活性，这样才能发挥信用评估表的另一项重要功能：激发农民的向上之心。

第四，困难农户的家庭财产与收入项目下的分数会很低，因而信用评估得分均偏低，从风险评估的角度可能不太适合贷款。然而乡村银行应有自己的特殊考量，真正从信用出发，把信用作为抵押物。郁风玲的经历就是一个典型的案例。当时郁风玲家庭突遭变故，事实上已经处于经济破产的状态，从风险评估的角度来看，无力偿还贷款的风险很大。然而，郁风玲没有丧失生活信心，积极乐观，掌政中心决定给她贷款做大棚蔬菜，先是无息贷款，又根据实际情况追加了低息贷款。最终通过勤劳创业，她扭转了家庭经济状况，并还清了所有贷款。

郁风玲的案例向我们揭示了金融减贫的机制之一。对于这样因家庭成员突遭变故而导致经济破产的贫困人群，个人诚信、劳动能力、劳动技能都没有问题，却难以通过正常的信贷评估考核，缺少必要的货币资本和社会资本改变贫穷的命运。真正扎根乡村的新型农村金融机构，正是突破传统风险思维，保留一定的灵活性，强调机构与贷款申请人之间的互动交流，高度重视"软信息"，成功地将这样一批人纳入到信贷服务对象中，帮助他们实现脱贫致富。如果失去这样的灵活性，那么乡村银行金融减贫的效果将大打折扣。

新型农村金融机构加强风险管理，不是完全将风险拒之门外，固步自封，而是有一个"度"，在"大客户"方面更加谨慎，在小额贷款方面接受适度的风险，尽可能地扩大服务群体，尤其是贫困人群。不是扶贫机构，不是慈善机构，却能取得更好的金融减贫绩效，真正实现机构与社区共同成长。在这个过程中，也为自身的可持续发展奠定了坚实的社会基础。这样才符合新型金融机构的社会责任，才是真正突破原有农村金融机构窠臼的"新型"机构，才能真正代表新兴的农村金融力量。

因此，新型农村金融机构可从额度更小的小额贷款入手，甄别农民的信用信息，并对农民的信贷行为加以引导，建立信用记录，逐步培养其信用意识，塑造良好的社会信用环境。

值得注意的是，在小额贷款项目上的适度宽松政策必须要与严格的风险管理体系结合起来。否则，大量的小风险事件累加起来，对机构也会形成高风险事件，"千里之堤毁于蚁穴"。如掌政中心在开业初期，尽管额度有控制，但信用贷款实际上没有经过严格的信用评估，累积了大量的风险，对中心稳健经营产生了不良影响。随后，开发了细致详细的信用评估表，完善了风险管理体系，才扭转了这个局面。"一松一紧，张弛有道"，是乡村银行风险管理体系的基本原则。

9.2.2 风险管理的流程与原则

风险决策方式往往与实力和能力密切相关。资金实力雄厚，风险承受能力就大，所谓"输得起"；风险管理能力强，则风险承受能力大，所谓"艺高人胆大"。风险管理能力体现为监测能力、预防能力、处理能力（结果控制）三个方面。

风险管理的目的就在于提高对风险的可控性，通过对风险事件的原因、概率和后果施加影响，尽量避免风险事件的发生或降低其影响，即在事前、事中、事后均有应对措施。事前设法消除或削弱风险事件发生的原因；降低风险发生的概率；一旦风险发生，尽量减轻风险后果，消除影响。在风险管理体系中，由预防机制、预警机制、应急管理机制、提取风险准备金等风险管理机制实现。对风险的应对措施可分为这样几种：风险接受、风险规避、风险缓解、风险转移。①

　　风险接受的情况可分为不得不接受和能力范围内可以接受两种情况，上面所述针对农民的小额贷款，决策时标准可以适度放宽，即是在能力范围内可以接受的。风险规避，通过拒绝贷款规避相关风险就是一种风险规避行为。风险缓解，是通过一定的措施降低风险发生的概率。如拓宽抵押物范围、夫妻共同签字贷款、联保、担保、抵质押、信用小组等方式，降低贷款人违约的概率。风险转移，指的是将风险管理及责任承担转移到另外的机构。对于不可监测或不可预知的风险，金融机构可通过保险来进行风险转移。如通过农业保险、人身保险等将相关不可控的风险转移给保险公司。在中国的公共政策实践中，涉农部门也注意到了涉农保险与农村金融之间的促进关系，例如重庆市保监局把"推动涉农保险发展"作为服务农村金融的重要政策工具之一②。

　　一般可通过结构化方式提高风险管理能力，结构化分为流程结构化和内容结构化。内容结构化即风险分类，乡村银行面临的基本风险分类及管理将在下节专门介绍。流程结构化，是指通过流程设计实现风险管理结构化，从而对症下药，分门别类地应对各种风险。图9.1是风险管理的一般流程。

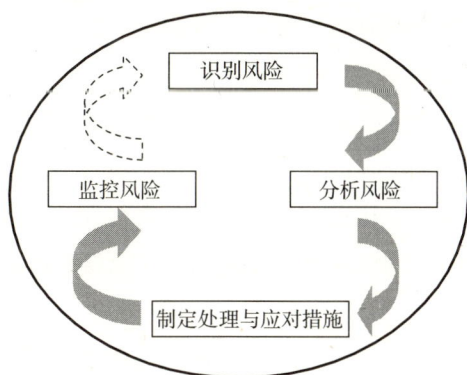

图 9.1　风险管理一般流程

　　资料来源：汪小金：《项目管理方法论》，人民出版社2011年6月版，第六章"项目风险管理"，第155页，略有改动。

---

　　①　汪小金：《项目管理方法论》，人民出版社2011年6月版，第六章"项目风险管理"，第165～169页。
　　②　中国保险报：《重庆保监局大力推动涉农保险发展》，http：//co. zgjrw. com/News/2011817/ru-raleconomics/498912352111. shtml，2011年8月17日。

第一阶段是识别风险。识别风险实际上是内容结构化的阶段，发现风险事件及基本特性。如财务风险、政策风险、信用风险、产业风险、道德风险、操作风险等等。如果存在业务流程，那么还应识别每个业务环节上的风险事件。风险识别为后面环节提供分析对象。

第二阶段是分析风险。这一阶段要对风险发生的概率和可能性后果做出估计，要详细分析风险事件的特性，包括可监测性、可预防性、可处理性。对可监测性的分析要提出可行的监测方式与监测指标。总而言之，这一阶段提供的风险分析报告要为后续阶段提供决策依据。

第三阶段是根据风险分析报告制定处理与应对措施。一是在风险处理的各种方式（接受、转移、规避、缓解）中进行相机抉择。二是考虑风险发生的应对措施，制定不同级别风险发生时所应采取的措施尤其是重大风险发生时的决策方式和工作方式。因此，风险管理体系中应包含应急预案和危机管理体系，包括应急小组的人员构成、级别、授权和工作方式。三是建立风险责任追究机制，约束风险管理人员的行为。

第四阶段是监控风险。一是建立预警机制，及时排查风险点。二是根据监测数据，更正对风险的分析报告，提高对各风险类别的认识水平。三是及时发现新情况、新问题，进行新的风险识别。

这样进入下一个循环，如此循环往复，更新与改进风险管理规划与方案，建立动态的风险管理体系。风险管理不可能是一劳永逸的，外部环境在变，风险管理体系也应随之变化，因此，风险管理具有很强的实践性和动态性。风险管理的动态性，也保证了对于风险的主观认识不断接近客观实际，以此提高风险管理水平。

商业银行都有各自独立的、专业的、形式完善的风险管理体系，9.2.4 中专门收录了中国农业银行基层行的风险管理体系。掌政农村资金物流调剂中心也从商业银行中引入了风险管理体系，建立了相应的风险管理机制，并形成自己一定的特色，如信用评估表和风险管理十五条经验。

然而，如果各商业银行的风险管理体系体现的是一般原则，并且是针对自己的经营特点和业务类型制定的，而当前的新型农村金融机构往往止步于引进商业银行成熟的风险管理体系，不能充分加以吸收、改造与创新，则很难发展出适应乡土社会的风险管理体系，其实际效果也会不尽如人意。产生这一弊端的源头之一，是当前的风险管理体系过度重视了自上而下的专业规划与指导，忽视了自下而上的信息反馈，即忽视了风险管理体系的实践性。因此，在引入成熟的既有的风险管理体系后，新型农村金融机构仍然需要进一步结构化和具体化，并根据实践经验不断加以修正、完善、提高。

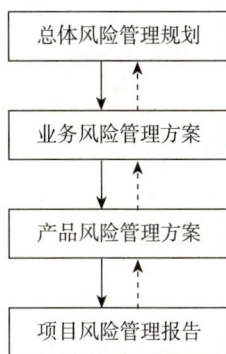

图 9.2　金融机构风险管理的层级

　　风险管理体系进一步结构化和具体化的办法就是建立风险管理的层级，如图 9.2 所示。通过风险管理层级化，进一步整合吸收实践经验提高风险管理水平。以掌政农村资金物流调剂中心为例，可建立至少四个层级的风险管理体系。在最顶端的是总体风险管理规划，就是当前已经从商业银行中引入的风险管理机制，解决的是一般原则和共性问题。同时应重点关注管理风险、经营风险。第二层级是业务风险管理方案。应根据掌政中心三位一体的业务结构，制定农民资金互助业务风险管理规划方案、小额贷款业务风险管理规划方案、农村资金物流信息调剂服务风险管理规划方案。这些方案应该根据各自业务特色、风险特性和服务对象的特点制定，如农民资金互助业务风险管理方案应注重信用风险防范。第三层级是产品风险管理方案。农民资金互助业务模块下，进一步细化为土地流转贷款风险管理方案、设施农业经营权抵押贷款风险管理方案、种植养殖大户短期流动资金周转贷款风险管理方案、农民创业发展贷款风险管理方案等。以此类推，小额贷款业务模块与农村资金物流调剂服务模块下，都能制定出相应贷款产品的风险管理方案。产品风险管理方案重点是各行业的产业风险、自然风险以及人群特点等。

　　最下面一级是项目风险报告，是针对每笔贷款的风险报告，最基础、最简单也最重要。对乡村银行而言，每笔贷款都应视为一个项目，按风险管理流程进行项目风险管理。项目风险报告应重视信贷员走访调查获取的一手资料，充分发挥基础信息的重要性，重视信用评估表所反映出来的贷款申请人个性。信贷员与信贷小组要从这些基础信息中识别出相关的风险点，并重点分析与贷款申请人直接相关的个性化风险点。

信贷员要重点监测那些具有个性化的项目风险点。例如，对于信用意识不太好的客户，要及时考察其还款意识和思想动态，加强引导教育；对于经济条件很差的贫困农户，要及时了解其生产生活中的困难，并协调解决；养殖大户、种植大户的贷款，应落实贷款期内的保险投保状况，了解相关产业信息。此外，项目风险管理中发现的新情况、新问题，要及时整理上报，经风险管理部门讨论，抽象整合后纳入到上一级的风险管理方案中。

图9.2中的实线箭头表示的是风险管理方案自上而下的指导作用，虚线箭头表示信息的流向。作为管理意义的风险管理方案，根据层级次第展开，越往上越反映风险管理的一般性问题，越往下越反映特殊性问题。作为实践意义的风险管理方案，重视自下而上的信息反馈，从信息反馈中进一步抽象，形成风险管理的共性问题，作为方案修订的依据。这样，动态的风险管理体系便具有了实践基础，乡村银行的风险管理体系才能形成自己的特色，真正适应乡土社会的实际。

9.2.3 风险分类与应对措施

如前所述，在农村金融领域，通过信贷实践已经识别出许多相关风险，并有相应对策。与机构相关的风险有经营风险、财务风险、政策风险、法律风险等；与客户相关的有信用风险、项目风险、人身事故风险等。这部分请同时参看4.6"掌政镇的金融生态（五）：金融风险"部分。

经营风险是指因制度漏洞和操作人员职业道德出现问题而造成信贷风险。防范经营风险的核心在于合规经营，合规经营的基本做法是要设置合理的工作流程，采取业务流程细化，以流程细化实现信贷规范化。掌政中心在借鉴专业银行风险防范体系的基础上，制定了包括信贷业务流程设计、主要风险点及其防范的经营风险防范机制。合规经营及风险防范详见7.5"信贷业务流程设计"，这里不再赘述。需要注意的问题是，业务人员对风险管理流程负责，而不能对结果负责。概率为零的事件并不表示该事件必然不发生，当风险发生时，如果风险管理流程和工作没有出现失误，业务人员不应承担不可控因素导致风险发生的责任。

财务风险是指流动性不足导致机构经营不顺畅。例如"垒大户"导致的资金耗竭会严重影响金融机构的正常运转，并进而影响机构的社会形象。这部分可通过流动性管理来防范。

政策风险是指因政策变化导致外部环境变化带来的风险。若乡村银行缺乏对宏观政策的敏感性，长期来看会给运营带来一定的风险。

法律风险是金融机构有可能遇到的法律诉讼风险，包括合格的抵押物问题。金融机构在发展壮大时，要注意另外一种风险，即监管风险。因为随着金融机构的升级，包括未来可能实施的重组更名，它所能开展的业务种类及面临的监管规则都会发生变化，金融机构应及时了解相关监管规则和法律条文，提前做好准备，防范因不熟悉法律与监管规则带来的风险。

信用风险：在农村，对农民初期调查得出的授信不仅要看其抵押物、房产及其他固定资产，还要看他的人品，看他在农村社区中的威望与口碑。对农村中小企业的授信要看这个企业的发展前景，看企业管理人员的诚信观念。总之，在农村的信用贷款，不仅要重视财务方面的"硬信息"，更应注重人品、声誉、口碑等"软信息"。信用风险管理详见第 8 章。

项目风险：一般而言，农业产业要承担两类风险：一是市场风险，二是自然风险。"谷贱伤农"指的是市场风险，农民在市场面前处于信息不对称、无谈判地位的不利局面，往往只能被动承受市场风险；自然风险是指农业面临的病虫害、恶劣气候等天灾。一次天灾往往会让一个地区的农业产业遭受重创，农户蒙受重大损失，往往会使贷款农户丧失还贷能力。

对于自然风险，需要借助保险产品进行风险转移。掌政中心及时了解宁夏自治区的政策性农业保险相关政策，并为农户提供相关信息，引导农户积极投保。2010 年 6 月出台的《宁夏自治区政府关于开展农业保险的指导意见》中，农业保险由政府补贴 80%，农民只承担 20%。对于政策性农业保险，贷款农户的保费由中心通过降息或直接补贴的方式承担一半。同时，寻求保险公司的合作，为保险公司对中心贷款户的农业项目提供农业保险，保费由中心和农户共同承担，形成贷款农户、中心、保险公司利益共同体，提高农户抵御自然风险的能力。这样一来，以较低成本进行了风险转移。建立与保险公司的合作机制后，投保的农户信用贷款额度可提高一倍以上。

对于市场风险，掌政中心也采取措施进行风险缓解。一是关注市场信息，制作信息简报免费提供给当地农民，使农民及时了解到市场信息；二是积极参与市场调研，并引入市场前景好的农业项目，如掌政派专人到甘肃考察引进航天辣椒，通过试种推广给当地农民；三是积极支持农民专业合作社的发展，提高农民的组织化程度。

人身财产事故风险，主要是因人身事故或财产损失导致信贷违约的风险，这类风险可以通过保险进行风险转移。如河北一家小额贷款公司在办理贷款时，要求贷款人应投保人身及财产相关保险，规避与转移此类风险。

9.2.4 农业银行基层分行的"三农"业务风险管理体系

这里编辑收录中国农业银行甘肃分行的"三农"业务风险管理体系以资借鉴。

根据《中国农业银行全面风险管理体系建设纲要》的有关规定，结合甘肃省分行实际，制定《三农金融分部全面风险管理指导意见》，从客户调查与准入、评级与授信、审查与审批、分类与减值、预测与预警、退出与催收、处置与核销等多方面、多渠道落实"三农"和县域业务风险管理从识别、评估、监测、控制等方面高效运转，全面提升"三农"和县域业务风险管理水平。

①构建全员参与的三道风险防线。在全行风险管理总体框架下，合理界定各级行前中后台部门的风险控制职责。客户部门和客户经理是风险管控的第一道防线，也是风险管理的直接责任者。信贷、风险、财务等中台部门是风险管控的第二道防线，也是"三农"和县域业务风险管理的组织者。内控合规、监察等后台部门是风险管控的第三道防线，主要通过多种形式的检查，独立验证风险管控效果，促进"三农"和县域业务健康发展。按照"一对一"的原则，完善县域支行风险经理派驻制，细化风险经理工作职责、工作流程和工作要求，充分发挥风险经理在驻地行风险管控中的作用，充分揭示、反映、报告和化解县域支行的各类风险。

②建立"三农"风险监测体系。构建客户部门、信贷部门、风险部门三位一体、职责明晰、多管齐下的风险监控体系，充分利用信用风险报告和操作风险管理系统等风险管控平台，多渠道、多时段、分品种监测"三农"和县

域业务的关键风险点，前瞻性解决风险隐患。设立并强化风险目标管理。根据"三农"和县域业务不同客户、产品的风险程度和管理特点，合理确定"三农"和县域业务风险管控目标，其中不良贷款占比持续控制在 5% 以下，当年贷款到期收回率在 95%（含）以上；拨备覆盖率逐年提高，达到 130% 以上；县域支行整体发案率下降，严格责任追究，促进"三农"金融健康发展。

③做好"三农"和县域业务风险数据的收集、整理，不断夯实风险识别、监测的数据基础，提高"三农"和县域业务客户评级、分类、减值、经济资本计量等风险管控水平。

④完善"三农"风险补偿机制。第一，根据"三农"金融部单独风险拨备管理的原则目标和路径方式，按照审慎原则单独计提减值拨，强化风险补偿和承受能力。第二，建立体现"三农"成本要素的风险定价管理体系。对"三农"法人客户，在定价授权框架下，通过贷款风险定价测算模板逐户确定贷款利率低限，并结合客户风险要素变化实施动态管理；对"三农"个人客户定价按"不低于当地信用社同类同期贷款定价水平 80%"的标准确定执行利率。第三，协调党政部门、龙头企业、担保公司、保险公司、种养大户，探索设立"三农"业务风险补偿基金、保险基金、担保基金，不断完善风险补偿机制。

⑤做好"三农"信用风险管控。第一，建立"三农"信贷业务风险排查机制。定期开展"三农"存量业务风险排查，并将信用风险排查与案件排查、专项检查及外部监管等工作有机结合，重点检查惠农卡和农户小额信贷业务，发放对象、资料、程序和贷后检查是否真实、规范，切实防范和化解"三农"信用风险。第二，积极探索"三农"信贷业务风险预警体系。研究总结"三农"客户、产品的风险点，合理设定风险预警信号，加快风险反应速度，提高风险预警工作的主动性和前瞻性；各行要根据风险影响范围、紧急程度、风险敞口和预计损失等因素，实行红、橙、黄分级管理，确定不同的报告路径，制定针对性的处理措施，及时化解"三农"风险。第三，严格法人客户贷后管理。要按规定频次召开贷后管理例会，打造贷后管理工作平台，集体会诊客户风险状况，提高贷后管理工作的执行力。客户经理要根据《中国农业银行贷后管理办法》规定，定期对客户进行现场检查，对法人客户，正常、关注类贷款客户至少每季进行一次现场检查，次级类贷款客户至少每月进行一次现

场检查。第四，探索实行个人业务集中贷后管理方式。确定专门岗位，加大在线监控力度和电话访谈频率，防范个人贷款逾期风险。在个人结息前、本金到期前采取发短信、打电话等方式进行提示，告知客户提前准备资金用于归还贷款本息。对新增个人不良贷款，由客户经理负责在到期一个月内收清不良贷款，否则，追求相关人员责任，并果断采取依法诉讼等风险化解措施。

⑥建立"三农"风险处置机制。第一，建立"三农"客户退出常规化机制。根据国家行业发展政策，加强对"三农"客户的退出管理，遵循"结合风险形势、突出重点行业、强化考核激励、坚持循序渐进"的原则，明确"三农"客户退出标准、退出责任和退出考核安排，逐户确定退出方案。第二，加大风险贷款清收力度。建立不良贷款台账，实行分类管理，采取各种有效措施，落实清收责任，加大不良贷款清收工作力度。积极探索"三农"不良贷款清收处理协调机制，发挥地方党政、村委会等社会力量的作用，创新处置方法和手段，提高清收处置效益。第三，积极运用国家涉农优惠政策，在国家支持、合法合规的基础上，建立适应"三农"特点的，多层次授权的、常规性的不良资产单独核销机制，及时消化符合核销条件的"三农"风险资产，强化县域支行的风险补偿和承受能力。

⑦建立"三农"风险责任追究制。第一，制定"三农"风险责任追究实施细则。根据"三农"业务流程，重新界定各环节责任边界，明确客户经理、风险经理、独立审批人员和相关操作人员的工作职责和尽职要求，把控制风险的效果与各环节责任人员的经济利益相结合，采取多种有效途径合力规避和处置风险，做精、做细、做好"三农"业务。对收益能够覆盖风险、因非道德因素和不可抗力形成的风险，可对尽责履职的相关责任人免除责任。第二，落实风险管控目标责任制。严格执行《"三农"信贷产品停复牌管理办法》，对超过"三农"信贷产品风险控制目标的县域支行实行预警提示、问责谈话、上收权限、停办业务等风险管控措施，并对主管行长或客户经理分别采取诫勉谈话、停职清收、下岗清收、损失赔偿等处罚措施。第三，进一步完善中小法人客户贷款"六包一挂"和个人贷款"三包一挂"考核管理办法，积极探索客户经理模拟"风险准备金"制。

9.3 掌政中心风险管理的十五条经验

9.3.1 掌政风险管理十五条

掌政农村资金物流调剂中心从商业银行引进了风险管理体系，随之进行了组织变革，以适应风险管理的需要。

第一，按照风险管理体系的要求，改组公司的组织架构，履行风险管理责任。董事会和管理层分别设立风险管理委员会，分别负责相关事宜。董事会按公司章程规定履行风险管理职责，制定风险管理基本制度，并监督制度的执行情况。管理层负责执行风险管理战略和风险管理政策，制定风险管理的程序和规程，管理各类风险。

第二，整合了综合信贷部，形成建立和完善包括利率风险定价机制、独立核算机制、贷款高效审批机制、激励约束机制、专业化人员培训机制、违约信息通报机制在内的"六项机制"。从而全面提升了中心的综合管理能力，提升风险管理的能力。

与此同时，根据风险管理的实践，不断完善风险管理体系，形成了比较具有特点的风险管理十五条经验。

①基础资料的细致化。详见第 8 章信用风险管理部分。

②信用评估的"合理化"。

③贷款群体的"固定化"。"固定化"并非固步自封，而是坚持以"亲农帮农，惠农致富，互信互利，稳健经营"为服务宗旨，以实现农村反贫困为使命，根植乡土，立足农村信贷市场，紧紧围绕农业生产、加工、流通等环节上的需求，将农民、个体工商户和微小企业作为客户主体，为客户提供资金融通、小额信贷、物流调剂等全程化服务。这样一来，既防止"垒大户"，形成高风险因素，又使违背其核心使命和原则的机构退化。

④贷款主体的"家庭化"。为了防范单个农民的道德风险，在实践中以家

庭为贷款主体，在贷款协议中要求家庭财产共有人全部签字，提高了客户履约意愿。同时，通过贷款实践总结发现，以妇女为贷款主体有利于防范违约风险。

⑤贷款额度衡量的"适宜化"。依据详细的基础资料和真实的信用评估结果，依据农户从事的生产项目，结合特性，对行业风险和项目风险进行综合评估后，在农户承受范围之内发放适宜额度的贷款，真正发挥信用评估机制的作用，使农户信用评估与额度相挂钩，成为真正的"资产"。贷款额度衡量的"适宜化"，既防止"垒大户"现象的出现，又减轻了农户的心理压力，促进了生产、创业的积极性。

⑥贷款利率的"阶梯化"。根据农户实际能力，实行差额利率，对富裕农户扩大再生产或者中小企业流动资金周转，贷款利率要高，但依法不得超过银行同期基准利率的4倍；中等农户设施农业，特色农业贷款利率在12%左右；一般传统农业种植农户，利率在7%左右；个别特别困难但有改变现状愿望的农户实行零利率。

⑦信贷投放的"短期化"。为加速资金周转，满足更多农户的资金互助需求，坚持小额分散的贷款发放原则，不垒大户，以短期贷款为主，最长还款期一年，增加资金周转速度，一般贷款额度不超过3万元，随还随贷。

⑧突破农村抵质押的"单一化"。农民缺少合格的抵押物是农村金融机构放贷时面临的重要难题。探索创新以家庭为贷款主体的贷款形式，贷款协议书要求家庭财产共有人全部签字，防止单个农民违约形成道德风险。对额度较大的农户，将其多余土地的经营权、多余宅基地的使用权、设施农业产权等通过村委会公正地进行流转、抵押。

⑨贷款速度的"快捷化"。贷款的受理、审批周期比较短，最短3天之内办结，最长的不超过7天。"快捷化"的实现得益于前期调查获得的覆盖区域内农户的档案。

⑩借还款形式的"多样化"。打破传统规定，借还款形式非常灵活。借款"整贷整取，整贷零取，利随贷生"；还款"整贷整还，整贷零还，利随本消"；借款时间采取"随借随还，随还随贷"。

⑪预防自然灾害的"保险化"。结合《宁夏农业保险实施方案》，与政府部门、保险机构、农户合作，为贷款支持的产业项目提供农业保险，掌政中心

承担部分应由农户支付的保险费用。

⑫内部治理结构的"科学化"。21 名股东代表中，15 名为农民股东；7 名董事中 4 名是农民，各代表种植业、养殖业、多种经营、妇女，并根据各自特长分管相关的事务，各负其责，名副其实。农民股东有利于防范涉农贷款的风险。

该治理结构，有利于保证农民利益不受侵犯，"服务三农、支持三农"的方向永远不变；有利于切实防范涉农信贷的风险；有利于增强农民股东的主人翁意识和认同感。

⑬管理制度的"刚性化"。掌政中心制定了完整、科学、严密的规章制度和操作流程，有效防范操作风险，做到稳健、谨慎、合规经营。例如，财务制度严格按照银行标准执行，实行账务"日清月结"。

⑭员工队伍的"务实化"。在人力资源配备上，掌政中心根据实际需要，着重招聘熟悉当地环境，勤恳、务实的农村大学生扩充到一线员工队伍中，拉近中心与农户的距离。定期组织学习，分组到大型商业银行轮岗、交流，并外派参加全国各种专向培训，从而提升员工综合素质。

守信不但是对客户的要求，也是对金融机构的要求。掌政中心高标准、严格抓自身信誉和信用建设，与农户共同促进，共同发展。

⑮日常工作的"贴心化"。农民是掌政中心的客户，又是掌政中心的朋友。要求员工在具体工作中要贴心、真心、细心，使得来办理业务的客户得到理解、受到尊重、得到热情友好的服务，并力求在最短的时间内为农户办结各项业务，提供灵活、便捷的服务。

9.3.2 从文本到实践的风险管理

新成立的农村金融机构建立风险管理体系大体要经历三个阶段：第一阶段是"无知无畏"。一般而言，新成立的金融机构尤其是有产业资本注入时，冲劲较足，对金融风险没有敬畏之心，一副拼命三郎的样子，置金融机构风险管理的基本原则于不顾。第二个阶段是"有知有畏"。经过一段时间的运行，在金融实践中出现问题，新成立的机构就会感受到风险管理的重要性，从而迅速建立比较"完善"的文本化风险管理体系。这时他们会发现农村金融里面到处是风险，从而趋向保守，捆住自己的手脚，不能"越雷池一步"，谨小慎微，从而走向"有知有畏"。第三个阶段是"有知无畏"。依据风险管理的知识，结合实践，进行"探雷"、"排雷"，勇闯"雷池"。"探雷、排雷"就是识别风险，处理风险，在此基础上，逐步涉足相应的农村金融业务领域，最终达到"有知无畏"的境界。很多农村金融机构止步于第二个阶段，不再轻易涉水真正服务符合大多数农民的业务领域。如果新型农村金融机构不能突破这种局限，那么很快将落入俗套，与原有机构并无二致。

掌政中心已经从商业银行中引进了成熟的风险管理体系，建章立制，并建立了相应的组织机构，更重要的是因地制宜、创造性开发了信用评估表，并摸索出了包括"基础资料细致化"的十五条经验。这表明，掌政中心正处于向第三个阶段演进的关键时期，即风险管理从文本走向实践，从"有知有畏"到"有知无畏"。

在这个阶段，要坚持勇于实践的态度，做到大胆与谨慎的有机结合。把根据实践经验总结的风险管理十五条经验，重新拿到农村中，拿到社区中，结合社区银行之定位，继续"密切联系人民群众"。因此，真正成功的乡村金融机构走的是群众路线，"从群众中来，到群众中去"。

如果能够做到农村中的"小灵通"，成为农民的知心朋友，知道大量的农民家庭、生产与生活情况，那么不但能够了解到足够的基础信息，自然很多风险就被化解了，进而据此总结出农村、农业、农民的一般性风险点，识别方式，管理措施，同时更有能力做到"想农民之所想，急农民之所急"，真正做到"我与社区共成长"。长此以往，将形成掌政中心的优良传统，对掌政中心的机构文化产生深远的影响。

文本化的风险管理体系大体相同，掌政中心的风险管理十五条也同样向外界开放共享，那么机构的核心竞争力在哪里呢？一言以蔽之，是躬身农村金融实践而形成的对于农民、农业及乡村社会的深度认知与关怀。

第 10 章

产权结构

10.1 产权明晰与企业哲学

在中国，产权明晰是与国企改革进程密切关联的，并与现代企业制度密不可分。20世纪八九十年代，国有企业改革的长远目标是建立"产权清晰、权责明确、政企分开、管理科学"的现代企业制度。"产权清晰"被人们视为现代企业制度的核心特征和逻辑起点。只有"明晰产权"，才能"明确责权"，进而实现"政企分开"与"科学管理"。因而，产权理论被奉为圭臬。科斯在中国经济学界家喻户晓，科斯定理为经济学专业学生所熟知。科斯定理的核心思想就是，只要产权清确，并且交易成本为零或很小，那么无论初始产权赋予谁，交易结果都是有效率的。反过来而言，无效率的结果要么是因为交易成本问题，要么是因为产权不明晰问题。现实世界，存在交易成本自然无可厚非，没有成本，市场的诸多要素如何得到报酬？那么苛求的对象只能是产权问题了，管理不好，矛头首先指向产权混乱。"冰棍理论"、"保姆理论"等等，均以"国有企业产权不明晰"为理论出发点。那么民营企业的产权则应该是清晰的。后来发现，很多家族企业的管理同样混乱，并且常常导致发展壮大时难以为继，普遍寿命较短。阿克洛夫的所有者掠夺理论证明，企业的大股东同样故意搞坏经营，掠夺自己的企业，将资产转移到其他地方。这也为国内外许多公司的自我掠夺案例所验证。这些都说明了，"产权清晰"与"管理科学"之间尚需要满足其他条件，前者是后者的必要非充分条件。我们应尊重产权，认识产权清晰的重要性，但不应把产权绝对化，更不能神化，把产权问题当作灵丹妙药，认为只要产权清晰，就万事大吉了。

从宏观上看，对社会而言，产权明晰是重要的，但更重要的是产权明晰的内容及其背后的政治哲学。赫勒认为，"产权不仅要明晰，内容也很重要"①，产权的内容会导致最终结果的效率与否，如果安排不合适，会形成产权的悲剧。崔之元从对福格尔对英美两国奴隶解放不同历程的研究中得出结论，"尊重产权并不是社会契约的出发点和第一原则"，"产权明晰重要，但更重要的是指导产权安排的政治哲学。同一个'产权明晰'的口号，可以包含着十分不同的指导产权安排的政治哲学"②。不同的政治哲学安排下，会产生不同的产权明晰的组合形式，即在产权里面所包含的"占有、使用、支配和控制"等各项权利在不同主体之间的安排，结果也会不同。

微观企业的产权问题同样如此。其实，即便在股份制公司的产权安排里面，产权也并非是绝对化的。例如，优先股和普通股的制度设计，就是为了在企业吸收资本和保持管理自主性之间取得平衡而做出的。

对于新型农村金融机构而言，更是需要采取更为灵活的制度安排形式。政府、社会、公众给予了他们很多期望，期望他们能够扭转农村金融的局面，解决农村金融机构空白与服务空白的问题，进而解决农民的信贷服务等难题。因而，这些机构身上天然承载着更多的社会责任，这意味着他们不能仅仅简单地以"利润最大化"和"为股东服务"为经营理念，需要在"利益考量"与"社会责任"之间取得某种平衡。否则，他们的理性选择仍然是撤出农村金融领域，到更商业化、利润更高的城市中去。即便他们留在农村，也是迫于政策压力，不会真正解决农村金融的难题。

如何把企业秉承的管理理念与公司哲学寓于产权结构之中，是新型农村金融机构面临的难题。尤其是那些将金融反贫困作为核心使命之一的乡村银行而言，更应该进行制度创新，把企业的社会责任与产权安排有机地结合起来。换句话说，在金融机构的发展壮大中，应防止机构被资本所俘获，防止因产权结构的变化而改变其公司哲学与社会责任理念，带来机构的蜕化变质。

印度的小额贷款机构就是典型的例子。20 世纪 90 年代，印度政府部门和非政府组织建立小额贷款机构，向贫困人群发放小额贷款，为他们提供创业的小额资本，帮助他们走出贫困。早期的小额贷款组织负有反贫困使命，带有浓重的社会公益色彩，取得了广泛的支持。一度印度小额贷款组织取得了很好的

---

① 迈克尔·赫勒著，闫佳译：《困局经济学》，机械工业出版社 2009 年 3 月版，第 16 页。
② 崔之元："产权明晰重要，但更重要的……"，《读书》，1999 年第 3 期。

经营绩效，还款率将近百分之一百，甚至被认为完全有可能取代民间高利贷，在国际上也得到注意与认可。其中最大的 SKS 小额贷款组织，有 530 万借款人，2010 年公开市场 IPO 实现了溢价发行。然而，印度的小额贷款逐渐地开始滑向过度商业化，屈从资本的压力，利率开始飘高，对业绩的要求淹没了社会责任。最终难以为继，2010 年在印度小额贷款的中心地带安德拉邦率先爆发了危机。

印度小额贷款组织的发展表明了向大量贫困人口发放小额贷款与增长性有可能同时实现，SKS 小额贷款的成功溢价上市，也表明了市场的认可。但在资本的业绩要求下，小额贷款组织的财务绩效在提高，而社会绩效水平在下降①。最终，过度商业化带来过度强调业绩增长，导致扩张过快，影响了金融可持续。

新型农村金融机构代表的是中国建立普惠金融体系的新兴力量，服务对象应该涵盖中国农村中的低收入群体，也要借鉴印度小额贷款组织的经验教训，防止在发展壮大的过程中导致机构退化。中国的新型农村金融机构初创时，大部分要依赖于农民股东，农民股东帮助他们进入农村，农民股东可帮助防范信用风险，农民股东更能体现机构的"三农"性质，更能获得社会的支持和政府的扶持。挑战在于当他们在农村站稳脚跟，并且发展壮大时，是否依旧能够关注到农民的低收入群体，还是逐步转向高端客户，走向"嫌贫爱富"。在这个过程中，他们需要不断地平衡社会责任与财务绩效的关系。

"金融反贫困"是掌政农村资金物流调剂中心的核心使命之一。通过探索，他们已经发展出一种金融反贫困模式：以农民资金互助合作为基础，以社会民间资本为主导，以市场化运作机制为保障，以扶贫性金融为手段，将农民信用合作、商业性小额贷款、农资物流信息调剂三者密切结合而构建的三位一体的商业化可持续的金融反贫困框架。中心开业几年来，已经显示出了金融可持续性和业绩增长性能力，并且进行了两次增资扩股。在不到四年间，公司净资产增值到 3111.76 万元，股金分红率可以保持在 7.5%，实现了金融可持续性。问题还是同样的：如何保持"金融反贫困"作为中心运营的使命能够有效存在于公司的治理结构和经营哲学？

---

① 杜晓山、聂强、滕超："印度小额贷款危机及其启示"，《金融发展评论》，2011 年第 1 期，第 90～97 页。

10.2　掌政产权结构与制度设计

2007 年经宁夏回族自治区政府金融办批准，掌政农村资金物流调剂中心作为新型农村金融试点单位之一成立。在发展过程中，掌政中心提出了需要坚持的三个基本原则：保证农民利益不受侵犯；"服务三农、支持三农"的方向永远不变；坚持三位一体的金融反贫困路线。

掌政中心 2008 年、2010 年进行了增资扩股，在确立公司产权结构及增资扩股中，掌政中心通过一些制度安排使其有利于坚持它的三个基本方向。

10.2.1　掌政产权结构与变迁

（1）股东构成

掌政中心公司章程明确了公司的股东构成为自然人股、企业法人股。其中自然人股东中分为农民股东、其他股东。在掌政中心的筹建过程中，发起人康永建亲自回到掌政镇，做挑选、吸收农民股东的工作，最终确定了 183 户农民股东作为掌政中心的原始股东。

尽管大部分股本金来自其他自然人股和法人股，掌政中心仍从这 183 户名农民股东中选出了 15 名股东代表，占到股东代表总人数（21 名）的三分之二以上；董事会 7 名董事中，4 名是农民股东，是分别代表种植业、养殖业、多种经营、妇女。这样的股东结构安排，有利于掌政中心迅速融入当地的乡土社会，取得了很好的口碑效应。也让他们"草根银行"、"农民银行"的定位不是停留在口号上，而是迅速地落实到实际行动中。

2010 年 5 月，掌政中心在大新镇、望远镇、通贵乡、金贵镇四个乡镇开设了四个咨询服务点，宣传新农村金融政策和他们的相关贷款产品，方便农户了解咨询相关金融业务，为下一步扩大经营范围奠定基础。同样的逻辑指引下，为更好地提供服务并融入当地社会，自 2010 年 5 月起，以增资扩股为契机，掌政中心开始进行吸纳外乡镇股东的准备工作，通过股东推荐、走访调查、沟通协调，确定新增农民股东的人选。2010 年 10 月的增资扩股工作中，吸纳了一些符合公司发展需求、资信情况符合相关法律规定、无违规违法行为的外乡镇股东一共 18 名。外乡镇股东的进入，有利于掌政中心迅速取得外乡镇农民的认可与支持，推动其进一步发展农村小额信贷业务。增资扩股时，原有农民股东因各种原因退出 32 人，这样增资扩股后股东总人数变为 182 个，其中农民股东为 159 个。增资扩股后的董事会成员 11 人，其中农民股东占 6 人。

表 10.1　　　　　　　　　　增资扩股前后的股东构成

股东类型	2008 年	2011 年
农民股东	183	159
其他自然人股东	12	21
企业法人股东	3	2
合计	200	182

（2）股权结构

2007 年掌政中心成立时，共筹集股本金 500 万元。2008 年随即进行第一次增资，股本金增加到 1180 万元，主要资金来源为自然人大股东。经过几年发展后，资金量已经不能满足实际需要。2010 年 2 月，掌政中心向宁夏自治区金融办提出增资扩股的申请，经过 7 个月的沟通协调，最终于 2010 年 9 月得到批准，并于 2010 年 12 月底完成验资工作。

掌政中心委托中宇资产评估有限责任公司进行评估。按照收益法评估，以 2010 年 6 月 30 日为股改时间点，宁夏掌政农村资金物流调剂股份有限公司净资产评估值为 3111.76 万元。与评估前股本 1180 万元比较，增加 1.637 倍，以评估值作为股东新增投资额的折股比例进行增资。

公司于 2010 年 10 月 10 日召开股东大会，同意在股东内部进行增股。最终完成新增投资额 1321.24 万元，其中，记入股本 501.02 万元，记入资本公积 820.22 万元。考虑增资前股本 1180 万元，增资后股本为 1681.02 万元，资本公积 820.22 万元，按此方案折股后老股东权益比例 70.20%，与将评估增值额纳入股本的原方案中老股东权益比例一样，均为 70.20%。

资本公积 820.22 万元全部为溢价投入的货币资金，经股东大会同意按股本 1681.02 万元各股东相应比例将资本公积金 820.22 万元再次配股，转化为股本，股本金额 2501.24 万元，全体股东股权权益为 4433 万元。各股东股权比例保持与增资扩股前一样。

表 10.2	**股金构成变化（按股东类型）**		单位：万元
股东类型	2008 年	2010 年	2011 年
农民股东	74	94	288
其他自然人股东	276	986	2064
企业法人股东	150	100	148
合计	500	1180	2500

（3）股息支付

从出资额上而言，农民股东属于小股东，但是，掌政中心在股息支付和利益分配上优先考虑农民股东的利益。2008 年掌政中心刚成立，赢利空间狭小，实际核算下来略有亏损。为了保证农民股东利益，调动他们的积极性，公司大股东主动承担相应损失，并放弃分红权利，调取资金为农民股东支付 4% 的股金红利；2009 年盈利 40 万元，股东以 7.5% 分红；2010 年盈利 88 万元，股东分红维持 7.5%。

（4）其他资金来源

掌政中心目前尚无吸收存款的资格，放款来源主要依靠股东资本金。显然，这远远不能满足实际需求。于是，他们积极拓展与大型商业银行、政策性支农资金的对接平台，开发合作机制。其中，从交通银行获得了 100 万批发贷款，从黄河银行获得了 500 万委托贷款，以大股东资产抵押作抵押从宁夏担保公司获得了 500 万资金。此外，还有从政府部门获得的财政补贴与扶持资金、宁夏农业投资开发公司支持的资金。

10.2.2 掌政产权结构的制度安排及思考

对于掌政中心这样资金规模小、实力薄弱的微型金融机构而言，尤其是目前不具备公开吸收存款资格的情况下，自然希望有更大的股东进入，以尽快充实资本金。然而同时他们又希望保持管理层的相对独立性，以更有利于坚持三农方向，坚持金融反贫困路线，防止中心屈从于大股东的过度盈利业绩压力产生短期行为，进而影响中心的可持续性健康发展。

事实上，这里要解决的一个核心问题就是管理体系与产权安排之间的关联性与相对独立性问题。掌政中心这方面也做出了相应的探索。

第一，在公司股权结构中，设立了"大额投资股"类别。大额投资股有利于吸引资金实力雄厚的股东进入，但同时掌政中心规定它只享受分红，不能参与决策和日常管理。这类股份实际上相当于普通股份制公司中的优先股。

淘宝在引进海外资本和股权投资的时候，均通过附加协议确立了一个基本原则：哪怕马云只拥有一股，淘宝的经营权也归马云。淘宝的做法足以证明治理与产权相对独立的现实可能性，说明了产权安排服从于公司哲学服务的原则。换句话说，企业应该具有比"利益最大化"更高的公司哲学。

掌政中心的主要发起人和管理团队将中心定位为"草根银行"、"农民银行"、"社区银行"，确立了金融反贫困的经营理念和公司哲学，并通过实践探索出一条行得通的三位一体道路。掌政中心应力争使这些宝贵的东西长久、可持续，不应随着产权结构变迁而浮沉。

第二，保证农民股东的席位。不论股东代表会还是董事会，不论是在筹建成立的时候还是增资扩股的时候，掌政中心均高度重视农民股东。创立时，主要发起人康永建亲自回家乡考察吸收 183 名农民股东，2010 年的增资扩股，同样经过细致入微的工作，挑选新的农民股东。不论在董事会还是在股东代表的构成上，农民股东均占了半数甚至三分之二以上的席位，这显然远远超过了农民股东出资额的代表数量。也就是说，掌政在事实上已经突破了发言权与股权匹配的股份制治理结构的基本原则，使发言权向农民倾斜。

那么如何理解掌政中心的这种做法呢？掌政中心做法的合法性与合理性在哪里呢？

掌政的金融反贫困路线被总结为"以农民资金互助合作为基础，以社会民间资本为主导"，掌政中心上述做法的合理性与合法性均来源于此。"以农民资金互助合作为基础"，并非空穴来风，它对掌政的产权结构、组织架构乃至管理体系都会产生相当的影响。

农民资金互助合作属于信用合作，而信用合作属于农民合作的一种形式，合作社原则的指导意义同样存在。《中华人民共和国农民专业合作社法》中第十七条规定："农民专业合作社成员大会选举和表决，实行一人一票制，成员各享有一票的基本表决权。出资额或者与本社交易量（额）较大的成员按照章程规定，可以享有附加表决权。"在实践中，各农民专业合作社的股权形式是资格股、投资股。资格股金额很少，门槛很低，一人一票；投资股金额较大，对拥有的票数各合作社另有规定。这样一来，在考虑投资股权益的同时，保证农民代表的数量。在某些情况下，同样表现为"农民合作为基础，社会资本为主导"。在收益权方面，实现惠顾额返还和资本分红相结合的方式，兼顾各方利益。因此，合作社的产权治理机制不能用股权治理理论去解释，用利益相关者理论更容易解释。

掌政中心按照股份制原则建立内部治理机制，实现比较科学规范的管理。掌政中心没有做资格股与投资股名义上的区别，从股金数量上，显然农民股东的股金额比例很低。掌政中心却扩大农民股东在股东代表会和董事会中的席位，赋予了农民股东与其出资额不相匹配的代表权力，大大提升了他们潜在的发言权。从这一点上而言，在组织架构和治理机制上，掌政的做法与"以农民资金互助合作为基础"名实相符，值得肯定。

进一步而言，细心观察掌政中心的管理架构与治理机制，我们会发现，掌政中心是在股份制的基础上注入了合作制的因素，在某种程度上具有了股份合作制的形态。

股份合作制发源于山东省淄博市周村区，并曾长期受争议。当时普遍的看法是，股份制先进，合作制落后，股份合作制，驾驭不好，"非驴非马"。然而，"合作制并非一种落后的经济和金融组织形式，而具有扎根基层、贴近社区、服务三农和中小企业的天然优势"[1]。20 世纪 90 年代初期，中央有关部门的文件曾对股份合作制问题专门予以澄清并表示支持。事实上，股份合作制被认为是中国重要的制度创新形式，具有世界意义[2]，在中国很多领域的改革中都被采用并且创造出很多新的组织形式。股份合作制运作得好，可以充分发挥股份制与合作制的优点。下文将要讨论的瑞安农村合作协会案例，就是在农村信用社的改革中，创造性地运用了股份合作制，同时实现股权治理改革与加强农民组织网络。

尽管掌政目前没有明确地提出"股份合作制"的说法，但在它的组织形态和治理机制方面已经显示出了股份合作制的内涵，并且显示出了很多灵活性

---

① "三位一体服务三农，条块交融统筹城乡——瑞安探索农村新型合作化的理论与实践"，全文可从 http：//www. cui‒zy. cn/Recommended/coops/瑞安三位一体试验. doc 下载。

② 崔之元："再论制度创新与第二次思想解放"，《二十一世纪》，1995 年 2 月号。

和创造性。更重要的是，掌政中心可以借助"股份合作制"更好地实现金融反贫困的理念，更好地坚持其公司哲学。

▊ 10.3　产权改革与草根基因

10.3.1　产权改革中的农民股东问题

中国的供销合作社和农村信用合作社的产权改革中，均遇到了同样的一个问题：五六十年代的农民股东如何处理？鉴于历史的复杂性和现实操作的困难，大部分改革都采取了简单快捷的方法，全部清退、另起炉灶。暂且不讨论这里的公平性问题，这样的做法割裂了历史的传承，切断了与农民的组织联系，给改组后机构的身份认同带来了困难。这里要讨论的瑞安案例则没有采取这样的做法。浙江瑞安农村信用合作社在向农村合作银行的改制过程中，没有采用清退农民股东的做法，反其道而行之，创新保留历史农民股东的组织形式，在农村合作银行中保留合作制因素，并将之用于新型农民合作组织的建立与发展，使农村合作银行得以拓展农民的组织网络①。

还是得从供销合作社系统的产权改革说起。2001年底，瑞安市供销社系统18家企业完成了产权制度改革。改制时，把老社员股金全部清退，超过1亿元的净资产归属和性质成了问题。改制后的瑞安供销社没有离开农村，依然要服务"三农"：牵头领办专业合作社和综合服务站，积极参与农业产业化建设；争取国家开发银行的支持，成立瑞安市农信担保公司，搭建为农服务的融资平台，参与信用合作社改制；实行农资连锁经营，重建基层的网点和渠道。但是，供销合作社居然没有社员，他们后来深感遗憾。

接下来是农村信用合作社的改制。瑞安市农村信用社是浙江省首批改革试

---

① 关于瑞安农村合作协会的改革，请参见"三位一体服务三农，条块交融统筹城乡——瑞安探索农村新型合作化的理论与实践"，全文可从 http：//www. cui‑zy. cn/Recommended/coops/瑞安三位一体试验. doc 下载。

点单位。瑞安农村信用社合作社改组为瑞安农村合作银行，并于 2005 年 4 月
12 日正式挂牌营业，下辖 12 家支行、67 家分理处（所），总资产已达 60 多个
亿，总股金 2 亿多。

在改制过程中，2 亿总股金中的 149 万，名义上竟然为 11 万农户所有，
平均起来也就十多元钱，而且很多五六十年代的老股东早已不在人世。如何处
理这部分高度分散、额度很小的农民股份，成为了一个难题，几乎成为烫手的
山芋。如果不采取清退并另起炉灶的做法，势必难以继续产权改革，形成
"产权明晰"的股份制结构。如果清退的话，又"于心不忍"，况且又有其他
地区改制和供销合作社改制中清退农民股东的经验教训。当时，中央已经提出
了新农村建设，提高农民组织化程度已经成为共识，清退农民股东显得不合时
宜也不明智。

于是对 11 万原始农民股东进行归并，形成了 3123 个"集体户"股东。这
3000 多个"集体户"农民股东，仍然难以具有现实操作性，更难以发挥股份
制的优势，原有的农民股东实际上名存实亡。随后，开始探索使用小股东股权
托管方式。

2005 年 6 月 16 日，瑞安农村合作银行第一届股东代表大会第二次会议一
致通过了《关于支持筹备成立瑞安农村合作协会的决议》，决定开展合作银行
小额股权的相对集中托管，采取"统一入会、集中持股、分散组合、互助联
保"的方针，帮助农村合作银行进一步理顺产权关系、优化治理结构和拓展
营销网络。3123 个农民"集体户"股东的股权统一托管到农村合作协会，以
此在形式上把农民股东及其承载的合作制因素纳入到了瑞安农村合作银行的管
理架构上。

显然，内生于农村合作银行的农村合作协会仍然难以具有实际意义，难以
发挥合作制的优势，难以对合作银行发挥监督意义，难以保障农民股东的权
益。尽管瑞安的农民专业合作社发展较早，至 2005 年，已经有 59 家农民专业
合作社，入社社员 2277 户，带动农户 13200 户，但此时的农村合作协会显然
不具有吸引这些合作社加入的组织力量。

2006 年中央一号文件提出推进新农村建设，提供了政策启示和历史契机。
2006 年初，时任浙江省委书记的习近平在浙江省农村工作会议上提出，"积极
探索建立农民专业合作、供销合作、信用合作'三位一体'的农村新型合作

体系，努力服务于社会主义新农村建设"。紧接着，2006年3月17日瑞安市《政府工作报告》中提出"建立健全农村金融、流通和科技推广体系，引导成立'三位一体'的瑞安农村合作协会，积极探索社会主义市场经济条件下的新型合作化道路"。这个模式下，农业、科技等职能部门可以参与进来，农业部门的参与，让瑞安全市的农民专业合作社先后加入了农村合作协会，协会的组织体系得以充实。

瑞安农村合作协会于2006年3月25日正式召开第一次会员代表大会，算是真正成立了。至此，瑞安农村合作协会脱胎换骨，从农村合作银行内生的一个组织变为一个独立组织，这样小额股权的集体托管具有了现实意义。与此同时，农村合作协会广泛吸收农民专业合作社的加入，并积极推动农民专业合作社的建设，密切联系农民，协会的合作网络大为充实，实际上为瑞安农村合作银行注入了更多的合作制因素。至此，瑞安农村合作银行的农民股东问题得到妥善解决，并取得了积极效果。图10.1是瑞安农村合作协会的组织结构图。

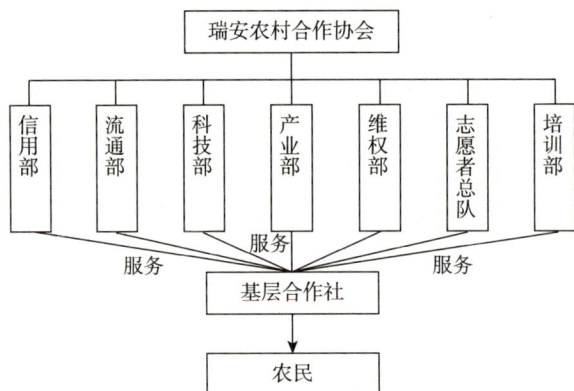

图10.1 瑞安农村合作协会组织图

从图10.1中可以看出，农村合作协会仅仅相当于基层合作社的二级支持性组织，为基层合作社提供了全面的支持。而实际上，农协各部门都有一个挂靠单位，分别是信用部（农村合作银行）、流通部（供销合作社）、科技部（科技局）、产业部（农业局）、维权部（司法局）、志愿者总队（团市委）、培训部（市委党校），从上往下看，农村合作协会相当于"部门联席会议"，涉农各部门都在这里找到一席之地。而通过合作协会这一平台，搭建农民与政府和市场联系的平台，政府涉农各部门获得与农民联系的组织化平台。瑞安农村合作协会的宗旨是"政府主导，农民主体"，其内涵在于，没有基层合作社和会员的支持，这种平台也就不复存在了。因而，失去农民主体性，也就失去了政府的主导性①。

各地农村信用合作社在向农村合作银行改制的过程中，纷纷清退原始农民股东，就此割裂了与原来农民股东的所有联系，另起炉灶。改制过程中，又需要重新吸收农民股东，只不过资格股门槛提高了，形成了股份合作制的产权结构。此时的股份合作制徒有其名而无其实，农民股东既无股东意识，更无合作机制，合作制形同虚设。这样一来，股份合作制自然难以运行通畅，不伦不类，非驴非马。自然，很多方面将其归因于合作制的落后。于是转而又进行新一轮的改革，又一次清退资格股，清退农民股东，只保留投资股，形成了完全的股份制金融机构，称之为农村商业银行。每次清退，都被视为一次升级——产权制度安排和治理机制的升级，管理制度更"先进"了。业绩的提高，被归因于股份制的加强，合作制的冲淡取消。然而，每次清退，都是再次割裂与农民之间的联系，都在远离农民，远离农村，农村信用合作组织最终先于农民"洗脚上岸"了，普通农民也越来越难以获得信贷服务了。

瑞安改革证明了另外一种可能性，原来政府主导的农民合作组织（供销合作社、农村信用合作社）进行产权制度改革时，更加公平、合理、积极地处理农民股东问题的可能性。这种处理方式，不仅使得农村信用合作社的历史传承得以保留，更保留了合作组织与农民之间的联系。尽管这种联系很微弱，但在新的政策背景下，它使得提高农民组织化程度的努力具有了历史基础。掌政在增资扩股中，不但没有减少农民股东，反而积极吸收新的农民股东加入，从另一个方面说明了新型农村机构中保留农民股东的重要性，即有利于与农民建立紧密的联系，有利于机构迅速融入当地社区，更长远地讲，有利于机构的可持续健康发展。

10.3.2 掌政的一道难题

掌政在发展壮大中的增资扩股，在某些方面非常类似于农村信用社的改制过程，然而掌政中心反其道而行之，主动邀请农民股东。掌政农村资金物流中

---

① 王东宾：《小农与合作：基于家庭经营的混合机制研究》，清华大学硕士研究生论文 2008 年。

心以农民资金互助合作为基础，创造性地通过保证农民在股东代表大会和董事会中的席位来确保农民合作的因素。并且在后续增资扩股中，同样非常注意农民股东的问题，从而实现合作因素的进一步强化。也就是说，掌政中心在发展壮大中，没有"洗脚上岸"，反而更加契合于乡土社会，真正做"农民自己的银行"。

然而，掌政中心在发展中却遇到了另外一道难题。

掌政中心自开业以来，发展迅速，创新不断，在金融反贫困方面取得了良好的社会效应，成绩被各界广泛认可。在此期间，也得到各级政府部门和有关机构的支持。其中，银川市和兴庆区的财政部门分别支持了50万、30万资金用于补贴办公经费，宁夏农业投资开发公司支持了500万项目资金。掌政中心并没有将这几笔钱花掉，而是全部作为专项资金用于发放贷款，尤其倾向于向贫困农户发放贷款，其中很多是低息贷款和无息贷款。每年年底，掌政中心给各相关部门送去一个账本，记录了中心用补贴资金和支持资金支持农户发展的所有贷款情况。此后，掌政中心一直坚持这一做法。这几笔特殊资金，掌政中心一直用于履行社会责任，优先支持贫困农户的信贷需求。于是，掌政中心有了一项"表外业务"。这项"表外业务"实际上是把政府与社会对企业发展的支持与扶持转化企业社会责任行为。

但在增资扩股中，这几笔资金的处理却成为掌政中心的一道难题。

从会计核算的角度讲，如果当时把钱用于办公经费花掉，冲抵成本，提高利润，自然会形成企业的资产，也就是股东们的资产。但既然没有花掉而用于履行企业社会责任，再划归资产，似乎说不通。如果转换为股份，显然政府部门是不能作为股东的。此外，既然用于发放贷款，必然形成利润或损失，在财务上如何处理又是一个问题。

其实有两种做法可以考虑：基金的方式或股权的方式，目的只有一个，就是以此为契机，把企业社会责任进行制度化。

第一种可行的做法就是成立企业社会责任基金，独立账户，独立运营。掌政中心可以专门制定相关的基金管理制度，规定基金的来源、补充方式、利润与损失的处理问题。

第二种做法是股权方式。这可从新型农村金融的有关政策性文件中得到启示。2006年底银监会发布《关于调整放宽农村地区银行业金融机构准入政策更好支持社会主义新农村建设的若干意见》，开放了农民资金互助社、村镇银行和贷款公司三类新型农村机构。随后发布了三个暂行管理规定。在三个暂行管理规定中，《农民资金互助社暂行管理规定》提到社会捐赠资金是资金来源之一。2008 年银监会与人民银行联合发布的《关于小额贷款公司试点的指导意见》，也提到捐赠资金是资金来源之一。一定意义上而言，可以说这两类机构更贴近农村贫困人群，政府与社会更应该支持他们履行企业社会责任。此外，信用合作作为农民合作的一种方式，也可以从《农民专业合作社法》中寻找依据，在该法提到"国家财政直接补助和他人捐赠"。在某些农民合作社或资金互助组织中，专门设立社会捐助股接受外部支持。例如上面提到的瑞安农村合作协会的股权安排上，就专门设立了社会捐助股，用于接受社会捐助和国家财政补贴。

掌政中心兼顾农民资金互助组织与小额贷款组织的特色，在实际运营中，又自觉地把外部支持的资金用于履行社会责任，那么开宗明义地设立社会责任股，将这笔资金转为企业股份，作为企业特殊的股份构成，不失为一种良策。

社会责任股可不设股东代表，可邀请相关支持方参与股东大会，听取企业履行社会的情况，并函寄企业社会责任报告。社会责任股也应享受分红，这样企业社会责任账户资金可随企业发展壮大而不断壮大。

设立企业社会股，以产权方式将公司的善意之举转化为公司哲学，以股权形式将企业社会责任制度化，形成掌政中心履行企业社会责任的制度基因。自2010 年开始，掌政中心开始发布《企业社会责任报告》，正式提出自己履行社会责任的战略，并把金融反贫困作为企业社会责任的核心内容之一。在这方面，掌政农村物流资金调剂中心可做出更大的制度创新。

|第 11 章|

公司治理

▎11.1 公司治理结构

　　通常所说的内部治理结构（governance structure），是所有者（主要是股东）与经营者利用公司内部的机构和程序参与公司治理的一系列制度安排，通过这种制度安排，来合理地配置所有者与经营者之间的权利与责任关系，构建所有者对经营者的一种监督与制衡机制。它由股东大会、董事会、经理层三大机构之间的权力、责任及制衡关系组成，其基本关系是股东通过股东大会决定公司的重大事宜，选举董事会成员，由董事会进行公司的战略管理，聘任和解聘经理，日常管理则交给经理层负责，并由董事会对其进行监督、考核和激励。在权责关系上，董事会对股东负责，经理层为董事会负责，有的国家（如我国和欧洲部分国家）还设立监事会，其成员主要由股东大会选举，主要对董事及高层管理人员的行为，特别是财务活动进行监督[①]。

　　健全的内部治理结构亦是现代金融企业制度的核心与灵魂，是维护银行机构持续快速健康发展的基石。根据《股份制商业银行公司治理指引》的规定，商业银行公司治理是指建立以股东大会、董事会、监事会、高级管理层等机构为主体的组织架构和保证各机构独立运作、有效制衡的制度安排，建立科学、高效的决策、激励和约束机制。

　　通过搭建商业银行由股东大会、董事会、监事会及高级管理层所构成的内部治理结构，其目标一是保证股东利益的最大化，这是搭建科学、高效、合理的内部治理结构的根本目标；二是通过这种监督制衡机制，不仅保证了商业银行的高级管理层能够科学、有效地经营决策，还为董事及高级管理层提供激

---

　　① 参见李维安：《公司治理教程》，上海人民出版社 2002 年版。

励，通过激励考核措施，保证董事及高级管理层与所有者利益的一致，防止董事及高级管理层背离所有者的利益。商业银行作为金融机构的重要类型之一，其内部治理结构的要求具有普遍的代表性。因此，为达到上述目标，农村金融机构也同样有必要建立一个科学、合理、有效的内部治理结构。

一个企业的效率，很大程度上来自于一个好的内部治理结构。一个企业要想长盛不衰，也要靠一个好的内部治理结构。中国和西方在管理方面有一个很大的不同，这种差异实际上是两种不同文化的差异。中国的文化崇尚精英主义，相信个人能力，强调领袖的作用，而我们的传统中的专制主义和人治精神，来源于我们对精英和领袖的认同。西方的管理文化更强调团体的作用，强调团体中不同个体的相互配合和相互制约，他们注重不同个体之间的制衡原则，每个个体在团体中有一个准确的位置，并承担确定的职责。西方的管理中也有精英意识，但是精英的行为却是在一定的团队框架中被规定和认同的，他的行为是有边界的。因此，在中国的管理文化中，衍生出的是一套精英主义、权威主义和家族主义的管理传统，而西方的管理文化，则衍生出一套团队主义和制衡主义的管理传统。

现代的企业，一定是一种制衡主义的管理文化。在中国，也有很好的家族式精英主义管理的企业，但是当这个企业做大的时候，它必定要经历一个艰难的转型，就是由家族主义的文化和治理转向制衡主义和团队主义的文化和治理。在现代企业中，股东大会、董事会、监事会、理事会扮演着不同的角色，他们之间互相制衡，互相约束，各司其职，界线分明。这样的管理理念，其精髓在制衡，其好处是公司管理不会出现长期的系统性的偏差。董事会和股东大会确定经理人，经理人的行为要受到董事会、监事会和股东大会的制约，董事会要定期召开会议，进行民主决策，而且要经过股东大会的认可。专制主义的效率在某些时候可能更高，但是它犯错误的概率要大得多，尤其是一些长期性的系统性的偏差，这些偏差会给公司带来灭顶之灾。而制衡主义文化则在避免长期系统性的错误方面更有优势。所以，要想做一个百年老店，要想使自己的公司在长期内立于不败之地，必须建立这样一种现代的公司治理机制。

中国的企业家在创业的时候，往往强调对企业的控制，因此对这种制衡主义的管理文化和治理结构很少接受。各种制衡的机制往往令人厌烦，感觉碍手碍脚，不如一个人或少数几个人说了算来得痛快。中国的传统文化根深蒂固。

在我们的农信社，即使表面上建立起这样的一套内部治理结构，也往往是一个人或少数几个人进行决策，内部人控制的现象比较严重。这样的农村金融机构往往弊病丛生。所以，从长远来看，有一个好的治理结构，就可以在很大程度上避免错误的决策。

▋ 11.2 掌政农村资金物流调剂公司的内部治理结构的框架

掌政农村资金物流调剂公司按照现代公司治理结构，股东通过股东大会决定公司的重大事宜，选举董事会成员，由董事会进行公司的战略管理，聘任和解聘经理，日常管理则交给管理层负责，并由董事会对其进行考核和激励。设监事会，独立实施监督职能。在权责关系上，掌政农村资金物流调剂公司的董事会对股东负责，经理层对董事会负责。

掌政农村资金物流调剂公司有 21 名股东代表，其中 15 名是农民股东；在 7 名董事中，有 4 名是农民，各代表种植、养殖、多种经营、妇女，根据各自的特长分管相应的领域，做到各司其职各负其责。

作为一个主要为农村微小客户服务的微型金融机构，掌政农村资金物流调剂公司在其股东代表和董事会中都安排了较多的农民代表。这一方面体现了公司特有的产权结构，另一方面也体现了公司对于农民股东的重视。与那些居高临下的正规金融机构不同，微型金融机构要发展，就必须与农民结成一个"命运共同体"和"利益共同体"。让更多的农民股东进入董事会和作为股东代表，可以最大限度地凝聚公司与农民客户的感情，并使农民在公司日常运营和重大决策中拥有一定的话语权，这对公司的长远发展是有利的。同时，这种特有的以农民为主体的董事会结构也使监管者和政府相关部门相信公司是以农民为主体的，是踏踏实实为农民服务的，因此监管者和政府也会在制定农村金融政策和对农村金融机构实施优惠待遇的过程中对公司有所倾斜。这种特殊的公司治理结构体现了最广泛的民主集中制，有利于农民的权益保障，使公司在发展的过程中保护农民的利益，增强农民股东的主人翁意识、责任感、信用意识以及对公司的认同感；同时，也使公司的未来长远发展不偏离支持三农、服务三农的基本轨道。

▌11.3 农村金融机构内部治理结构主要框架

掌政农村资金物流调剂公司的法人治理结构，充分体现了一个乡土文化中金融机构的特点，它充分平衡了资本所有者和农民的利益关系，为公司的稳健发展奠定了基础。

从这里也可看出，农村金融机构的内部治理结构实际上包含两层制衡关系：一是农村金融机构内部股东代表大会、董事会、监事会的分权结构和内部制衡关系；二是董事会与高级管理层的经营决策权与执行权的分权结构和内部制衡关系。上述两层制衡关系可进行层层分解，主要包含以下四方面的关系。

①所有者和经营者（包括董事会和高级管理层）的委托受托经营关系。两权分离，所有者或股东大会授权经营者或其集体从事经营活动。为保证两者分权明确，所有者只行使所有权，经营者享有经营权。为使经营者不仅享有权力，还必须承担经营责任，实现经营权利与义务的对等，形成权责制衡关系。

②所有者和监事会的委托受托审计责任关系。所有者或股东大会授权监事会从事监督活动，监事会有代表所有者或股东会对经营者或其集体进行监督的权力。与这种权力相对称，监事会必须对经营者的行为是否符合所有者或股东的利益进行监督，并承担相应的审计责任。所有者或股东大会与监事会的这种关系是通过所有者与监事会的委托受托责任关系体现的，并以审计契约或公司章程中监事会的规定予以明确的。

③监事会与经营者的监督与被监督的关系。监事会受所有者或股东的委托对经营者进行监督。监事会享有监督权，经营者必须接受监督。监事会与经营者是监督与被监督关系，其相互关系也以契约的方式规定。

④董事会和高级管理层的经营决策与执行关系。董事会和高级管理层都是

经营者集体的构成要素。但是，由于执行经营分权，董事会拥有决策权，高级管理层或其集体拥有执行权。董事会和高级管理层的经营决策与执行关系需要在契约中明确，具体来说需要明确两个主体的权责的划分、如何制约及各自的权责结构的对称问题。

▊ 11.4　讨论一：农村金融机构内部治理有效性的条件

完善的治理结构既可以充分调动各种利益主体的积极性，又对各种利益主体形成有效的约束，从这个层面上分析，健全的治理结构有助于防范风险。

农村金融机构的内部治理结构要良性运行，必须具备以下几方面的条件。

①具有行为能力的股东代表大会是整个内部治理结构得以有效运行的前提条件。股东代表大会的行为能力是整个内部治理结构形成的基础条件。如果股东大会不能有效行使权力，那么股东大会的决策权和授予权、监督权的行权能力更无法得以真正发挥。

②构建农村金融机构的组织治理结构。由于股东或股东大会能力的局限性，如果股东大会拥有各种行为能力，就可以自己经营，也就不必聘请经营者（董事会和高级管理层）。正是由于股东代表大会的行为能力的局限，就有必要设立经营者；也正是由于股东代表大会的行为能力的局限，在建立经营权主体后，必须设立另一主体来监督经营权主体的行为是否符合所有权要求。原本属于所有者的权力、责任、利益，现在必须在设立的各主体之间进行分割，并使之相互制约，最终实现经营者的行为与所有者的目标达成一致。有效的内部治理就要通过建立相互制约的组织治理结构，并进行各种利益主体之间的权责划分、权责制衡，充分实现股东大会的有效授权。

③搭建农村金融机构的决策治理结构。农村金融机构的组织治理结构是分权的结构，不仅产生了不同功能的主体，而且相互制衡，最终要保证董事会和高级管理层及其集体的行为与所有者的目标达成一致。从这个意义上

讲，公司的组织治理结构的根本任务是要完成对经营者集体的监督制约，使经营者集体不发生背离所有者利益的行为，但内部治理结构仅限于此是不够的。在组织治理结构的分权体系中，经营者集体享有了经营决策权和经营执行权。农村金融机构不仅是要保护股东投入资本的价值，更为重要的是要不断盈利。达成此目标，经营者必须进行科学、有效的经营决策。为此必须实现两个基本条件：一是经营者能够站在客观公正的立场进行决策，也就是要为所有者或股东的利益而决策，不能以经营者的利益为出发点进行决策；二是经营者能够做出正确的决策，这当然要求决策主体具有专业水平。两个条件中，第一个条件是第二个条件的前提，它的根本目的是要实现决策维权，就是维护股东投资的安全，为此，要建立决策制衡机制，防止侵权决策；第二个条件是要实现决策维利，就是维护股东投资的收益，为此，要建立决策优化机制，防止错误决策。

④建立健全农村金融机构的内控制度。之所以必须建立这套制度体系，首先是基于农村金融机构内部存在分层委托代理关系，董事会与经理层之间的分层委托代理关系，其次是基于农村金融机构内部实行分层管理，在每一个上层与下层之间发生的委托代理关系。在这一委托代理关系体系中，所有者的财产被分层委托代理经营、管理；经营者或其集体的决策也在分层授权执行；农村金融机构各层次的信息也被逐层上报或逐层下传，要保证所有者或股东的利益全面实现，不能仅仅依靠高层的组织治理和决策治理结构，还必须建立一个有效的控制体系，使农村金融机构的每个层次都能保证所管财产的安全，所提供信息的真实，对决策的执行有力。这就是建立健全内部控制制度。长期以来，我们对农村金融机构内部治理结构的关注更多地是就公司的股东与经营者的关系以及公司的最高决策层和管理层而言的，实际上是一个残缺不全的结构，如果不能建立健全有效的内部控制制度，就很难保证在公司的各个层次实现股东的利益、保证经营者或其集体决策的全面贯彻。

内部治理有效性的四个条件是一个完整的体系，四者缺一不可。股东或其大会的行权能力是治理结构的基础；组织治理结构是要在两权分离条件下，保证经营者或其集体的行为与所有者或股东的目标达成一致；决策治理结构是为了保证经营者或其集体的决策科学、有效。组织治理结构和决策治理结构正好实现两权分离下所有者资本保值、增值的两个目标，且其针对主体是经营者或其集体；内部控制制度是将所有者资本保值、增值的目标，以及经营者或其集体的经营决策在公司各个层次得以落实的体系。

▌11.5 讨论二：农村金融机构内部治理有效性的障碍

目前，我国农村金融机构内部治理结构存有较多缺陷。由于农村金融机构面临复杂的委托—代理关系，涉及更多利益相关者的利益，容易出现各类经营风险和道德风险，在构建科学、合理、有效的内部治理结构过程中势必存在更多的障碍。

①资本所有者容易造成对农民的话语权剥夺，大股东有可能占有话语权，在内部治理中占据绝对优势地位，从而使股东代表大会的权利得不到保障，使监事会流于形式，使管理层的经营活动受到不适当的干预和制约。要充分保障股东大会的最高权力机构的职能，保障监事会实施独立监督的权利，保障管理层有适当的独立经营权利，做到所有权和经营权的分离。内部治理结构的有效性，很大程度上取决于股权结构的多元性。因此必须通过各种方式改善股权结构，引进战略投资者。

②内控建设滞后于业务发展。需要进一步健全内控制度，强化约束机制。农村金融机构内控建设滞后，普遍存在会计基础工作质量差、会计信息反映不够真实、财务监督不力、费用支出居高不下、风险管理不到位、不良资产占比大、案件发生频率高等问题，内控建设远远滞后于业务发展。对于农村金融机构来讲，要持续强化内部控制体系建设，遵循合法性、有效性、审慎性、全面性、及时性、独立性和成本效益的原则，通过营造良好的控制环境，进一步健全完善贷款审批、财务收支、风险控制等内控制度，进而改善金融机构的内部治理结构。

③在内部治理结构的设置方面，最值得担心的是发起人和参与者们之间存在着过于亲密的裙带关系。由于农村社会环境的地缘特征，在极端情况下，农

村金融机构的董事会、监事会、经理层甚至可能都由具有亲缘关系的群体担任负责人，这就难以形成真正有效的公司治理。

📖 11.6 未来的农村金融机构内部治理

（1）尽快建立现代金融企业制度，引进战略投资者，改变过去"一股独大"的结构型缺陷，形成多元化产权主体，全体股东共同组成股东大会，股东大会选举董事会，董事会委托管理层管理，并建立对董事会和管理层的进行监督的监事会，完善治理结构。

（2）明确界定股东代表大会、董事会、监事会以及高级管理层的职责和运行规则，以确保内部治理结构的正常运作。股东大会、理事会、监事会真正各司其职，是完善农村金融机构内部治理的关键。

①设立股东代表大会。农村金融机构的股东代表大会由入股自然人和法人选举产生，其中自然人中的农户代表推荐产生。股东代表大会的主要职责是决定农村金融机构的重大事项，由农户（含农村工商户）、企业法人、职工等组成。股东代表大会实行"一人一票"。

②组建董事会。董事会由股东代表大会推选产生，组成人员包括农户（含农村工商户）、企业法人、职工等，其中农户股东担任董事的人数原则上不得少于董事人数的1/3；职工股东担任董事的人数，不得超过董事人数的1/3。董事会执行股东代表大会的决议，负责农村金融机构经营管理中重要事项的决策，发挥自我发展、自我约束的作用，同时对决策失误造成的经营损失承担直接责任。实行董事长和行长（或总经理）分设制度，进一步细化和确定两者的职权范围，明确两者的具体义务、职责和权力，董事长为法人代表，负有决策权和监督权，行长（或总经理）由董事会聘任，并在授权范围内开展经营活动，实行任期目标责任管理。农村金融机构应设立独立董事，增强董事会决策的透明、公开、公正性。

③成立监事会。监事会在金融机构治理中的职责应该是对股东负责，代表

股东监督董事会和管理层。建立监事会定期办公制度，赋予监事会对业务、财务的审计权，对管理层的监察权，对董事长、行长重大决策的否决权，对董事会和管理层拥有监督权和任免的投票权等，负责对农村金融机构服务方向、风险控制和财务管理的监督，使监事会行使的职责不受制于董事长和行长，防止"内部人"控制。同时，监事会应广泛听取和收集股东的建议，听取各界对农村金融机构的反映，特别是服务"三农"的效果及问题，及时向董事会和行长提出改进建议，对股东代表大会和全体股东负责。监事会中职工监事不得超过监事总数的三分之一。

④引进外部非执行独立董事。进一步增强董事会的权威性和独立性，并建立独立董事评价制度。

⑤董事会下设立专门委员会（主要包括风险管理委员会、审计委员会、薪酬委员会和提名委员会）以使董事会对公司高级管理层的领导和监督具体化。从我国的实际来看，现阶段独立董事作用发挥有限，而专门委员会的作用将大于独立董事的作用。

（3）通过增资扩股、战略入股，增强股东对农村金融机构经营者的约束，构建一个竞争性的市场体系。

农村金融机构的资本不足和内部治理薄弱是密切联系的，所以完善农村金融机构内部治理结构还需要改变资本不足的局面。近几年的农村金融改革中，国家对农村金融机构形式进行创新，并给予资金扶持和优惠政策，允许民营资本进入农村金融领域，但仍需进一步吸引更多的投资股东，不断充实股金，使股权结构发生变化。这不仅有利于增强股东的谈判能力，还有利于股东在与农村金融机构经营者的博弈中占优，增强股东对农村金融机构经营者的约束。

掌政农村资金物流调剂中心正在进行增资扩股和完善内部治理的工作。这个工作对中心未来的发展至关重要。可以说，在掌政农村资金物流调剂中心的发展中，这是一个里程碑式的事件。在增资扩股中，不仅要增加企业家的股份，吸收一些比较大的资金，也要鼓励农民的参与，他们的份额虽然小，但是意义重大。鼓励农民的参与，就会使农民感到掌政农村资金物流调剂中心是他们自己的银行，就会增强他们的认同感，提高中心的凝聚力。这对于未来开展信贷服务、提高资金回收率、扩大客户覆盖面等，非常重要。

在董事会的构成上，要注意不同股权所有者之间的平衡。在董事会中，不仅要考虑到大的出资人和企业家的话语权，还要考虑到农民的话语权。因为道理很简单，掌政农村资金物流调剂中心既是一个小额贷款公司，同时也是一个农民资金互助组织，里面有大量的农民的股份。这是中心的精髓所在，也是能够争取国家财政支持、税收优惠和各种商业银行批发贷款的凭藉所在。如果在董事会当中没有农民代表，那么中心在定位上就会出现很大的偏差，中心也就很难说是一个三位一体的新型农村金融机构，而是蜕变为一个纯粹的由私人资本控制的小额贷款公司。这样，中心的优势就没有了，特色也没有了，凭藉也就没有了。

|第 12 章|

金融减贫

▌ 12.1　金融减贫的两个视角

　　贫困是一个古老的话题，减贫则是一个世界性议题。

　　减贫首先要从贫困的源头说起。概括而言，对贫困原因的解释有这样几种。第一种是由于收入不足或者其他满足最低生活需要物资的不足。这是一种静态的描述方式。主要的社会救助方式或以往输血式的扶贫手段，主要是直接为贫困人群提供必要的生活费用、物资，可称为"救济式扶贫"。当然，对于肢体残疾、精神疾病、衰老等导致的不可逆转性贫困，这种方式还是必要的。第二种贫困解释强调社会排斥。这种观点认为贫困是由于劳动力市场、政治参与、社会关系和社会福利等方面被排斥在外。"社会排斥"可以理解为把某些个人或群体排斥到主流社会或一定的规范体系和制度之外，从而使之"边缘化"①。由于社会排斥，贫困人群难以获得足够的社会资本争取脱贫的资本与机会。因此，减贫的有效方式是促进社会融合，提高贫困人口的社会参与度，帮助贫困人口获得社会资本。第三种解释以阿玛蒂亚·森为代表，从能力视角解释贫困。森认为贫困是一种对基本能力的剥夺②。能力是一个内涵很广泛的概念，包括精神的，也包括身体的，而影响到精神和身体能力的重要因素是教育和医疗。减贫的根本途径就是提高贫困人口的可行能力。

　　金融减贫是反贫困政策框架中的模式之一。宏观视角是以金融发展来减少贫困，包括金融体系的完善，微观视角则是以小额贷款等方式提供信贷支持，为贫困人群提供信贷资源。从贫困源头的不同解释出发，金融减贫的机制可从两个方面入手：一是资本视角；二是能力视角。前者是金融减贫的基本手段，

---

① 林卡："绝对贫困、相对贫困以及社会排斥"，《中国社会保障》，2006 年第 2 期，第 25 ~ 26 页。
② Amartya Sen: Development as Freedom, Oxford University Press, 1999.

后者是对金融减贫的更高要求。

资本缺乏是贫困的重要原因，而向贫困人口提供起步资本是小额贷款的最重要功能之一，也是小额贷款反贫困的直接作用机制。小额贷款之父尤努斯的理想就是"把贫困放进博物馆"。尤努斯创建的孟加拉格莱珉银行，到 2006年，已经拥有了 300 多万个借贷者，其中 95% 是原先赤贫的妇女，年贷款 5 亿美元，还款率 99%。尤努斯也因此获得了 2006 年诺贝尔和平奖。尤努斯认为"借贷是人权，是穷人也应拥有的权利，而为穷人提供小额信贷，是消除世界性贫困的最有力的武器"①。格莱珉银行为贫穷者提供购买原材料的资本，使他们免受高利贷的盘剥，从而能够自我雇佣，走出贫困。印度小额贷款组织也是从直接为贫困人群提供起步资本入手，让他们能够参与小手工业、小商业及其他市场活动。中国的小额贷款应"服务于弱势群体、微小企业、个体户和一般农户，普惠金融则加上小企业"②，成为反贫困的重要方式和组织载体。在农村地区，"消除普遍性的使贫困固化的金融抑制"，提高农民的信贷可及性，也是减贫的重要政策框架③。

能力视角要求以提高贫困人口的可行能力为核心，它通过赋予贫困人群一定的信贷资源，使其拥有自我发展的能力。在这一视角下，对微观层面的金融减贫而言，它要求金融机构不仅仅满足于为贫困人群提供起步资本，更要关注贫困人群能力的缺失。金融机构在提供资本的同时，要注意贫困人群的社会性需要，帮助贫困人群建立生产者网络，参与社会活动，获得社会资本。此外，还要提供相应的培训和教育项目，提高他们走出贫困、更好生活的各项能力。可以看出，能力视角是对资本视角的一个提升，要求在资本提供之外，为贫困人口提供一个综合性的支持体系，从而使他们永久性走出贫困。资本视角的金融减贫是基本手段，着眼于可持续地为贫困者提供最为短缺的资本品，基于能力视角的金融减贫则会巩固和提高减贫绩效，使贫困者不仅走出贫困解决温饱，还具备了追求更好生活的能力。

---

① 尤努斯著，吴士宏译：《穷人银行家》，生活·读书·新知三联书店，2006 年版。

② 杜晓山、聂强、滕超："印度小额贷款危机及其启示"，《金融发展评论》，2011 年第 1 期，第90～97 页。

③ World Bank: World Development Report 2008: Agriculture for Development, 2008.

12.2 以农业促发展与金融减贫

1982 年，世界银行发布了一份关于世界的粮食问题的农业报告，主要探讨世界农业的发展是否可以为世界人口的增长提供充足的粮食。2008 年，世界银行发布的世界发展报告《以农业促发展》，则是在国民经济发展的宏观框架内探讨农业的基础性作用，研究农业对于减贫和发展的作用。

农民富则中国富，这正是农村金融减贫的意义所在。以农业促发展的政策框架提供了在不同地区公共部门和私人部门所能发挥的作用，立足于乡土社会的新型农村金融机构应重视农业发展框架，并在农村与农业发展中找到自己的定位，探索金融减贫的可行模式。

12.2.1 以农业促发展

《以农业促发展》确立了以市场化导向的"以农业促发展"的政策框架模型，将"提高市场机会"和"拓展价值链"作为核心政策目标，促进小农户与市场的连接，使得小农户能够通过市场机制享受到农业发展的成果。

图 12.1 显示了以农业促发展的政策框架。任何农业发展政策要以健全的宏观经济基础和稳定的社会政治环境为基础。稳定的社会政治环境是经济发展的基础。宏观经济部门尤其是工商业的繁荣和稳定，为农产品提供稳定的市场，是农业发展的前提条件。政策框架基于这样的假设，农村地区贫困人口脱贫有三条途径：农业、务工、移民（进入城市）。

以农业促发展的政策框架涵盖四个政策目标："改善进入市场的途径、建立有效的价值链"，"提高小农的竞争力、促进进入市场"，"改善糊口型农业和低技术农村工作的生计"，"增强农村农业和非农就业机会、提高技能"。四个政策目标具有优先顺序，市场环境的构建居于第一位，这表明该政策框架的市场化导向。有效的市场是以农业促发展政策的基础。只有改善进入市场的途径才能使农民能够分享市场机会，才有可能从农产品的价值链获取自己相应的收益。"提高小农的竞争力、促进进入市场"、"增强农村农业和非农就业机会、提高技能"有利于保证农民通过农业获取较高收益，通过提高技能增加非农就业机会提高收入，并有可能离开农村进入城市，是提高减贫绩效的直接政策手段。

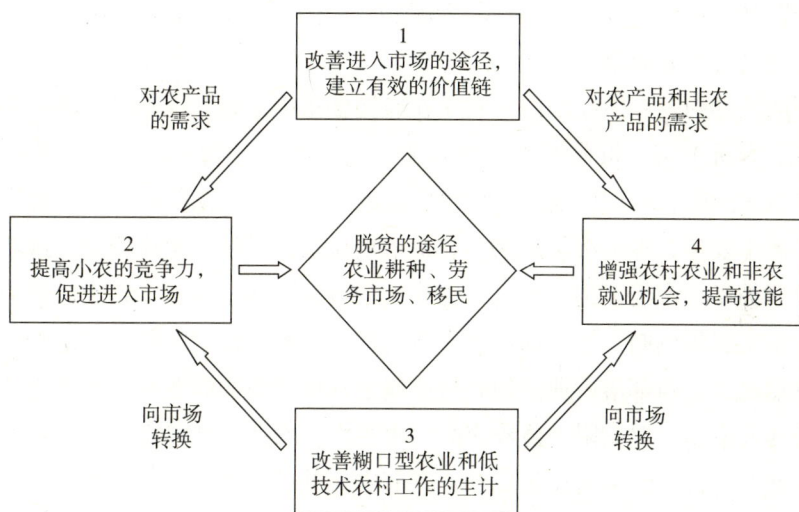

图 12.1　以农业促进发展的政策框架

资料来源：《2008 年世界发展报告：以农业促发展》中文版，第 227 页。

农业被分为两种类型：糊口型农业和高附加值农业。传统农业属于糊口型农业，以解决生存温饱问题为目的，并且较少参与市场活动。高附加值农业包括种养殖业、园艺业等。园艺业生产的土地回报是谷物生产的 10 倍以上。园艺业生产本身（需要的劳动力是谷物生产的两倍）及其产品加工、包装与销售创造了更多的就业机会。农民可以从高附加值农产品的生产中获得高收益。实际上，中国的农业产业化政策和"一村一品"政策都是为了形成当地的高附加值农业。

因此，"改善糊口型农业和低技术农村工作的生计"不是脱贫的途径，却是农户脱贫的起点与最基本要求。在传统农村，改善农民的糊口型农业状况和生计问题，实际上是推动农民早日脱离绝对贫困状态，帮助提高小农户的基本可行能力，能够经由农业和非农就业进一步脱贫。因此，该政策议程的最终目的解决绝对贫困的问题，而是旨在解决城乡相对贫困，提高农村人口收入和福利水平，因此该减贫议程具有发展内涵。

　　繁荣的小农生产领域是以农业促进发展战略的基石之一[①]。因此提高农户竞争力和促进非农就业，促使农民参与农产品市场和劳动力市场，通过市场机制增加收益，提高农户家庭的收入。但如何提高农民的竞争力并保证他们的市场参与非常重要，只有这样才能保证发展中国家的大多数农民，尤其是贫困农民能够分享市场化的收益[②]。政策资源要在这个政策目标中进行配置，以达到最佳的减贫与发展效果。

　　不同地区的发展阶段不同，农业在经济体系中的地位也不同，政策目标的侧重点会有所不同。按照经济发展水平，大体可以分为三种类型：传统农业区、城市化地区、转型中地区。传统农业区农村经济基础薄弱，以传统农业为主，经济不发达，本地市场需求薄弱，市场化建设还处于起步阶段。这类地区的农户还处于小农经济生产阶段，往往大量劳动力外出务工。农业也成为留守人员的安全保障机制，形成糊口型农业。此外，绝对贫困问题仍然是传统农业区的难题之一。西部落后地区的农村应属于这种类型的农业区。城市化地区城市经济非常发达，对高附加值农产品需求很大，农业生产以高附加值农产品为主。农业产值占总产值的比重很低，政府农业补贴很多。北京、上海郊区和城市周边农村属于这类地区。转型中地区介于二者之间。

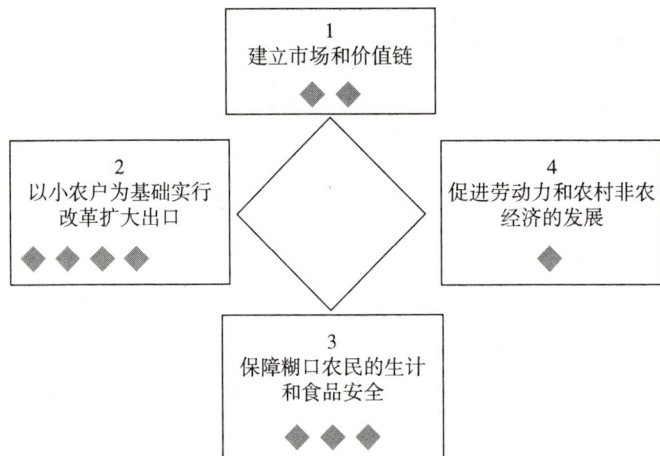

图 12.2　传统农业区的政策框架

① 世界银行：《2008 年世界发展报告：以农业促发展》，第 152 页。
② 世界银行：《2008 年世界发展报告：以农业促发展》，第 132 页。

传统农业区的农业发展政策框架如图 12.2 所示。农村劳动力外出打工比例很大,农业生产基础薄弱,开发潜力很大。传统农业区经济不发达,对农业的内需不足,依靠自身市场难以提高农产品的附加值。因此传统地区应通过农民合作组织开拓农产品外地市场,通过外地市场提高本地农产品的市场收益,增加农民收入。传统农业区内糊口型农业比例很大,生产效率不高,附加值非常低。因此应完善社会保险等社会保障措施,可通过土地流转和农民合作实现规模经营,提高农业生产效率。

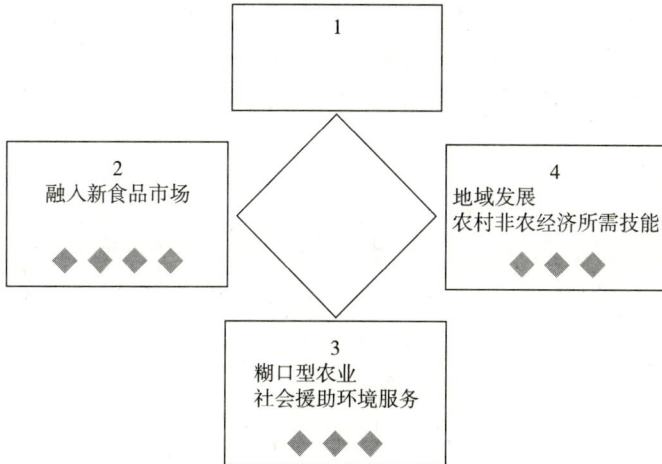

图 12.3 城市化地区的政策框架

图 12.3 显示了城市化地区的农业发展政策框架。城市化地区宏观经济发达,城市居民收入高,市场化程度较高且相对完善,因此政策框架中默认"市场完善与价值链"方面的工作已经完成。

城市化地区城市经济形成对高端农产品的巨大需求,高附加值农业的潜力很大,观光农业、休闲农业同样很有前景。郊区农民可以利用地理位置优势,融入到城市的新食品市场。因此,城市化地区的农业比较高端,并对物流、技术、金融服务体系要求很高。

非农就业机会很多,工资性收入较高,但对劳动力技能的要求也很高。因此,政府应提供劳动技能培训,指导农民创业和再就业,使农民顺利转为市民,完成从农村到城市的"移民"。

在城市化地区,借助农民合作组织改造糊口型农业的机会已经成熟。上海市松江区叶榭镇以土地股份合作社的形式,把小块土地集中起来实现规模经

营，并采取实物与货币相结合的分配方式。组建土地股份合作社后，当地
"专业农民"经营的土地面积从 69.63 亩到 166.43 亩不等，实现了规模经营，
提高了生产效率，并将大量剩余劳动力和老年劳动力从土地上解放出来。到
2006 年底，上海市松江区共有 88 家合作社，耕地面积 25.62 万亩，带动了农
户 6000 户。松江的农户总数是 9.42 万户，其中脱农户（有地但出去打工的农
户）1.52 万户，镇保户（失地农民）4.62 万户，兼农户（有地，有家庭成员
在非农业岗位）3.23 万户，专业户（经营 15 亩土地以上）0.05 万户①。

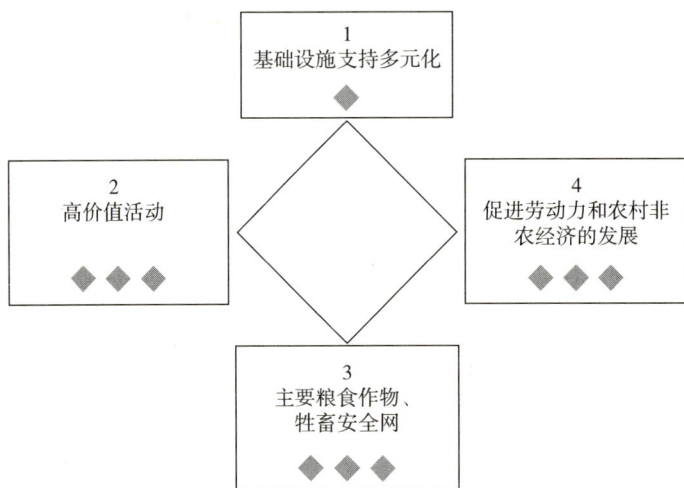

图 12.4　转型中地区的政策框架

　　图 12.4 为转型中地区的农业发展政策框架。转型中地区处于中间状态，
在各个政策方向上需要平衡努力，合理分配政策资源。除了完善基础设施外，
要立足本地市场并开拓外部市场以推动高附加值农业的发展，提高非农就业机
会，推动劳动力的转移，完善农村社会安全网。

　　归根结底，以农业促发展的政策框架的机制在于，在改造传统农业的基础
上，提高农民的可行能力，使之能够进行高附加值农业生产，并有能力通过市
场取得相应收益，使之能够进入劳动力市场，提高非农收入，甚至完全离开农
村进入城市安居乐业。所有的政策目标均以提高农民能力为核心，以此实现农

---

　　①　"上海：农村合作社调查：农民收入有了实质性突破"，《第一财经日报》，2007 年 1 月 23 日，
转载于新华网，csj. xinhuanet. com。

业与农村的发展，农民的脱贫与发展。

12.2.2 农村金融的减贫作用

基于以农业促发展的政策框架，我们可以从中找到农村金融在其中可能发挥的作用，进而找到金融减贫的可行做法。

（1）信贷支持以提供必要资本

提高必要的起步资本是金融减贫的基本出发点。农村金融机构应加强对农村地区农民客户尤其是小农客户的信贷支持，扩大农村金融覆盖面，以更好地实现减贫绩效。"简而言之，尽管农业领域的小额贷款数目不大，结果却比较乐观，小额贷款可能部分填补农业空白，至少使得小农能够进入养殖业或园艺业等高附加值农业"[1]，进而走出贫困。这是农村金融减贫的机制之一。

（2）帮助农户建立与市场的联系

农业政策框架要基于农民自身，发挥农民的主体地位，但同时发挥公共部门和私人部门的作用，调动各方积极力量，甚至往往要发挥政府与社会的主导作用。表 12.1 列举了为提高农民的市场能力，公共部门与私人部门所应承担的责任。

表 12.1   **强化农民与市场联系的公私部门责任**

议题	公共部门		私营部门
	公共投资	公共政策	
市场便利程度低	对教育、农村基础设施（公路、市场、电力、灌溉）投资，支持组建生产者组织	国内贸易自由化，培育投入和信贷市场	帮助农民建立生产者组织
技术能力薄弱	支持市场导向型服务推广	培育有利于私营服务推广的环境	为农民提供关键生产投入和推广服务
满足质量标准	支持对农民进行质量提高和粮食安全的优良农业实践培训	建立等级和标准	供应投入资料，为农民提供质量管理和粮食安全培训
满足合约条件	为公司提供合同签订和管理培训，为农民提供权责培训	发展纠纷解决机构，加强生产者组织	培育信任，订立具有自动执行力的合同
农民风险脆弱性	促进商品和期货交易的发展，培训公司使用市场工具抵御风险	为保险市场创造可能的环境	使用成员间风险平等共享的合同，帮助农民获得保险

资料来源：世界银行：《2008 年世界发展报告：以农业促发展》，第 127 页。

---

[1] World Bank：World Development Report 2008：Agriculture for Development，2008 年，第 143 页。

①推动农民专业合作社的发展。生产者组织是以农业促发展框架的奠基石①。农民合作可以提高农民组织化程度，同时又可兼顾效率与公平。第一，公共部门和私人部门在农村的各项活动可通过农民合作组织来发挥作用。第二，农民合作组织可提高农民的谈判力量和议价能力，提高农民的市场地位，从而使得农民能够获得相应的市场化收益。第三，金融机构可藉与合作社建立合作关系，从而建立"银合"合作模式，为乡村银行提供覆盖更广的农民网络。

②技术推广与培训。除了为农民提供金融服务使之具备基本的起步资本外，金融机构还应为农民提供相应的技术支持和培训服务，提高农民的技术能力，降低农民贷款的项目风险。这对金融机构自身也非常有利。必要时，金融机构可与政府部门、NGO 等合作开展相关活动。

高附加值农业生产不仅需要资本，还需要必要的技术能力和知识，如质量标准与管理体系等。农民凭借自身力量很难解决这些问题，需要外部力量的支持。金融机构应在这方面有所作为，以金融机构为核心协调资源，帮助农民知识与支持。

③信用培育。金融机构为农民尤其是贫困农民提供的大多数信用贷款，信用评估和信用风险管理非常重要。然而，信用意识也是农民进入市场接受契约规则的必备素质。这些现代交易规则和意识需要培养，因此金融机构不能置身事外，而应承担起信用培育的社会责任。

信用培育也有利于金融机构的信用风险管理，把小额信贷的信誉记录作为抵押品提供金融服务，可以让农民真正感受到信用的市场价值。

④帮助农民获得保险服务。保险可以提高信贷可及性，由于许多不可控因素产生的风险可以得到有效转移，如农业保险等，金融机构可以更放心地贷款。同时，保险降低了金融机构承担的风险，也可降低金融机构要求的利息率，因为金融机构可以剔除风险补偿要求。但农民的保险服务可及性又是一个社会问题。在我国，政府正在积极与保险机构合作建立政策性保险体系。金融机构也要帮助农民获得商业性保险服务，提高农民抵御各种风险的能力，同样有利于金融机构的信贷风险管理。

---

① 世界银行：《2008 年世界发展报告：以农业促发展》，第 153 页。

（3）增加劳动技能与非农就业机会

以农业促发展的政策议程下，脱贫方式除了高附加值农业外，还有非农就业和进入城市。这两方面都需要农民提高劳动技能，获得非农就业机会，或者自己创业。金融机构应该与政府、非政府组织合作，以自身的农民客户为依托，为当地农民提供劳动技能培训。

▊12.3　掌政金融减贫的框架

掌政中心的反贫困模式可总结为："以农民资金互助合作为基础，以社会民间资本为主导，以市场化运作机制为保障，以扶贫性金融为手段，将农民信用合作、商业性小额贷款、农资物流信息调剂三者密切结合而构建的一个三位一体的商业化可持续的金融反贫困框架"。2010 年掌政中心第一次发布《企业社会责任报告》，梳理了几年来中心履行社会责任的情况。经过几年的发展，掌政中心的金融反贫困战略框架已具雏形。

12.3.1　信贷支持框架

信贷支持是掌政金融反贫困战略框架的第一部分。掌政中心通过贷款产品开发、利息额度调整等措施，提高信贷服务覆盖面，满足农民尤其是中低收入农户的信贷需求，帮助农民提高收入。

首先，掌政中心根据业务模式和当地实际，因地制宜地开发了一系列信贷产品，满足各类农户及城乡小商户的信贷需求。

表 12.2　　　　　　　　　　　掌政中心信贷产品

业务板块	贷款产品
农民资金互助业务	家庭贷款
	土地流转贷款
	设施农业经营权抵押贷款
	种植养殖大户短期流动资金周转贷款
	农村个体经营者流动资金周转贷款
	农村创业发展贷款
	专业合作社贷款

续表

业务板块	贷款产品
小额贷款板块业务	个人资产抵押贷款
	小商户联保贷款
	诚信企业产销关系担保贷款
农村资金物流调剂	购买农机抵押担保贷款

第二，掌政中心把小额贷款额度控制在 5 万元以下，以 2 万元为主，并以信用贷款的为主，这样中低收入农户可以比较方便快捷地得到贷款。并且，根据农户的生产和实际困难，在必要的时候，帮助农户办理贷款展期。其中，特色种植养殖农户贷款就是主要满足这类客户的需要。2010 年共发放"农家乐"贷款 52 万元，特色种植养殖贷款 1480 万元，农机服务资金周转贷款 120 万元，多种经营项目贷款 300 万元。

第三，利息与能力挂钩。掌政实行"阶梯化差别"利息定价办法，利率浮动除了政策、经济、风险、合作历史四个方面的因素，还有两项重要的参考指标：贷款用途与客户能力。贷款用途是指根据产业特点，对小商贷款和利润率高的产业利率会有所提高，而特色种植养殖贷款一般在 7% 左右。客户能力这项指标主要针对贫困农户。贫困农户申请贷款时，掌政中心主要考察其人品、生活态度等"软信息"，并且实行低息贷款。对于极端困难的客户，甚至给予零利息贷款，并且中心为其制定切合实际的脱贫计划，并提供各方面的支持。贫困农户的低息贷款，掌政会根据其生产实际提供展期，甚至追加贷款，帮助他们解决生产生活困难，以更快实现脱贫致富。同时，对信用记录和信用培育方面要求很严。掌政中心的利息政策，使其服务得到农户广泛的认同，获得了很好的口碑。

近几年，掌政中心发放贷款的情况是这样的。2008 年，发放涉农贷款 345 笔，金额 521 万元；2009 年发放涉农贷款 474 笔，金额 947 万元；2010 年，累计放款达到 6800 多万元，贷款支持了掌政镇 2700 多农户、近万人次，不仅覆盖了掌政镇 25% 的农户，还惠及到该镇周边大新、望远、金贵、通贵四个乡镇的部分农户。其中，直接用于支持农户的贷款情况如表 12.3 所示。掌政中心支持的农户人均纯收入可达到每年平均 12% 的增幅。

表 12.3 掌政中心支持农户贷款的统计（2007~2011 年）

年份	2007	2008	2009	2010	2011
支持金额	300 万元	890 万元	2500 万元	5000 万元	11000 万元
支持户数	159 户	481 户	1280 户	2750 户	4780 户

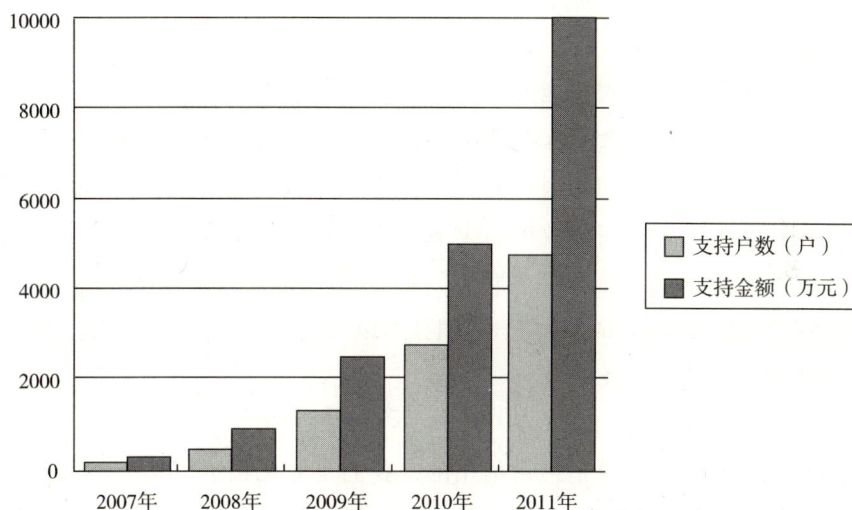

图 12.5 掌政信贷累计支持农户数及金额

注：2011 年为掌政中心估计数。

12.3.2 能力提升框架

为当地农民提供各项服务，提高农民的能力与素质，是掌政中心反贫困战略框架的第二部分。

（1）信息和技术服务

农村物流信息调剂是掌政中心的特色业务，中心以此参与到农民生产经营中，指导他们科学生产，体现了"亲农帮农，惠民致富"的服务宗旨。掌政中心专门设立了物流信息部门，把从政府、网络、农资市场等渠道获取的信息编辑成"农资信息宣传单"，每月 2 期，及时免费发放给当地农户参考。至2010 年底，一共编辑了 60 期。公司专门设置了"三农书橱"，购置了种植、养殖、农机、技能等书刊，免费让农民借阅。同时，帮助当地农民联系农资产品生产厂家，咨询产品型号、质量，争取拿到团购优惠价格。

2008～2010年，掌政中心共为1400多农民提供种植、养殖信息，并且及时联系农资设备和最新科学技术，避免了贷款农户因经营项目选择不当而带来的风险。这同时提高了中心贷款的安全性。

为了带动农民就业促进再就业，公司建立了当地详细的基础资料信息平台，对失地农民家庭、劳动力富裕农民家庭、有创业愿望的农民家庭，全力提供各种政策、创业就业信息。

（2）培训项目支持农民能力提升

掌政中心组织各项培训活动，提高农民的技能，支持农民创业。

2010年下半年，公司与银川市兴庆区劳动保障及全民创业部门通力合作，由掌政中心牵头组织，在掌政镇连续举办"产生你的企业想法"创业能力培训班。这几期创业能力培训班，宣传了当地政府的创业政策，并培训了农民的创业技能。帮助农民提高了种植、养殖技术以及创业意识，为解决农民非农就业、创业问题起到了积极作用。

（3）信用培育

掌政中心提出"农民是最讲信用的，我们是农民最值得信赖的朋友"的口号，在为农民大量提供信用借款的同时，进行信用文化建设和信用培育工作。为增强农民的信用意识，公司不定期开展信用讲座。其中2010年7月的一堂讲座，掌政镇有72名农户踊跃参加，人数比以往增加了三倍多。

12.3.3 支持农村农业发展框架

支持农村农业发展是掌政中心金融反贫困战略框架的第三部分。

（1）支持设施农业

掌政中心积极参与到掌政镇的基础产业调整过程中。到2010年底发放的设施农业贷款余额近3200万元，占全部贷款余额的40%以上。设施农业贷款促进了掌政镇特色农业、养殖业和流通服务业的发展，提高农业产业化程度，对农村经济转型起到了积极作用。此外，协调130家设施农业种植户，统一安装了260台卷帘机。

（2）支持农民专业合作社

掌政中心专门开发了农民专业合作社贷款，支持农民专业合作社的发展。同时，根据中心农村物流调剂业务的特点，带头组建农机合作社，为农民提供农机服务。

（3）新农业项目的引进

掌政中心出资召集掌政镇农民和村干部十几人到甘肃天水进行考察，引进航天辣椒、航天茄和航天豇豆等品种。中心支持掌政镇发展了两个规模较大的航天辣椒育苗基地，为农户免费提供种子。到目前为止，种植范围扩展到贺兰县和永宁县等地，种植面积近千亩，对农民提高收入帮助很大。

（4）支持社区发展

2008~2010 年，共组织"客户节"12 次，累计参加人数多达 1200 人，借此机会向生产运营好或支持掌政中心的客户表示感恩，介绍最新信息，让有关部门进一步了解公司和客户的情况。"客户节"已经成为中心与大家沟通交流的重要渠道，青年和妇女学习的积极性很高。同时，掌政中心积极进行"社区文化建设"，促进中心与社区共同发展。

|第 13 章|

社会责任

📖 13.1 企业社会责任和金融企业社会责任①

企业社会责任包含着四个层次：经济责任、法律责任、伦理责任、慈善责任。这个金字塔图描绘了企业社会责任的这四个层次。其中经济责任是基本责任，处于这个金字塔的底部。与此同时社会期望企业遵守法律，这是社会关于可接受和不可接受行为的法规集成。再上去就是企业伦理责任这一层次。这一层次上，企业有义务去做那些正确的、正义的、公平的事情，还要避免或尽量减少对利益相关者（雇员、消费者、环境等）的损害。在该金字塔的最上层，寄望企业成为一位好的企业公民，也就是说期望企业履行其自愿/自由决定或慈善责任，为社区生活质量的改善做出财力和人力资源方面的贡献②。

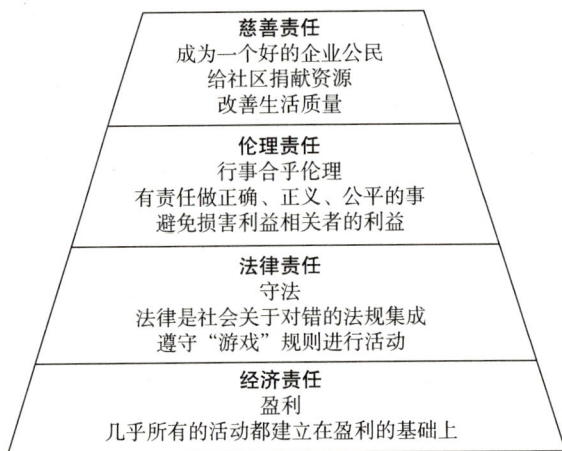

慈善责任
成为一个好的企业公民
给社区捐献资源
改善生活质量

伦理责任
行事合乎伦理
有责任做正确、正义、公平的事
避免损害利益相关者的利益

法律责任
守法
法律是社会关于对错的法规集成
遵守"游戏"规则进行活动

经济责任
盈利
几乎所有的活动都建立在盈利的基础上

图 13.1 企业社会责任金字塔

资料来源：（美）卡罗尔、巴克霍尔茨：《企业与社会：伦理与利益相关者管理（原书第 5 版）》，中译本，机械工业出版社 2004 年版，第 26 页。

---

① 王曙光等：《金融伦理学》，第十三章，北京大学出版社 2011 年版。

② （美）卡罗尔、《企业与社会：伦理与利益相关者管理（原书第 5 版）》，中译本，机械工业出版社 2004 年版，第 26 页。

从利益相关者角度来说，企业对其所有的利益相关者都应负有相应的责任，而不是仅仅对股东负有责任。银行或金融机构的利益相关者主要包括股东、员工、客户、商业伙伴、社会公众等。

（1）股东

在市场经济条件下，企业与股东的关系事实上是企业与投资者的关系，是企业内部关系中最重要的内容。古典经济学理论认为企业是股东的代理人，目标就是股东利益最大化。随着市场经济的发展和投资方式的多元化，企业的股东已经不仅仅是传统意义上持有股票的直接股东，还包括通过债券、基金等进行货币投资以及非货币形式投资的其他群体或个人，企业与股东的关系也逐渐演变为企业与社会的关系，对股东的责任也具有了社会性。因此，在讨论企业社会责任时不能忽略股东这一利益相关者。具体而言，银行对股东承担的社会责任包括：

①创造利润和财富，实现股东价值最大化。这无疑是商业银行赖以生存的基础，也是对其投资人应该履行的基本经济责任。

②对股东资金的安全和合理收益负责任。作为投资人的代理人，银行应当尊重股东最基本的权利，以给股东带来合理合法的收益为经营前提，而不能任意挥霍投资人的出资，不能利用投资人的出资去进行违法的、不道德的交易。

③银行有责任建立完善的公司治理结构，向股东提供真实的经营和投资方面的信息。例如定期发布真实的财务报表、召开股东大会、建立完备的公司规章制度并严格执行等。

④确立核心道德价值体系，关注股东的长期利益。商业银行要想实现可持续发展，仅仅为股东创造短期财富是不够的。而拥有核心道德价值观，遵守职业道德，依法合规经营，才是能够长盛不衰和实现投资者长远利益的前提条件。确立核心道德价值体系，才能使企业持续繁荣和发展，确保投资者财富的安全保障和长期增长。

（2）员工

企业与员工之间的关系是建立在契约基础上的一种经济关系，除此之外，还有一定的法律关系、道德关系和社会关系。银行对员工的责任主要有：

①保障员工合法利益。银行有责任遵守劳动保护方面的法律法规，通过制定和完善劳动用工制度，在基本工资、社会保障及福利等方面保障员工的基本

利益。防止任何形式的民族、性别、年龄歧视，确保平等的就业机会。通过改善用工方式、开发灵活多样的用工方案，如弹性工作时间安排、家庭工作制度和休假制度等，使员工能够在生活和工作之间获得良好的平衡，以改善员工生活质量和健康水平，同时也可以调动员工的工作积极性。

②确保安全舒适的工作环境。作为金融企业，商业银行每天都拥有大量的流动和库存资金，以及其他形式的资产。正是这种特殊属性，就更加要求商业银行为员工提供一个安全的工作场所，尽力避免坍塌、火灾、歹徒抢劫等可能伤害人身安全的事故发生。同时，还应积极为员工营造一个舒适的工作环境，以帮助员工积极应对金融行业较大的工作压力，凸显企业的人文关怀。

③为员工提供良好的职业发展渠道。积极开展各种形式的培训，不断提高员工的业务能力及综合素质，创造平等的就业机会、升迁机会、接受教育的机会，这不仅有利于员工自身的职业发展，也可以提高企业的经营管理效率，吸引大量优秀人才，为企业创造更多的财富。

（3）客户

企业对客户的责任主要体现在对其权益维护上，具体包括向客户提供安全可靠的产品，尊重客户的知情权、自由选择权等。银行对客户的责任主要有：

①确保客户的自由选择权和知情权。在提供金融产品和服务时，银行不能强迫客户，更不能有歧视客户和服务对象的情况。由于金融产品和服务本身的专业知识壁垒，银行与客户之间存在着信息不对称，而这种信息不对称可能会损害客户的合法利益。因此，银行应当尊重客户的知情权，主动开展各种活动普及相关金融知识，事先提供有关服务的收费、安全和办理方式等信息，使客户对金融产品和服务有全面深入的了解，从而做出合理的决策。

②确保客户财产的安全。银行在为客户提供如资金存取、个人信息保管和资金转移等金融服务的过程中，须保证这些服务是安全可靠的，不会对客户的资金和个人信息造成损害或泄露。特别是随着技术的进步，网上银行、电话银行等电子银行业务渐渐兴起并广泛应用，银行就更需要加强此类业务的风险防范与管理，为客户财产安全负责任。

③有效的客户关系管理。在买方金融市场中，客户成为银行至关重要的商业资源，对客户关系的建立、维持和培育引起了全球商业银行的高度重视。有效的客户关系管理包括树立客户战略，建立长期稳定、科学管理的客户关系，

深度挖掘客户资源的效益，大力开展以关系营销为主的金融营销和以优质文明服务为主的服务支持，实现银行与客户在价值利益上的"双赢"。

④确保客户的投诉权利。在客户受到欺骗、侵权时，银行有责任确保其客户拥有合理的投诉或索赔渠道，以便使客户的损失能够及时得到足额的补偿。

（4）商业伙伴

企业的商业伙伴主要包括竞争对手、供应商和销售商。对于商业银行来讲，一是要本着诚信原则对待每一个供应商（如银行的资金提供者），遵守契约规定和条款内容，寻求建立互利互惠的战略联盟关系，分享经营成果，实现共同繁荣和发展；二是公平对待同业竞争者，特别是小型竞争者，不能采取恶性竞争的方式，不能突破商业伦理道德的底线，拒绝以不道德的手段垄断市场、控制价格、排挤中小竞争者。商业银行只有处理好了与商业伙伴之间的关系，合作共赢，才能为整个金融市场创造良好的局面。

（5）社会公众

盈利虽然是企业的首要任务，但必须以社会的发展为前提。企业也是社会中的一个实体，它依存于社会，并对社会产生影响。因此，企业要关注社会公众的利益，在创造物质财富的同时建立良好的社会形象，才能为企业发展创造良好的外部环境，提供丰富的利润来源。银行对社会公众承担的责任主要有：

①保护环境。一方面，商业银行在自身的经营过程中，应当节约资源、保护环境；另一方面，商业银行有责任通过信贷制度控制和减少可能破坏环境的贷款项目，减少贷款客户可能对大气、河流等带来的污染，支持科研机构和企业开发有益于环境的新技术。

②提高劳动力素质。人力资源是包括商业银行在内的广大企业的珍贵资源，银行有责任在这一领域承担应有的责任。一方面，加大对现有员工的教育和培训力度，不断提升员工的基本素质和职业技能水平；另一方面，加大对教育机构和困难学生的投资或贷款支持，利用自身的资金优势支持国家的人才培养。

③支持慈善事业和社会公益活动。商业银行在获得丰厚利润的情况下，力所能及地回报社会，特别是为当地社区发展做出贡献，从而提高自身的社会声誉，创造出良好的社会关系，这同时也是银行无形资产的积累。

📖 13.2 掌政公司社会责任（一）：以金融创新实现反贫困，提升弱势群体信贷可及性

宁夏掌政农村资金物流调剂股份有限公司创立以来，秉承"植根乡土、关怀民生、日新其德、中道笃行"的企业理念，怀着强烈的社会责任感，认真履行对农民股东、贷款客户、企业员工和农村社区的社会责任，取得了良好的经济效益和社会效益，产生了积极的社会反响。公司本着"亲农帮农"的宗旨，为农民量身定做了家庭贷款、土地流转贷款、设施农业经营贷款、种植养殖大户短期流动资金周转贷款等业务；重点扶持有强烈愿望，正处于创业初期的困难户、个体工商户和微小企业。采取免息、减息、低于国家基准利率四倍的扶持性放贷和商业性放贷相结合的方式，不断满足农民的小额资金需求，业务量逐步扩大。2008 年，发放涉农贷款 345 笔，金额 521 万元；2009 年发放涉农贷款 474 笔，金额 947 万元；2010 年，累计放款达到 6800 多万元，贷款支持了掌政镇 2700 多农户、近万人，不仅覆盖了掌政镇 25% 的农户，还惠及到该镇周边大新、望远、金贵、通贵四个乡镇的部分农户。

公司通过信贷支持等措施，积极参与到掌政镇的基础产业调整过程中。公司发放的设施农业贷款占全部贷款余额的 40% 以上，累计余额近 3200 万元。促进了掌政镇特色农业、养殖业和流通服务业的发展，对村镇经济转型起到了积极作用。公司支持的农户人均纯收入达到每年平均 12% 的增幅。

积极拓展新的贷款产品，鼓励农民发展多种经营项目贷款。2010 一年发放农家乐贷款 52 万元、特色种植养殖贷款 1480 万元、农机服务资金周转贷款 120 万元、多种经营项目贷款 300 万元。

春林村养殖户安万祥因购买饲料资金不足，公司向其贷款 3 万元，养殖的猪从 30 头增加到 200 多头。望远镇永清村青年吴红利在公司贷款支持下，从单一的承包土地种植，发展到组建"众帮农机服务专业合作社"，购买了农机设备，解决了自家农耕需求，而且向周边农户提供服务，大大增加了收入。三

年来公司支持的农户人均年收入提高 1000 元以上，不少家庭生活质量得到了很大提高。

　　公司对农村特困户更是热情关心、鼎力相助。掌政镇茂盛村郁风玲的丈夫徐占龙，因帮助邻居干农活，拖拉机水箱热水外泄，造成头部、面部、胸部严重烫伤，丧失了劳动能力及生活能力，加上巨额的医疗费用，使其经济拮据，精神上受到沉重打击。公司得知她的不幸遭遇后，当即提供了 1 万元无息贷款和 4000 元无偿资助，帮她建温棚，安装温棚卷帘机，同时给以低息贷款 2 万元修缮危房。对这个特困家庭从无息贷款扶持生产、低息贷款到修缮房屋，以至将来孩子教育等问题，公司都制定了详细的帮扶计划。在公司帮助下，她种草莓、养兔子、做小生意，当年就挣了 1.5 万元，家庭境况大为好转，渡过了难关。

◼ 13.3　掌政公司社会责任（二）：为农民提供农业信息服务，助农脱贫防范风险

　　为了增加农民收入，使贷款产生好的效益，把放贷风险降至最低，公司在大力开展商业小额信贷业务、解决农民贷款难问题的同时，积极推进农村物流信息调剂，参与到农民生产经营中，指导他们科学生产。这不仅是公司业务密不可分的一部分，更是公司"亲农帮农，惠民致富"服务宗旨的根本体现。为此，公司专门设置了物流信息部门，配备了精兵强将。我们把从政府、网络、农资市场等渠道获取的信息编辑成"农资信息宣传单"，每月 2 期，共编辑了 60 期，及时免费发放给广大农户参考。公司专门设置了"三农书橱"，购置了种植、养殖、农机、技能等书刊，免费让农民借阅。同时，帮助他们联系农资产品生产厂家，咨询产品型号、质量，争取拿到团购优惠价格。

　　在公司支持下，掌政镇发展了两个规模较大的航天辣椒育苗基地，免费提供种子。现在种植范围扩展到贺兰县和永宁县等地，种植面积近千亩，农民收入普遍提高。同时帮助协调 130 家设施农业种植户，统一安装了 260 台卷帘

机。三年来，公司不但为 1400 多农民提供种植、养殖信息，并且及时联系农资设备和最新科学技术，避免了贷款农户因经营项目选择不当而带来的风险。

为了带动农民就业促进再就业，公司建立了当地详细的基础资料信息平台。对失地农民家庭、劳动力富裕农民家庭、有创业愿望的农民家庭，全力提供各种政策、创业就业信息。

公司提供的创业贷款绿色通道，使很多农户实现了创业梦想。掌政镇洼路村 2 队王琪，家中兄弟较多，农田较少。他外出打工积累了一定经验，萌发了开办砖厂的想法。通过物流信息调剂，帮助联系生产设备厂家，提供资金支持。短短两年的时间，他们合资经营的砖厂已发展到一定规模，不仅自己走上了致富之路，而且解决了当地 22 人的再就业。

2010 年下半年，公司与银川市兴庆区劳动保障及全民创业部门通力合作，由公司牵头，在掌政镇连续举办"产生你的企业想法"创业能力培训班。这几期创业能力培训班，为大家创业就业输政策、强技能。不仅帮助农民提高了种植、养殖技术以及创业意识，为农民就业创业起到了积极作用，而且进一步增进了公司与农户之间的信任与感情。

13.4 掌政公司社会责任（三）：控制金融风险，增加农民收入，促进就业

金融是高风险行业。这主要来源于客观环境的不确定性和金融机构与客户信息不对称等因素，致使产生实际效果与预期效果的差距，给金融企业带来风险，对新型农村金融机构来说，采取金融风险预警机制防控显得十分重要。公司经过深入调研，认为掌政镇有优越的地理位置、较好的经济基础、农民生产积极性高、急需短期流动资金、群众基础良好、民风朴实醇厚等先决条件。在经营中，公司的定位做面不做点，逐步推进信贷业务。公司制定了风险防范"十三条"，对业务流程进行严格规范管理。同时，公司全力培育诚信客户，引导客户增强诚信意识，有公司严谨的管理体系与良好的农户诚信氛围为保

障，所以，至今公司尚没有出现一笔坏账，运营情况非常好。

经过公司全体人员三年来齐心协力的稳定经营，公司经济效益逐年提高。2008 年刚开始由于资金盘子较小，赢利空间小，利润微薄。为了保证农民股东利益，大股东主动放弃了分红的权利，使农民股东拿到 4% 的红利；2009 年盈利 40 万元，股东以 7.5% 分红；2010 年盈利 88 万元，股东分红维持 7.5%。农民股东拿到分红钱，股东有了力量，农民有了信心。

公司成立之时工作人员只有 4 人，目前吸纳了 22 名大中专院校毕业生就业。不仅充实了员工队伍，而且尽公司所能减轻社会就业压力。员工的薪酬待遇逐年提高，工资有了较大幅度增长，还享受了养老、医疗、意外、工伤、生育等保险。

13.5 掌政公司社会责任 (四)：构建诚信文化平台，构建农村良好道德风尚

诚信是市场经济的内在要求，是市场经济的基石。诚信环境的好坏，直接折射出经济发展水平和环境投资的好坏，某种意义来说，诚信环境也是生产力。建设诚信环境，是我们公司各项工作的重中之重。

为了打造信用企业，公司制定了信用文化建设规划，设计了严格的业务流程，全体员工和客户共同参与，增强了信用意识，把信用贯穿于公司经营活动的各个环节。亲农帮农而不能轻农坑农，客户至上而不能盛气凌人；上门服务不当"坐商"，客户临门热情相迎；业务熟悉办事稳健，发生失误赔礼赔偿；对符合贷款条件的从速办理；对不符合贷款条件的善意解释；对困难的客户放宽条件给予各方面优惠；与客户签订合同平等协商对待，不以服务地位搞欺诈；对待诚实守信表现好的给予表扬，对违规失信行为给予惩戒。公司还组织员工学习国家《关于加强公民道德建设实施纲要》，要求员工在社会上做一个"优秀的公民"。

培育信用客户，拥有优质客户群体，是公司生存的根本保证。公司与农户

之间、股东之间、客户之间的信用就是防范信贷风险的"软件"，即客户以往的信用情况及品行等"软信息"，作为客户贷款的"质押担保品"。为了进一步增进客户的信用意识，公司不定期开展信用讲座。其中 2010 年 7 月的一堂讲座，掌政镇就有 72 名农户踊跃参加，人数比以往增加了三倍多。公司为农民免费订送金融、法制、农业科技信息等报刊。公司建立了信用记录，全面客观地记录农民的信用活动，为诚信农民积累"信誉财富"。在每年召开的股东大会上，都要评选表彰一批诚信贷款户。公司讲信用，客户讲信用，对创建社区信誉体系起到了积极作用。

13.6 掌政公司社会责任（五）：培育高素质团队，实现员工自我价值

公司严格按照《公司法》，结合农村实际，不断加强内部建设。股东会、董事会、监事会、经营班子机构健全，各司其职，密切配合，相互制约。定期和不定期召开会议，研究决定公司重大问题。董事会和监事会共有 10 人，其中农民 6 人。他们分别代表妇女和种植业、养殖业及各种经营农户。根据他们各自的代表性和经验特长，分管相关事务。这有利于增强农户的主人翁意识，确保实现公司服务"三农"，支持"三农"的宗旨。根据业务需要，公司内部先后组建了综合信贷部、综合办公室、营业室。这三大部门又分别细化为农业基础贷款、创业发展贷款、小企业资金周转贷款、行政人事、文化宣传、后勤、物流信息等部门。详细制订了学习培训、薪酬福利、流程管理、招聘等制度。部门的设置和制度的建立，使整个公司基本走上了规范运作的轨道，保证了业务部门的顺畅开展。

公司尽管是一个非银行业的新型农村金融机构，依然按照银行业的要求，紧密结合农村实际，建立了各项规章制度，严格按照规定程序办事，把公司的理念融化到员工的血脉中，制度落实在行动中。员工一言一行、一举一动，上班仪式、社交礼貌，都力求让农民有亲切感，体现公司的良好思想作风。

公司着重抓员工的思想业务学习。除了组织全体员工学习贯彻党和国家的路线方针政策外，主要是学习金融方面的知识技能。采取"请进来，走出去"的方式，邀请了自治区金融专家和银行业界资深人士到公司授课；组织员工赴北京、上海、四川等省市学习、培训；派员工到专业银行实习。公司还订购了时政、金融、农业、科技和法制等方面的书报，对员工的学习做到了有安排，有时间，有要求，有检查。

全体员工同心同德、奋力拼搏、艰苦奋斗、爱岗敬业。公司员工有的是近几年毕业的大专生，有的是原机关公务员，有的是原人民教师，有的之前从事其他工作，大家抱着"实现自我价值"的理想走到一起来了。从城里到农村上班早出晚归，骑着自行车走村串户，深入田间地头跟农户交谈。农民来公司咨询办理业务，热情接待，进门叫一声"大叔"、"大婶"，冬天端一杯热茶，夏天递一杯绿豆汤，做到了细微化、平民化、生活化。这些规范服务，让农民产生一种认同感和亲切感，无形中拉近了公司与农民之间的距离，为开展业务创造了有利条件。工作中员工的价值得到了充分体现，一个积极向上，富有朝气，年轻化、知识化、思想好、作风正、效率高的团队正在成长。

|第 14 章|

企业文化

▌ 14.1 文化、企业文化、金融企业文化

很多微型金融机构的领导者认为，在这些草根的、小规模的金融机构当中，讲企业文化是没有必要的，似乎只有大企业、大银行才讲企业文化，才需要企业文化。这是对企业文化理解方面的一个很大的误区。从文化的本质来说，它是包括知识、信仰、制度、道德、风俗、习惯在内的复杂综合体，是一个群体所遵循的生活方式和行为模式。文化本身并不神秘，也不是某些机构或某些群体的专利，从本质上来说，文化渗透在任何的群体和机构之中，并在其中潜移默化地发挥作用。一个微型金融机构的领导人，在创建微型金融机构的那一刻开始，就要有意识地建立、设计和提升自己的企业文化，使企业文化能够为自己的企业发展提供强大的助力。

企业文化可以包含三个不同的层面[①]。

第一个层面是技术层面的企业文化。这个层面的企业文化，主要是指企业应该设立相应的技术性的设施或外观，使本企业有一个统一、清晰的外部形象，同时也可以奠定企业运行的基础。比如，对于掌政农村资金物流调剂中心来说，它是一个金融机构，这就首先要求它在技术层面上要建立完善的设施与外观，要有相应的硬件设备。它要建立好的信息处理平台，以提高信息处理效率，最大限度避免信息处理的失误，最大限度地做好信息甄别和信息传递的工作；它还要有比较完善的财务软件系统，以提高财务管理效率；它的建筑和内部装饰要有比较有个性的外观，使周围的居民能够增加信任感和认同感；它的员工服装也要有统一的设计，使客户可以从服装上感受掌政农村资金物流调剂中心的专业性和严谨负责的风格；它要有一套统一的标识系统，可以代表企业

---

① 王曙光："风险管理、治理结构和企业文化——在宁夏银川掌政镇农村资金物流调剂中心的谈话之二"，收于王曙光著：《守望田野——农村金融调研手记》，中国发展出版社 2010 年版。

形象，使人一见到这些标识，就会想到这是一个为农民服务的金融企业。

第二个层面是制度层面的东西。这个层面的企业文化，主要是指公司在各个方面都要有比较完善的制度设计，其中比较重要的是各种工作流程设计和运营规则设计。比如，在掌政农村资金物流调剂中心，要有比较完善的财务制度、客户授信制度、贷款流程、薪酬制度、金融创新制度、客户风险管理制度、不良贷款处置制度、决策制度等。这些制度不是一朝一夕能够制定好的，需要一个较为长期的过程，需要不断地修改和完善。有了一套完善的制度，一个微型金融机构的运作就有了准绳。《孙子兵法·始计第一》中说，战争胜利依靠五个要素，包括道、天、地、将、法，这个法，就是法度，就是制度。在一个微型金融机构的运转过程中，会遇到各种各样的问题，在遇到任何一个琐细问题的时候，管理者不要仅仅把它作为一个个案来处理，而是要想到这个问题的出现是否意味着企业的制度设计有问题，是不是需要相应的制度来防范。一旦有了这一套制度，很多问题处理起来就比较顺利和有效率。

第三个层面是理念与哲学层面的东西。这个层面的企业文化，主要是要在技术层面和制度层面的文化建设的基础上，提升企业的文化理念，把企业的经营管理提高到一个哲学的高度。这里面包括企业家精神、员工精神、企业战略、企业哲学等等。这些高度抽象化和理念性的东西，具有相对稳定、精练、易于传播的特征。零散的制度设计背后，是统一的哲学与理念；哲学与理念是纲，纲举目张，企业的一切运行规则都离不开这些哲学与理念。

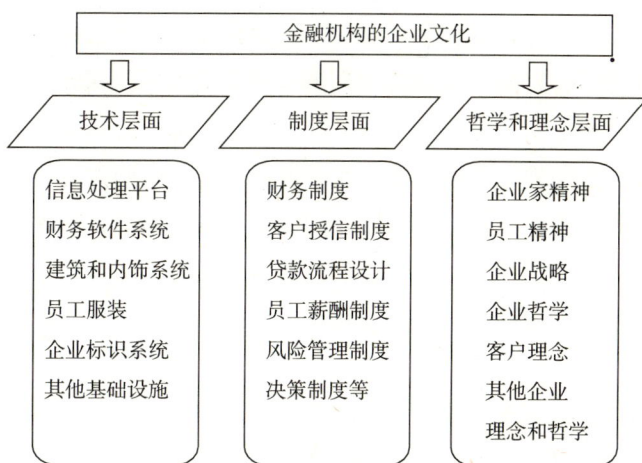

图14.1　金融机构企业文化的三个层面

尽管企业文化具有一定的稳定性和可持续性，但是企业文化并不是一成不变的。在企业发展的不同阶段，由于企业所面临的内部挑战和外部挑战会随时间的变迁产生差异，因此，企业文化的表现形式和内容都有可能发生变迁和调整，它有一个不断提升、不断深化、不断改造的过程。一个商业银行或金融机构也是如此。在商业银行或金融机构发展的不同阶段，其文化具有不同的特征、功能与实现形式，其文化理念也在不停地升级与转型。大体来说，随着银行的成长，其文化理念的发展要经过以下几个阶段①。

第一阶段：生存理念阶段。银行高度重视财务管理，力争拥有立足的资本金，获得多种渠道的资金支持，维持持续的盈利，在这一阶段，盈利、利润最大化是管理者第一要务，此时处处存在着生存的危机。

第二阶段：关系理念阶段。银行高度重视与各类利益相关者，特别是高端客户和战略合作者建立和谐的合作关系，重视顾客满意度，以获得更多的市场支持。这个阶段企业精神仍不足，其经营目的仍然是获取回报，维持自身生存与发展。

第三阶段，自尊理念阶段。银行管理层充满着追求做强做大的愿望，强调竞争，注重管理，加强内部控制与风险管理，过度强调银行自身利润最大化。这个阶段往往滋生官僚主义，忽视顾客和其他利益相关者的利益。

第四阶段，转换理念阶段。管理层不断总结经验教训，看到增强银行凝聚力的必要性，出现变革、革新的新理念，管理上逐步从控制向信任，从惩罚向激励，从只利用资源向开发和保护资源，从依靠强权向遵从真理，从以自我为中心向以顾客为中心转换。重视以改革和创新的理念设计银行的愿景、使命、价值观。

第五阶段：组织理念阶段。逐步实现银行内部的全面沟通与整体联动，从以银行工作与利益为中心转变为以人才为中心，以人为本，重视人力资源管理与开发；支持员工实现个人价值；鼓励创新，尊重创造与劳动；大力培育信任和团队精神；平等、透明，鼓励一定程度的冒险；重视员工职业生涯设计，工作成为乐趣。

第六阶段：团队理念阶段。逐步实现银行内外部的全面沟通，日益重视与

---

① 参见王先玉主编：《现代商业银行管理学基础》，中国金融出版社 2007 年版，第 314~315 页。

外部的利益相关者建立良好的、更加紧密的伙伴关系，重视战略联盟与战略合作，加强与顾客、社区的合作；重视员工群体结构设计，关心员工全面发展，注重创造员工满意度，积极构建银行内部价值链。

第七阶段：社会理念阶段。银行管理与营销的中心理念是为整个社会服务，重视社会道德规范、正义、人权、银行社会责任。银行的价值观排序是：社会价值最大化，顾客价值最大化，银行价值最大化。

作为一种特殊的金融机构，微型金融机构尽管在经营模式、内部激励和约束机制、外部环境等方面与商业银行有很多差异，但是在一些基本的机制设计方面，毕竟是共同点居多。从一般的意义上来说，商业银行经历的这几个阶段，微型金融机构也大体同样需要经历。以上的七个阶段，从抽象的意义上来说，标志着一个金融机构需要不断地从关注自身拓展到关注利益相关者、关注社会、关注人的全面发展，其境界越来越高，其关注的范围越来越拓展，其视野越来越开阔，逐步从小我走向大我。这个变化的过程，也是金融机构的企业文化不断提升的过程。一个微型金融机构，也会不断扩张和发展，直至成为一个正规的商业银行。在这个过程中，其理念需要不断地提升和转型，而且这种理念的提升与转型一定是一个有意识的主动的过程，这对微型金融机构的领导人的文化理念提出了很高的要求。

14.2 微型金融机构的企业文化

掌政农村资金物流调剂中心是一个贴近农民的农村金融机构，其企业文化包含四种文化要素。

第一是乡土文化。农村微型金融机构身处乡土，服务乡土，因此必须亲近乡土，塑造一种乡土文化。尤努斯在谈到孟加拉乡村银行的员工到乡下发贷款的穿着时，说信贷员到乡下如果穿皮鞋，就跟穷人客户有了距离，让这些客户产生了一种敬畏感，不容易获取他们的信任。当然，我们的信贷员不可能像尤努斯所要求的那样穿着，但我们要理解尤努斯的话的精神实质，那就是建立一种乡土文化，让农民和低收入客户有亲近感、认同感。乡土文化要求我们整个的一套业务流程设计、业务结构设计、金融产品设计，小到一个表格的设计，都要符合农民的需求，让他们感觉方便而亲近。掌政农村资金物流调剂中心提出"亲农"的理念，就体现了乡土文化。

掌政农村资金物流调剂中心针对乡土文化的特点，设计了独具特色的客户调查表。在这张调查表中，不是像正规金融机构那样简单地列出一个农户的资产和可抵押物，而是针对乡土文化的内涵，把能够揭示一个农户的生产致富潜力和品质特征的变量挖掘出来，这些指标才能够全面而深刻地反映一个农户的未来信用和还款能力。从农户家庭有几亩地到这个家庭（主要劳动力）是否能吃苦，从农户的性格上考察其是否有热情参与集体活动，到对农户的职业的考察（种粮、种菜、养鸡、养牛、贩运等），从有没有家庭事故保险和医疗保险，到考察户主有没有驾驶技能或其他特长，从家庭是否和睦幸福、家庭成员是否互相尊重、子女对父母是否孝顺，到街坊邻里对该农户的道德评价等等，所有这些指标，都是一些正规金融机构比较忽视的软性指标，而在掌政农村资金物流调剂中心这里，却是衡量一个农户信用状况、生产能力、还款能力和意愿的重要参考变量。重视乡土社会中的软信息，是成功的微型金融机构的秘诀。这些根据当地实际情况而制定出来的考核指标，适合于当地的文化和民俗，为微型金融机构提供了特别真实可靠的信息，而且很容易与农民进行沟通，能够唤起农民的信任感和认同感。在掌政农村资金物流调剂中心的营业大厅里，为了拉近与农民客户的距离，员工与农民客户沟通时都亲切地称呼对方"大叔、大妈、大哥、嫂子"，而不是尊称对方为"先生、女士"，从这些适应当地乡土文化而作出的细微的变化方面，可以看出乡土文化在掌政农村资金物流调剂中心的深入人心。

以乡土文化为指导而制定的信用考察指标，使掌政农村资金物流调剂中心能够真正发现有价值的客户。在掌政镇横城村有一个残疾青年叫闵仟，为人朴实憨厚，孝顺父母，也非常能吃苦，但是由于身患残疾，一只手丧失劳动能力，因此生活比较困难。2009 年春，闵仟想种植果树却无力购买树苗。信贷员在了解到闵仟的品行和能力等情况后，向他贷款 6000 元并免息，对闵仟进行了巨大的扶持。到了秋天，果实成熟，闵仟按期归还了本金。此时掌政农村资金物流调剂中心看到闵仟心态积极，为人诚信，为了支持他扩大种植，又给他贷款 15000 元，并给以降息优惠，极大地减轻了他的还款负担，现在闵仟一家的生活已经发生了彻底的改变。这个生动的案例说明，一旦确立了自己的乡土文化，一个微型金融机构就可以用一种农户更感到亲切的方式开展业务，更重要的是，微型金融机构的一切产品开发、信用考察等，都围绕着农民的实际情况来展开，这为微型金融机构拓展商机、挖掘和培育潜在客户提供了可能。

第二是信用文化。信用文化一方面是培育农民的信用，培育客户的信用，另一方面也要培育本机构的信用，使经理人和信贷员都要有信用意识。信用文化意味着农村金融机构要有信用观念，要设计比较严格的业务流程，要在客户信用的甄别方面做细致的工作；同时，还要让客户觉得农村金融机构自身有信用。这是一个互动的过程。

掌政农村资金物流调剂中心为了塑造信用文化，主动与掌政镇政府、村委会密切配合，大力培养农户的良好道德意识，在村庄中树立守信为荣、失信可耻的道德风尚，对当地民俗文化的改善和社会风气的好转起到积极的作用。中心在各村成立农户信誉评定小组，按照信用户评定标准、等级和评定办法，对农户进行信用等级评定，根据农户的不同信用等级给予不同的授信额度，真正让农户的信用成为贷款的"质押担保品"。在贷款流程的设计方面，中心充分考虑到农民和中小企业的生产特点，相当一部分农户和微型企业纯粹是信用贷款，需要相应的承诺。如何才能让贷款农户有更强的信用意识和更大的还款压力呢？中心设计了一个还款承诺书，而且对还款承诺书进行了别具匠心的设计。这个还款承诺书需要这个农户的全体成员签名，包括配偶、子女（含未成年子女）。掌政农村资金物流调剂中心的用意是让所有的家庭成员都看到贷款的发放过程，整个家庭都树立一种贷款必须偿还的诚信意识，尤其是让农户的子女签字，对户主（借款者）而言是一个不小的心理压力，如果他将来不还款，则意味着在家人和子女面前失去了诚信的榜样和模范，会让家人和后辈瞧不起。这种独具特色的还款承诺书所带来的心理压力，成功地强化了贷款人的信用意识。从某种意义上来说，这种独特的还款承诺书的设计也是成功把握和运用乡土文化的结果，正是深刻地理解和把握了当地乡土文化的特点，才使掌政农村资金物流调剂中心设计出这样的在金融业界独一无二的还款承诺书。

培养农民的信用意识，不能够教条主义地执行那些信贷政策，而应该根据农户的实际情况，适当进行灵活的调整。在掌政农村资金物流调剂中心贷款，客户什么时候有资金什么时候还，可以有多少资金就先还多少，只要在贷款期限内按时还款就行，这种还款制度在大部分情况下应该不折不扣地进行，但是在一些特殊情况下，为了培育农民的信用意识，还应该对特殊事件进行具体的考察，制订具体的策略。对于那些到期不能按时偿还的贷款，掌政农村资金物流调剂中心并不是简单地认为借款人不诚实或没有信用，而是到借款人那里实地考察情况，搞清楚借款户不还款的真正原因，然后再制订相应的对策。如掌政镇春林村社员安万祥，在掌政农村资金物流调剂中心贷款3万元，建设猪舍开始养猪，但是到期没有能够偿还贷款。信贷员到家里了解情况，得知他正在养殖的肉猪还有两个月才可以出售，贷款期限到期的时候，他不仅没有还款的资金，连两个月的猪饲料都没有资金购买，辛苦养殖的肉猪眼看要断粮了。看到这种情况，掌政农村资金物流调剂中心认为客户有能力偿还贷款，只不过因为养殖的周期与贷款周期不匹配，因此决定不仅不催还贷款，而且又给他追加贷款1万元，解决了他购买猪饲料的资金难题。两个月后，安万祥全部偿还了贷款本息，他的信用意识也增强了，同时也增加了对于掌政农村资金物流调剂中心的信任和感激之情，一种良性的"金融机构—客户"信任关系自然形成了。

当农民客户因自然灾害或者不可避免的原因，导致生产经营失败，从而拖欠贷款，在这种情况下，掌政农村资金物流调剂中心也会适当调整贷款条件，帮助客户渡过难关。掌政镇14队社员王兴，在长湖村承包15栋温棚种植，因购买棚膜、化肥、种子等缺少资金，在掌政农村资金物流调剂中心申请贷款5万元，2009年底，因水渠倒塌以及年底的大雪造成两栋大棚破损倒塌，严重影响了家庭收入，致使贷款未能及时偿还。信贷员在了解情况后，认为王兴本人人品很好，心态诚恳，很能吃苦，不属于恶意拖欠，相信这个农户在渡过难关之后能够恢复生产，具备还款能力，因此给王兴以展期和降低利率的特许优惠待遇，帮助王兴摆脱困境。这样灵活的处置方式，不仅增强了客户的诚心意识，而且拉近了农民与微型金融机构的距离，使得机构的美誉度和凝聚力都有所增强。

第三是合规文化。合规文化是金融机构内部所有人员都主动遵守各种规章制度、自觉维护规则的有效性和权威性的一种机制和文化氛围。笔者在一些农村金融机构调研，有一个深刻的印象，就是大多数农村金融机构的业务运作都有相当程度的随意性，不是那么严格和规范，办事的风格很随便。银行是一个高度注重程序、规则的行业，掌政农村资金物流调剂中心尽管是一个微型金融机构，但是也应像一个银行一样建立严格的规则，努力构建合规文化。在任何程序，都注重规则和细节，每个员工和管理人员都要有清晰的合规意识，严格按规范办事，不能够超越合规底线。

掌政农村资金物流调剂中心在合规文化的创建中注重以人为本，发挥员工的主观能动性，而不是让员工"被动合规"。对新进入公司的员工，掌政农村资金物流调剂中心就对其进行系统的入职合规培训，让员工牢固树立起"合规从业"的理念。当然，对员工的合规教育不仅在入职阶段，而且应该贯穿其金融职业生涯的始终。在每个季度，掌政农村资金物流调剂中心会针对近期常见的不合规问题，召集员工进行讨论，并定期学习相关的合规政策与制度框架。通过持续的讨论学习，使员工熟知各项合规管理规定，并不断加强合规管理的意识和观念，完善合规文化。对员工和管理层的合规情况，公司进行及时的监督（主要由人事主管和信贷主管来负责），对员工的电话、会议纪要、审贷会记录、客户档案等进行及时的监控，定期安排协查经理陪同调查。监察制度的设立，使员工对于"规则"心存敬畏，在每一个经营环节都谨慎行事，合规办事，尽量避免违规行为。为了塑造合规文化，强化员工和管理者的合规理念，公司还制定了每周一次的合规例会，每月一次的合规检查例会，把检查出的问题公开化、明朗化，并作相应的整改。每季度一次合规评选，全体员工投票竞选服务标兵、业绩标兵、合规标兵并加以奖励，使员工理解合规与优质服务、业务发展之间的辩证关系。

合规文化的构建是风险防范的第一步，是克服操作风险的第一道屏障。掌政农村资金物流调剂中心鼓励员工以主人翁的姿态参与到合规文化的建设当中，改"被动合规"为"主动合规"，倡导员工主动发现合规风险和隐患，变"事后规范"为"事前防范"，把各种操作风险消灭在萌芽状态。在某次关于合规文化与风险防范的意见征集会上，员工们对实践操作中发现的客户授信表中的不合理部分进行了讨论，并及时修正客户信用评估表格，使有关客户信用的信息能够更好地体现出来，更贴近农户的实际情况。中心还注重对不同的合规行为进行区别处置，既讲究原则，又有灵活性。对于违反合规原则的事情，按规定进行相应的惩戒，对于严重不合规的行为人，则给以辞退，比如曾经有一位信贷经理严重违规操作给自己的亲戚贷款，最后被公司辞退，这对中心的员工产生了很大的影响。而对于员工因为对政策规定不熟悉或履职中的微小偏差，则在给予批评纠正之后予以免责或从轻处理，并对其进行合规教育，鼓励员工在出现操作失误时主动迅速地上报合规监察部门，而不是试图掩饰自己的不合规行为。合规文化只有以人为本，才能深入人心。

第四是制度文化。很多农村金融机构几乎没有什么制度设计，他们仅仅有一些挂在墙上的规章。这些挂在墙上的东西是没用的。制度的设计应该使企业的文化得到贯彻。制度包括一些规则的设计（如开会的规则、贷款客户沟通的规则、授信的规则等）、仪式的设计（如上班的仪式、重要场合的仪式等）、节日的设计等。举例来说，微型金融机构可以设计一个"客户节"，一年举行一次，对客户表示感恩，同时也在"客户节"上宣传微型金融机构，就重大的事件与客户沟通，同时借这个场合让监管部门的官员了解微型金融机构的运作情况。

建立制度文化，不能简单地模仿和复制，而应该根据自己的企业状况进行有针对性的制度建构和创新。掌政农村资金物流调剂中心从公司的定位出发，适应公司所在地的社区文化，并考虑到乡土社会中客户的具体情况，制定并逐步完善一整套规章制度，并力求制度的系统性、可持续性和周密性，并在制度实施的过程中不断加以调整，与时俱进，使制度不仅具有权威性，还具有一定的灵活性和弹性。比如，掌政农村资金物流调剂中心制定的贷款流程制度，是根据公司信贷员大量的田野调查来测算授信额度，再建立诚信档案，然后信贷员按照授信额度发放贷款，在贷款后还有信息的追踪制度和定期的考核。中心频繁派人深入农户搜集和更新信息，对农户家庭状况、收入状况、担保情况、诚信状况、生产状况、信贷需求、发展计划、邻里关系、人品口碑等情况进行全面了解、综合分析和详细记载，并结合调查结果与各村村支书对农户的总体评价，建立农户信用档案。同时，成立农户信誉评定小组，对农户的信用等级进行评定，根据信用等级给农户授信。最后通过信誉约束、内部成员监督、多户联保等方法，为客户提供贷款，在发放贷款的过程中，严格按照公司信贷规定办理严禁信贷员接受客户礼物吃请。贷款制度的制定和修订，都体现了公司

"日新其德"的企业哲学，而任何创新都建立在对当地文化风俗和农户家庭的深刻把握的基础上。

掌政农村资金物流调剂中心在制度实施过程中还非常讲求刚性规定与柔性管理相结合的制度文化，即以制度为准绳，同时通过人性化的管理来落实制度，从而形成一种刚柔相济的制度文化。比如，掌政农村资金物流调剂中心规定，不同年龄段的客户授信评分不同，且根据实际情况确定 45～50 岁为最优年龄。年龄低于 28 岁和超过 60 岁的客户，原则上不予受理。年龄太轻的客户，由于大多数没有责任田，其流动性较大，大部分在外打工，没有稳定的家庭基础和职业基础，因此公司对 28 岁以下的年轻人的信贷需求一般都不予考虑。对年龄偏大的客户也是基于同样的考虑，年龄越大，其风险就越大，其创业成功的可能性就越低，因此一般也不予考虑。但是这个规定并不是一个没有丝毫弹性的教条式的制度，根据具体的情况，这些制度都可以适当突破。如掌政镇横城村的一个农民，26 岁，家庭情况较好，在当地的口碑也很好，审贷会经过慎重考虑批准给他贷款。再如碱富桥村的一个社员，24 岁，家庭经济基础好，本人非常能吃苦，人品很好，发展潜力很大，并且有当地村书记作担保，近期确实有信贷需求，经过详细的信息核查之后，掌政农村资金物流调剂中心决定给他发放贷款。对于年龄稍大的客户也是如此，例如洼路村的一个社员，65 岁，超出了公司规定的年龄，但考虑到这个社员既是当地的养殖能手，同时家庭经济基础很好，从来没有银行负债，该农户有很大的发展潜力，因此公司也通过审慎判断决定给他发放贷款。这些例子都说明，制度虽然很清晰，也具有权威性，但是根据具体的情形，也可以进行变通，只有刚柔相济，才使得制度发挥其最大效力。

14.3 经营哲学

掌政资金物流调剂中心成立初期，确立了自己的经营哲学，即："植根乡土、关怀民生、日新其德、中道笃行"。

"植根乡土"——这四个字阐明掌政农村资金物流调剂中心的定位与战略指向。掌政农村资金物流调剂中心的根在农村，其使命是实现农村的反贫困，其客户的主体是农民和农村中小企业，其不断发展的根基是农村社会的不断发展与新农村建设的不断深入。"农"是掌政农村资金物流调剂中心的立身之本，是中心发展的源泉。脱离了"农"字，中心就失去了这个根，就偏离了方向。这四个字的更深层次的含义是，中心的企业文化也要建立植根乡土的金融文化，要与社区内的农民形成一种文化共同体，要使中心在农民中间具有向心力和凝聚力；同时中心的一切制度设计和一切运行机制都要符合乡土文化特征，不能照搬一般商业银行的制度。

"关怀民生"——这四个字表明掌政农村资金物流调剂中心的企业社会责任。十七大提出加强民生建设，中心作为一个新型农村金融机构，也担负着这样的使命。中心要把企业社会责任体系的建设纳入到整个企业发展的战略中去设计，去考虑，而不要把履行企业社会责任当作一种额外的负担和压力。关怀民生，关注社区内农民的生活，致力于农民的反贫困与全面发展，这是作为一个农村金融机构的根本使命，这个工作做好了，企业才会有客户美誉度，农民才会对中新产生认同感。

"日新其德"——汤之《盘铭》中说："苟日新，又日新，日日新"，日新其德，就是指作为一个人或一个组织，要有不断创新的精神。金融机构发展的动力来自于顺应客户需求不断开发新的金融产品，不断更新自己的运营机制和内部制度。企业都要讲创新，金融企业尤其要讲创新。日新其德，意味着永远不满足于现状，永远有更高的目标与追求。

"中道笃行"——"中"是中国文化中特别强调的一种文化特质。"中"意味着中庸、稳健、不偏执、不走极端。《中庸》里说："喜怒哀乐之未发，谓之中；发而皆中节，谓之和。中也者，天下之大本也；和也者，天下之达道也。致中和，天地位焉，万物育焉"。作为一个金融企业，保持中道稳健的风格是非常重要的。在业务开展、金融创新、战略选择、内部治理上，都要贯彻中道稳健的作风，不偏执，不走极端。中道的精髓是保持一种平衡感，这样才能走得稳健。笃行，就是要坚持不懈，恒心专一，这样才能达到目的。

🖿 14.4 服务宗旨

掌政农村资金物流调剂中心的服务宗旨是："亲农帮农、惠民致富、互信互利、稳健经营"。

亲农帮农——掌政农村资金物流调剂中心的经营哲学以"植根乡土"为首，其服务宗旨必然以农民的需求为基本导向，在提供任何金融服务的过程中都要贯彻以农民为中心的原则。"亲农"，意味着要视农民为亲人，将作为银行客户的农民视为自己的"衣食父母"，对客户始终怀有一种亲近、感恩之情。在这种服务宗旨指导之下，掌政农村资金物流调剂中心的员工不是把自己当作居高临下的放贷者和施舍者，而是把自己当作农民的贴心人，使农民客户从进入中心的那一刻起，就使农民对中心有一种亲近感。我国在长期的小农经济下，农民天然形成对正规金融机构的疏远感，他们对富丽堂皇的银行敬而远之，这在无形中压抑了他们的信贷需求。而掌政农村资金物流调剂中心的"亲农"宗旨，拉近了金融机构与农民的距离，使农民乐于到金融机构寻求信贷支持，把金融机构当作自己的合作伙伴。以亲农帮农为宗旨，使得掌政农村资金物流调剂中心的一切工作都围绕农民的需求而展开，他们在客户访问、信息搜集、信贷手续的办理等各个环节，都考虑到农民的习惯、需求和愿望，使他们充分感受到中心信贷程序的方便快捷，从而使他们更乐意与中心发生信贷交易。

惠民致富——掌政农村资金物流调剂中心的一切服务的最终目的，是实现农户、农村中小企业和农民合作社的收入增长和可持续发展。"惠民"，不仅意味着以信贷方式惠及百姓，从而实现金融反贫困，而且考虑到不同层次农民的实际情况，给他们最优惠的信贷条件。如掌政农村资金物流调剂中心对于入股的农民股东（即参加中心资金互助的农户），给予最优惠的利率水平；对于一些家庭生活困难的弱势群体，则发放低息甚至免息的信贷。"惠民致富"的服务宗旨，使农民感受到了掌政农村资金物流调剂中心给他们带来的实惠，他们的致富也给中心带来更大的社会美誉度，从而使中心的业务拓展有了坚实的基础。

互信互利——金融机构是最提倡信用的，这种信用既体现在对客户的信用要求上，也体现在金融机构本身的信用实践上，最终要在金融机构和客户之间实现"互信"。掌政农村资金物流调剂中心一直对农民客户宣传一句话："农民是最讲信用的，我们就是农民最可信赖的朋友"。这句话把金融机构和农民客户之间的互信关系讲得很清楚。农民讲信用，就可以保障微型金融机构的资产质量，而微型金融机构资产质量的提升，可以为农民带来更充足的信贷资金来源，从而有利于农民的致富；反过来，微型金融机构也要对农民讲信用，要以农民客户为核心，不断开发适于农民客户的金融产品，对于那些守信的客户，要给以更加灵活优惠的信贷条件和更加便捷的金融服务。这样就实现了农民和微型金融机构之间的"互利"：农民的信贷可及性得到提升的同时，微型金融机构也获得了快速的发展。

稳健经营——稳健经营是一个金融机构的生命线。稳健经营以"中道笃行"为其经营哲学，这句话落实到经营宗旨上，就是稳健经营。一个银行，大致有三个经营目标，即盈利性、稳健性与流动性。商业银行的管理者，要懂得在这三个经营目标之间寻找巧妙的平衡，不能顾此失彼①，尤其不能因为要追求高盈利而忽视了稳健经营。

银行业或广义上的金融业是一个风险高度集中的行业，作为一个银行的管理者，不能不高度关注银行的安全性，成熟的高瞻远瞩的银行家都懂得稳健经营的重要性，因为他们知道，银行的稳健性和安全性是银行盈利性的基础，而银行的稳健性与银行在大众心目中的信誉度紧密相关。银行面临的风险多种多样，这些风险既包括传统上所说的信用风险、利率风险与流动性风险，也包括随着金融自由化和金融全球化而带来的国家风险、转移风险、市场风险、操作风险、法律风险、环境风险和声誉风险。由于这些风险的存在，使得银行时时面临多种危机的威胁，如果一个银行或金融机构盲目冒进，不注重自己的风险管控，则最终往往以破产而告终。

一个微型金融机构要做到稳健经营，必须注意以下几个方面：

---

① 熊继洲、楼铭铭编著：《商业银行经营管理新编》，复旦大学出版社 2004 年版，第 7～10 页。易纲、吴有昌著：《货币银行学》，上海人民出版社 1999 年版，第 168～173 页。

第一，科学安排资产结构。微型金融机构应合理安排贷款的不同期限，合理安排不同风险的贷款的比例，以保证经营的安全性，优化资产结构。

第二，尽最大努力提高资产质量，严控不良资产规模。在发放每一笔贷款之前，都要对资金需要者做细致的信用调查，在确定发放贷款之后，又要审慎决定贷款的规模、期限与利率水平；在贷款使用过程中，又应对贷款客户进行密切的追踪与监督，及时了解其经营状况。

第三，对员工与管理层进行金融伦理教育，防止经管者的道德风险。大量导致金融机构破产的案件是因为金融机构经管者的道德风险而发生的，因此对员工进行金融伦理教育异常重要。对于那些存在道德风险、不合规操作的员工，要进行及时的惩戒。

第四，建立有效机制预防意外事件的发生。为此，微型金融机构要保持适当的流动性准备，以应付各种流动性需要，同时设立呆坏账准备金，用以冲销无法收回的不良资产。

14.5 员工价值观

掌政农村资金物流调剂中心的员工价值观是："慎独、慎始、克俭、克恭"。

慎独——儒家经典中十分强调"慎独"，即强调一个君子即使在独处的时候也要谨慎行事、对自己有极为严格的道德约束，不因为没有人监督而松懈和放纵自己。在一个金融机构中，慎独意味着员工（包括管理者）时刻以金融机构的规范来约束自己，即使在缺乏监督的时候，也要在每一个操作流程中做到合规，尽力减少操作风险和道德风险，不做对金融机构不利的事情。这对金融机构的员工提出了很高的伦理要求。金融机构仅仅依靠监督体系来规避操作风险和道德风险是不行的，监督体系不仅带来更高的监督成本，而且其效果不一定很好。最有效率且成本低的方法是对员工进行伦理教育，使其在任何场合都做到"慎独"，就可以极大地降低操作风险和道德风险。"慎独"是建立金融机构合规文化的根基所在。

慎始——在儒家传统的行为模式中，特别强调"慎始善终"的理念，即每件事情开始的时候，要特别谨慎从事，应对这件事情的内外部条件作周密的考察，对其利弊轻重作出谨慎的判断，对其成本收益进行严密的估计，然后再决策，这就是慎始；而一旦决策，就要把这件事情一丝不苟地处理好，尽善尽美地完成它，这就是善终。慎始要求不盲目决策，不鲁莽行事，要有备而行，要有足够的把握；善终要求一定要达成最后的结果，要完美收场，不能半途而废。从金融机构的角度来说，"慎始"的价值观要求信贷员或决策者在开始一项信贷发放或金融产品之前，要对客户作周密的信用甄别和信息搜集，要对金融产品可能存在的风险作缜密的考察，在源头上降低不良贷款发生的概率。员工做到了"慎始"，很多工作的失误就被消灭在萌芽状态，这是金融机构员工非常重要的一个工作理念和行为习惯，也是金融机构稳健经营的要义所在。

克俭——俭是我国传统文化中得到突出强调的价值范畴。老子说：吾有三宝，持而保之，一曰慈，二曰俭，三曰不敢为天下先。克俭要求一个人要俭朴，不奢华，不铺张，对自己的物质欲望要有自觉的克制，在做每件事情时都本着节制的原则。对于一个金融机构而言，克俭意味着员工在日常工作和经营管理过程中始终秉承节约成本、控制成本的理念，坚持"最小成本原则"。比如汇丰银行，在其经营中特别强调成本原则。汇丰强调"有效高效的业务运作"。"有效高效的业务运作"指重视业务运作的有效性、低成本和高效率。有效性强调做正确的事，低成本意味着花费较小的代价做事，高效率重视正确地做事。汇丰银行要做到在每项业务的各个环节"有效高效地运作"，就必须尽可能地简化业务流程，省略不必要和不合理的环节，尽量节约成本，避免做没有效果的事情，同时，员工能够在严守制度规定基础上尽可能自觉提高办理具体业务的速度和降低办理业务的成本尤为关键。这样，银行便可以大幅降低做同样业务的成本，或以相同成本做更多的业务，从而有利于实现股东利益最大化。

克恭——恭者，敬也。恭敬是一种内心的虔敬状态，是一种肃穆、谨慎、恭敬、诚笃、敬畏的精神状态。外化而成为一种为人处世的行为模式。恭敬的对象有很多，可以分为敬人、敬事、敬身。敬人是对别人的尊重。企业的人力资源管理中要恪守"敬"的原则。孟子说："君子所以异于人者，以其存心也。君子以仁存心,以礼存心。仁者爱人,有礼者敬人。爱人者,人恒爱之;敬人者,人恒敬之"(《孟子·离娄下》)。敬人首先是企业管理层对员工的敬以及员工对企业管理层的敬。企业员工的最大心理需求,莫过于获得企业领导的尊重和认同,寻求一个平等的竞争环境,在这样的环境中,他的人格和能力得到尊重,才华得到施展。只有做到"敬",尊重每个员工的意志和才能,方可调动起员工的创造激情;同样的,员工对管理层的敬会极大地激发管理者的自我成就感、权威感和责任感。敬人还包含着对客户的尊敬和感恩。掌政农村资金物流调剂中心每年定期表彰和感谢信誉户,就是对客户"克恭"的表现。敬事是对自己的事业或自己手中的责任的尊重,也就是敬业。金融机构的员工要以自己手里的工作和职责为荣,要在每一个经营环节中体现敬业和敬事的原则,才会把每件事做得尽善尽美。敬身是对自我价值的肯定,是对自己的"敬",这种"敬"会增强自我的价值认同,激发自我的道德意识、成就意识和责任意识,时刻保持对自我的检讨、警醒和反思,从而使自我人格不断得到完善提升。

14.6 管理理念

掌政风险理念——合规行为消除风险,责任意识控制风险。

掌政信用理念——信用比黄金更珍贵。

掌政人力资源管理理念——人人都是人才,实现员工价值。

掌政发展理念——奠定坚实基础,实现稳健发展。

掌政使命——金融反贫困,构建新农村。

掌政工作作风——严谨、负责、高效、创新。

掌政愿景——成为第一流的农村社区银行。

掌政创新理念——以客户需求为导向,以控制风险为准绳。

掌政客户理念——一切以客户为中心。

|第 15 章|

人力资源

📖 15.1 从人事管理到人力资本管理

　　美国著名经济学家舒尔茨认为，决定人类前途命运的不是空间、土地和自然资源，而是人类的素质、技能和水平。在知识经济时代，我们越来越多地体会到，人不仅是企业生产经营中最活跃的因素，而且成为企业间市场竞争的焦点，人力资源已超越财务资源、技术资源，成为推动企业和社会发展的第一资源。与此同时，有效的人力资源管理体系成为企业和社会不断发展壮大的根本保证。

　　人力资源管理是指为了确保大多数人高效地发挥才能，从而实现公司战略目标而设计的管理系统，其覆盖了人力资源活动的全过程。人力资源活动是由企业内部许多有着内在联系的活动构成，主要有人力资源规划和人员分析、人员配置（招聘和选拔）、人力资源培训与开发、绩效管理与评估、薪酬和福利体系几个环节。

　　人力资源管理的发展历程是从传统人事管理向人力资源管理过渡，并最终实现人力资本管理。人事管理基本上是一种行政性的管理，是以"事"为中心，注重的是对人的控制与管理，人往往被视为一种"工具"。人力资源管理是以"人"为中心，把人作为活的资源加以开发利用，注重的是资源的效率。人力资本管理则是把人作为资本进行管理和利用，人力资本是可以自我创造价值的资本，注重的是资本的投入产出比。人力资源管理发展到今天，发达国家优秀企业已开始向人力资本管理转变①。

---

① 王曙光、乔郁等：《农村金融机构管理》，中国金融出版社2010年版。

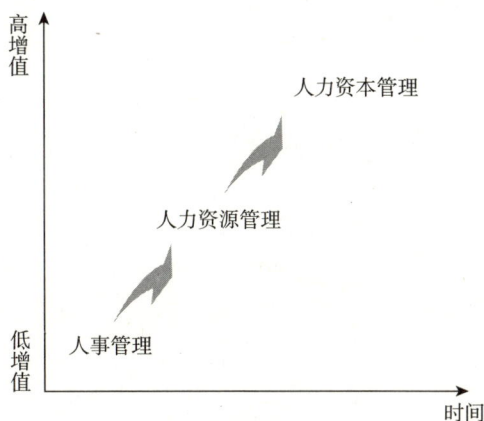

图 15.1   人力资源管理的发展历程

　　当前，农村金融机构存在人员整体素质不高、人才结构不合理、管理理念落后、人才流失严重等现象，究其原因主要是农村金融机构经营管理中，人力资源管理理念远远落后于现代人力资源管理的先进模式，仍然处于传统人事管理阶段，人力资源管理对于业务发展的促进作用没有得到应有的重视。传统的人事管理和现代人力资源管理的最大区别在于传统的人事管理未将员工看作宝贵的资源和财富，没有最大限度的尊重和满足员工的需要，无法充分调动和发挥员工的能动性和创造性。

表 15.1   传统人事管理和现代人力资源管理的差异比较表

项目	传统人事管理	现代人力资源管理
管理视野	局部性、职能导向	整体性、战略导向
角色定位	具体事务性工作执行者	战略合作伙伴
管理权限	权力集中，劳动人事科室	权力分散，整合到管理一线，人力资源部门、决策层、直线经理、员工
与员工关系	管理与被管理	服务与被服务
工作重心	行政管理，以事务职责为中心	咨询顾问，以人为本
管理形式	被动开展	主动出击

　　可以看到，金融机构忽视人力资源管理，势必会危害到其生存和发展。随着农村金融改革的不断深入，造就一支高素质的员工和高管人员队伍，建立完善岗位、薪酬、绩效三位一体的现代人力资源管理体系，成为农村金融机构稳健发展的根本保障。

█ 15.2 农村金融机构的人力资源管理内容框架

农村金融机构的人力资源管理具有丰富的内容，我们主要通过下图来呈现其大致的框架。

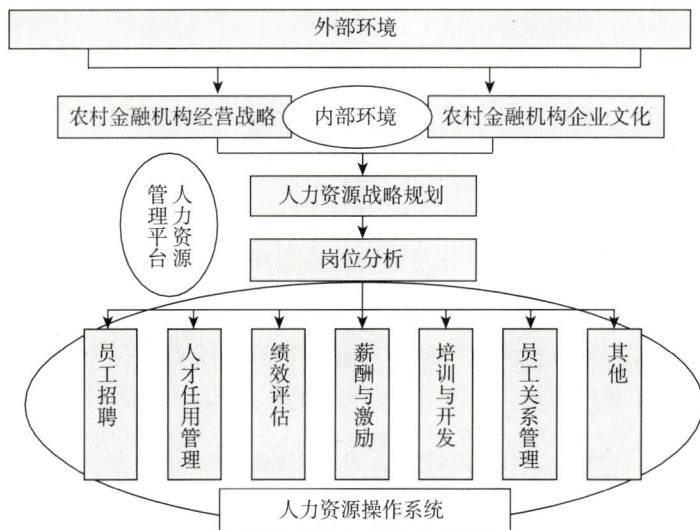

图 15.2 农村金融机构人力资源管理内容框架

（1）人力资源管理外部环境

人力资源管理活动是在一定的外部环境因素的影响下进行的，包括经济状况、有关法律法规、人才市场的供求状况、区域文化等。经济状况将影响农村金融机构能向社会提供的就业机会和向员工支付的报酬等；人才市场的供求状况影响农村金融机构招聘员工的选择空间；区域文化决定了农村金融机构的人才任用标准、薪酬结构等。

（2）人力资源管理内部环境

农村金融机构的经营战略和企业文化构成了人力资源管理的内部环境因素。农村金融正处在一个飞速发展的时代，农村金融机构的经营方式、业务种类和侧重点、操作方法等在不断地发生变化，这种变化来源于外部环境对金融业务需求的变化。对农村金融机构来说，必须提前对变化做出准备，制定切实可行的经营战略和发展规划。战略目标是由人来实现的，人力资源在宏观层次的贡献就是确定企业员工共同持有或认同的核心价值观，引导和塑造员工的行为，最终指向业绩目标。所以人力资源部门要依据经营战略，来制定好人力资源战略规划，为发展准备充足的人力资源。

（3）人力资源管理平台

人力资源管理平台指由外部环境分析、经营战略、文化到具体的各人力资源操作系统实施过程中普适性的技术分析过程，它的主要内容是在人力资源规划的基础上，进行岗位、绩效、人三者关系的分析，包括岗位对公司的价值，关键绩效指标的设定和衡量，以及对任职人的能力素质要求。其主要结果是岗位体系的构建，这也正是建立招聘、培训、考核、报酬等人力资源操作系统的共同依据。

（4）人力资源操作系统

人力资源操作系统是指员工招聘、绩效评估、薪酬与激励、培训与开发等人力资源管理的政策、制度、程序，它们是企业人力资源策略的具体实现途径。因为建立在同一个平台上，所以各操作系统不是相互独立，而是紧密联系的整体。

图 15.2 不仅说明了农村金融机构人力资源管理的内容框架，同时也表明了人力资源管理的流程，内外部环境因素是输入端，各操作系统是输出端，作为流程的最后一个环节，操作系统的执行体现和融合了经营战略和企业文化的要求，保证流程的实现。这一流程对农村金融机构的意义在于，一是推动长期战略实现，二是促进近期经营业绩提升，而业绩提升又是以推动战略实现为方向的。这也是人力资源系统为企业贡献的价值所在。

15.3 掌政人力资源管理模式（一）：人才任用管理

掌政农村资金物流调剂中心作为一个新型的农村金融机构，结合自己的实际业务运作和经营管理要求，建立了一套以公平、公开、公正为原则的选人用人机制，打造人格高尚、业务专强、善于应变、精通管理的高素质管理人员队伍，建立了"岗位—薪酬—绩效"三位一体的现代人力资源管理体系。

人才任用管理的基础是员工的招聘。员工招聘就是指农村金融机构为了业务发展的需要从组织内部或组织外部吸收人力资源的过程，它是人力资源管理的基本环节，它关系到农村金融机构员工的素质和品德，也就直接关系到农村金融机构未来的发展。掌政农村资金物流调剂中心在招聘员工的过程中，注重员工的综合素质，注重从公司长远发展战略的高度出发来选拔人才，注重人才对农村金融事业的热爱程度和对乡土社会的熟悉程度的考察。

针对公司发展初期员工的综合素质不高、文化水平偏低、综合结构不佳等问题，掌政农村资金物流调剂中心主要从以下方面加强员工的任用管理。

第一，坚持正确的用人导向，培养选拔一批综合素质强、有领导能力、有专业素养、人格高尚的优秀人才担任部门高管。掌政农村资金物流调剂中心建立管理人员定期轮训制度，以提高综合素养、更新思想观念、改善知识结构为重点，全面增强重点核心岗位人员处理复杂问题、开拓创新、综合竞争、经营管理和领导决策的能力。现在，掌政农村资金物流调剂中心经过近 4 年的运作，已经初步形成了一个综合素质较高的高层管理者队伍，经过参加国内各种研讨会以及公司内部的知识培训，管理层的知识结构得到极大的改善。

第二，调整优化管理队伍结构。采用专业知识测试，胜任能力评估、综合素质考察等公开选拔方式，遴选一批熟悉金融运营规则和政策的优秀管理人才，敞开门户，广纳贤才。掌政农村资金物流调剂中心强化对各级管理人员的年度考核和任期考核，对不胜任、不称职的管理人员要给予降职或免职。高度重视高级管理人员团队成员的年龄、学历、专业、性格、气质的合理搭配，改善结构，增强团结，形成合力，实现管理人员团队的优势互补。根据每个人才的性格与知识结构不同，委以不同的重任，安排相应的职位。如掌政农村资金物流调剂中心某员工，性格爽快敢作敢为，有开拓精神和领导能力，为人正派有凝聚力，又有多年的金融业从业经验，则被委任为经理；某中年员工有三十年银行工作的经验，为人朴实诚恳，作风稳健公正，则委任其担任财务主管，并掌管全公司的贷款流程设计和合规管理监察；某大学生员工曾经有担任教师的经历，写作能力较强，文化素养较高，则委任其担当企业宣传、企业文化策划和撰写企业社会责任报告等重任。所有这些，都体现了掌政农村资金物流调剂中心知人善任的用人机制：知人，就是深刻了解员工的知识结构、性格特点和禀赋；善任，就是把人才安排到合适的岗位，安排到最能发挥其才能禀赋的岗位。人人是人才，无不可用之人才，关键是如何用好人才，如何让人才各得其所，人尽其才，才尽其用。

第三，掌政农村资金物流调剂中心对于目前在任的管理人员，通过脱产培训等方式，全面提高管理人员的业务拓展能力、处理复杂问题能力、综合竞争能力、风险防控能力和经营管理能力，为做好农村金融业务夯实领导基础。

第四，加强后备管理人员队伍建设。掌政农村资金物流调剂中心通过业务培训、岗位轮换等工作等方式，丰富实务经验，全面增强后备管理人员驾驭复杂局面能力、解决实际问题能力、市场竞争能力、风险防范能力和组织领导能力，构建一支数量充足、素质优良、结构合理、堪当重任的后备管理人员队伍。

15.4 掌政人力资源管理模式（二）：绩效管理与考核体系

15.4.1 绩效管理的含义、原则与内容

绩效管理是组织用来确定绩效目标、评估业绩表现、识别业绩实力和发展需求，激励员工业绩持续改进，从而实现经营战略的管理体系，其既是监督和培养员工的过程，同时，也是一种战略管理工具，它使公司可以将员工的贡献和公司的优先发展顺序结合起来，并鼓励员工参与对自己和公司绩效的管理，建立各层次的绩效责任。

首先绩效管理有利于提高经营业绩，让员工明白公司想达到什么目标及什么是值得鼓励的，从而引导员工的行为与公司、部门的战略与方向保持一致，以期持续提高业绩。其次绩效管理有利于培养人才。通过绩效评估，向员工渗透公司的价值观与期望，员工在工作中取得成绩和进步，通过绩效管理，得到领导和同事们的承认和肯定，可以更好地激励其发挥技能和潜力，员工如存在

不足和缺点，通过绩效考评，让其清醒认识到公司的期望与其当前自身能力之间的差异，了解自己应该在哪些方面得到提高，从而自发性地改善自身能力，同时通过绩效管理，可以发现员工的长处与不足，优势与劣势，从而根据员工培训的需要，制定具体的培训措施与计划。同时绩效管理有利于激发潜能。绩效管理的结果将被应用于薪酬管理、人才选拔和晋升、辞退等方面，因此，建立依据员工报酬与贡献相匹配的管理体系，将有利于提高工作的积极性，激励员工多做贡献，激发员工潜在能力的释放。

在实施绩效管理的过程中，要把握"衡量客观、操作透明、兼顾平衡、简单易行"的原则。所谓衡量客观即尽量采用客观的衡量标准去衡量员工绩效，以使评价标准明确；操作透明指在绩效管理的过程中，要求员工参与目标设定和行动计划的制定过程，参与自己的绩效面谈，使员工了解自己的绩效目标与绩效计划，以及上级如何评估自己的绩效；兼顾平衡指在绩效评估指标的选择上，建议采用平衡计分卡的工具，做到长期性指标与短期性指标的平衡，财务指标与非财务指标的平衡，先导性指标与滞后性指标的平衡；简单易行即指在不牺牲以上原则的情况下，尽量做到简单、易于操作，降低管理成本。

绩效管理是将公司的战略、资源、业务和行动有机地结合起来，构成完整的管理体系，其运作包括组织和个人两个层面。绩效管理首先从公司发展战略和经营计划出发，确定绩效计划，主要是完成组织及个人的绩效目标、指标及权重设置的过程，设定绩效计划的目标，向员工明确组织的发展目标和方向以及对他们个人绩效水平的期望；其次在运作过程中要持续进行绩效反馈与辅导，即经理或管理人员就员工的工作进展提供连续性的辅助和指导，实施观察与记录，以明确其正确工作态度和行为，了解工作进展；再次要进行绩效评估，对个人和组织分别进行绩效考核，最后将评估考核结果运用到薪酬福利、职位调整、绩效改进计划、员工培训等方面，进行激励回报。

15.4.2 掌政农村资金物流调剂中心的绩效考核体系

掌政农村资金物流调剂中心的绩效考核结合信贷操作和信贷管理办法，对信贷人员进行量化考核，实行百分制，有加分、减分项。主要考核内容分为：勤务态度、任务指标完成情况、贷后检查质量。

（1）勤务态度

该项考核总分为 10 分，按月考核，按季度汇总，主要考核信贷员日常工作纪律，其中包括仪表、接人待物、遵章守纪、卫生清洁等情况。这些考核指标，主要引导员工在工作时间保持良好的工作秩序和工作状态，保持环境的整洁，这对于减少操作风险至关重要，同时也对外形成良好的形象，使客户和合作者产生良好的印象，有助于公司业务的拓展。考核要素具体如下。

①遵章守纪：严格遵守公司各项规章制度（3 分）；工作时间坚守岗位，有效利用工作时间，不做与工作无关的事情（3 分）；听从管理人员指挥，服从任务安排（2 分）。

②劳动纪律：每日的卫生清扫及临时劳动积极主动（1 分）；分管区域的清洁，办公桌面清洁有序（1 分）。

③加分项：各项集体劳动中，态度积极、清扫细致干净，并主动帮助他人，且桌面整洁，分管卫生区域始终洁净（3 分）。

④减分项：劳动不积极，打扫不干净，办公桌凌乱，不讲卫生（1 分）；工作时间串岗聊天，上网聊天，嬉笑打闹，做与工作无关的事情（1 分）；无特殊理由不穿工装，不戴工牌（1 分）。

（2）贷后检查质量考核

该指标占 40 分，主要考核信贷员贷款清息、还款质量、客户投诉等方面，对信贷员的贷款质量进行综合考察，该项按月考核，按季度汇总。

贷后检查包括以下内容：

①贷款的用途和效果。

②了解贷款户的发展意愿和目标。

③了解贷款户的实际困难和基本需求，并力所能及地给予帮扶解困。对于有专业技能需求的贷款户，可协调劳动就业局给予免费技术培训。公司会尽快着手和劳动就业局进行接洽协商，以提高贷款户的专业技能，进而提高其生产能力，保障还款质量。

④引导和培育农户的信用和诚信意识，打造"重信用、讲诚信"的环境，营造公司和农户之间的和谐氛围。

⑤帮助贷款户分析和推荐发展项目，帮助其理财，做到公司和贷款户共同成长、共同发展。

⑥拓展超额服务内容，向农户免费提供各种农资物流信息及种植养殖经验。可定期组织培训，由种植养殖能手传授经验、技能。

⑦积极培育和拓展潜在客户。

从贷后检查的内容可以看出，掌政农村资金物流调剂中心在贷款过程中，不仅关注贷款本身，而且更关注贷款之外的信用环境构建和客户能力拓展。正规金融机构在发放信贷后，往往很少关注客户的能力拓展和技术状况，而且即使是关注，也不可能花费一定的精力和成本千方百计提高客户的能力和技术水平。可是，作为一个微型金融机构，掌政农村资金物流调剂中心面对的是乡土气息浓厚的农村市场，面对的是技术水平和综合素质较低的农户，因此，掌政农村资金物流调剂中心必须花较大的精力来改善农村的信用环境，提高农户的技术水平、经营水平和综合能力，有时还要帮助农户进行生产项目的选择，帮助其进行财务管理。通过这种手段，掌政农村资金物流调剂中心与客户之间形成了一个"命运共同体"——公司通过培训和延伸性的超值服务为客户能力提升和农村信用环境改善提供了基础，而农户能力拓展和农村信用改善也为公司的信贷质量提升奠定了基础，微型金融机构和农户之间形成了双赢的局面。我们不得不承认，以掌政农村资金物流调剂中心为代表的那些优秀的微型金融机构，它们的眼光是比较远大的，他们非常清楚一个道理：助人就是助己，帮扶农民致富乃是农村微型金融机构兴旺发达的基本保障。

（3）任务指标完成情况

该考核共计50分，重点考核信贷员收息情况，是信贷员考核的核心部分，按季考核。考核时间截止到每季度最后一个月的月末，逾期清息的利息收入并入下一季度的考核。该考核的目的，是督促信贷员按照划定的区域范围，按时收取利息，保障公司的利息回收，这是保证公司利润的重要环节，公司对利息收取绩效较佳者给予奖励。为保守公司机密，本节涉及具体金额的数据均以 X 代替，不作为变量处理。

①信贷员任务量说明。根据董事会下达的经营任务，公司在某财务年度全年要创造 X 万元的纯利润，综合公司全年费用 X 万元，公司须完成 X 万元利润。公司现有四名信贷员每人全年需完成 X 万任务，每季度需完成 X 万元任务。

②分管区域的划分。

掌政镇行政村的任务划分：掌政镇现有 13 个行政村，除永南村作为机动村，所有信贷员的业务都可以涉及外，其他 12 个村，根据业务量的分布，分为三组：第一组，贷款余额在 60 万元以上，为茂盛村、五渡桥村、镇河村、春林村；第二组，贷款余额平均在 30 万元左右，为永固村、洼路村、横城村、强家庙村；第三组，贷款余额平均在 20 万元左右，为掌政村、孔雀村、杨家寨村、碱富桥村。4 名信贷员抽签三次，分别从以上三组村子中抽出一个村，每人共抽出三个村，作为自己的分管区域，该区域会定期轮换，以保障信贷员之间的工作的均衡性和收益分配的公平性。

所有非独立拓展的小额信贷业务按顺序轮流分配给信贷员办理。

③利息收入分配比例。所有的信贷业务，由主办信贷员和协办信贷员共同完成，主办信贷员可自由挑选协办信贷员，也可请经理协助调查。

涉农信誉担保贷款及信贷员独立拓展的小额信贷业务，利息收入按主办信贷员 80%、协办信贷员 20% 分配。

非独立拓展的小额信贷业务，利息收入按主办信贷员 35%、协办信贷员 25%、其他两名信贷员各 20% 分配。

由经理协助调查的小额信贷业务，利息收入按主办信贷员 40%、其他三名信贷员各 20% 分配。

④指标分解。信贷员当月发放的贷款中，涉农贷款必须占总贷款的 40%。

15.5 掌政人力资源管理模式（三）：薪酬与激励体系

15.5.1 农村金融机构的薪酬：结构与层次

员工薪酬对调动员工的积极性起着非常关键的作用，是人力资源管理的重要内容。薪酬管理的关键是根据岗位价值、任职者绩效和薪酬定位策略，确定或调整不同类别、不同等级员工的薪酬水平和薪酬差距，逐步使本机构员工收入分配水平向市场趋势靠拢，按市场认可的岗位价值和绩效水平拉开收入差距，建立兼具内部公平性和外部竞争性的薪酬激励机制。

（1）薪酬结构

农村金融机构需建立统一薪酬体系下的差异化薪酬结构，实行统一的岗位绩效工资制，以取代行员等级工资制、职级工资制等各种现行的工资制度。员工的薪酬构成为：

薪酬总量＝岗位工资＋绩效工资＋长期激励＋福利

岗位工资和福利是固定薪酬，岗位价值将取代行政职级作为确定岗位工资水平的决定性因素，即建立"岗薪挂钩、岗变薪变、绩效考评、按绩取酬"、以岗位工资为基础的基本工资制度；农村金融机构内部的福利项目将根据岗位等级拉开差距，实行差别化福利政策，以取代平均化的分配方式，各项津贴和补贴将被纳入岗位工资，锁定并逐步取消。

绩效工资和长期激励是浮动薪酬，根据岗位类别、组织和个人绩效水平决定。长期激励包括企业年金、补充医疗保险、住房补贴、预期收入账户、特殊津贴、优秀人才津贴、个人持股，以及奖励休假、提供培训机会等多种形式。

上述薪酬结构的建立，需要考虑本机构的基本薪酬策略、决定具有竞争性的标准工资、制定薪酬结构的类别、需要多少个薪资结构。其中薪酬策略需要考虑文化与价值观、内部环境、外部环境、竞争性定位等方面因素，确定薪酬体系的主要目标、采用职位付薪酬、绩效付薪还是能力付薪酬、绩效导向等问题。

（2）薪酬管理层次

当前，农村金融机构不仅存在收入差距过小，而且存在内外部分配不公的问题，具体表现为重要、关键岗位的高素质人才收入过低，低于劳动力的市场价位，一般岗位及操作性岗位的职工收入过高，高于劳动力的市场价位，造成一些员工的工作积极性降低。对此，农村金融机构应参照国外商业银行的做法，对人员进行分类管理，分类确定工资，建立公平合理的绩效工资分配制度，实施全员绩效管理，强化绩效考核，构建充分激励、有效约束、多劳多得、体现个性的绩效工资分配模式。

①高级经营管理层。对高级经营管理层的激励，采用年薪制使高管人员的薪酬与年度经营业绩挂钩，从支付形式上保证经营者取得薪酬的合理性；采用"岗位工资＋绩效工资＋股权激励＋福利"的薪酬结构，实行以绩效工资和长期激励为主、岗位工资为辅的分配制度，其绩效工资根据业绩综合考评结果和

本人"德能勤绩廉"考评结果，发放绩效工资分配。

②中级管理层。按照中层管理人员承担的职责和工作业绩合理确定其薪酬水平，在科学判别各岗位劳动差别、难易程度、责任轻重的基础上，合理确定岗位差异系数，竞争上岗，岗能匹配，实行岗位工资＋绩效工资＋适当股权的薪酬结构。经营管理类和业务管理类员工的长期激励以延期支付的绩效工资为主。一般情况下，对关键岗位中层管理人员的股权激励比例可以适当高一些。

③专业类员工，这里专业类员工主要指信贷人员。市场营销人员的绩效工资，与拓展客户、维护客户、吸收存款、发放贷款、风险防控、开发中间业务等业绩指标直接挂钩，或通过内部成本核算与创利水平直接挂钩，通过考核进行绩效工资分配合理拉开收入分配差距，在薪酬结构上，主要采用岗位工资＋营业收入提成的办法，还要考虑其管贷额、管贷户数、管贷质量，以个人绩效为主，与部门绩效挂钩。专业技术人才实行以岗位等级工资为主体的特殊激励政策，根据岗位等级，合理确定岗位系数；建立优秀人才津贴、项目津贴、项目奖励等形式多样的"当期业绩贡献奖励"，以及预期收入账户、补充保险、特惠福利等长期激励措施；对稀缺专业技术人才实行协议工资制度。

④操作层员工，特别是基层一线员工的工作职责相对固定，容易量化，采用"基本工资＋计件工资＋年度奖金＋福利"的薪酬结构，实行以计件工资（工量工资）为主的绩效工资分配方式，根据业务量折算成标准业务笔数，与服务态度、工作质量、业务技能等考核结果相结合，分配绩效工资，尽可能体现按劳分配的公平合理性。

15.5.2 掌政农村资金物流调剂中心的薪酬体系和激励制度

（1）薪酬体系

①工资构成：信贷员工资结构＝基本工资＋绩效工资＋社会保险＋通讯补助＋洗理费＋工龄工资＋午餐补助＋全勤奖。

②绩效工资数额：信贷员季度绩效工资分为两档，内勤人员季度绩效工资为一档。

③绩效工资分配方式：信贷员当季完成利息收入在14.1万元以下者，季度全额绩效工资按 X 元计算；信贷员当季完成利息收入在14.1万元以及以上者，季度全额绩效工资按 X 元计算。超额部分计入年终奖金分配。

④绩效工资计算方法。

绩效工资 = （季度考核分数/100）×季度全额绩效工资

季度考核分数 = 第一项考核三个月平均分值 + 第二项考核三个月平均分值

+ （实际完成利息收入金额/14.1）×50

（注：第一项和第二项考核的具体内容见 15.4.2 的描述）

⑤绩效工资发放方法：绩效工资按季发放。在掌政农村资金物流调剂中心的薪酬体系中，绩效工资是核心部分，信贷员的绩效工资两档之间差别很大，高档绩效工资是低档绩效工资的两倍，这对信贷员形成较大的激励。当然，目前掌政农村资金物流调剂中心因为员工结构尚不复杂，其绩效工资的差异性和层次感还不强，当机构规模扩张之后，其薪酬结构应进一步丰富和多元化，以对各个层次和组织部门的员工形成激励。

（2）激励体系

掌政农村资金物流调剂中心通过物质激励和精神激励两种方法对企业员工进行激励，同时，也通过提供培训机会、进行职位和岗位的调整升迁等方式，对员工进行多种层次和形式的激励，旨在营造一种积极向上的工作氛围，鼓励员工在自己的职业生涯内努力奋斗，并实现自我价值，增强其工作的成就感和自豪感。

①通过评选优秀员工，给以通报表扬，并给予物质奖励，激励员工形成积极的工作态度。掌政农村资金物流调剂中心每季度评选优秀员工，按照四个考核项目，评选纪律标兵、业务标兵、服务标兵、拓展标兵。这些优秀员工虽然得到的物质奖励并不高，但是对员工的精神激励作用却很大，表明他（她）的工作获得了公司的认可与褒扬，这对正面宣传和推广公司的价值观非常重要。

②通过全年全勤奖励，鼓励那些勤恳扎实工作的员工。

③年终奖金的发放：当公司全额完成董事会下达的 X 万元利润目标后，全体员工按全年基本工资总额的20%计提奖金。

④超额提成：超额完成董事会下达的 X 万元利润目标后，董事会对于超出部分计提的超额奖金，按照个人年度累计超额量的多少进行分配。

薪酬管理和激励体系构建的目标是建立多元一体、绩效挂钩、科学合理、公平公正的薪酬与激励体系。坚持按劳分配、效率优先、兼顾公平的原则，实施薪酬管理和激励，根据岗位类别、价值、职责、规范和个人贡献，合理拉开员工之间的收入差距，最终的目的是建立健全以岗位工资制度为基础、长期激励和多元化激励并举的薪酬和激励体系。一个员工在其职业生涯内，最大的享受除了物质收获之外，更重要的是满足其更高的精神需求，即满足其自我实现的愿望，凸显其自我价值，使其在职业生涯中体验自我成就的自豪感。掌政农村资金物流调剂中心的人力资源管理，关键是要在管理人的过程中实现以人为本，要帮助企业员工实现他（她）的个人价值，这是比物质奖励更重要的。

▉ 15.6 讨论：农村微型金融机构人力资源管理的挑战和趋势

作为一个微型金融机构，掌政农村资金物流调剂中心在人力资源管理方面还处在初创和尝试阶段。在这个阶段，由于公司着眼于市场的开拓和客户的挖掘，着眼于公司经营业绩的不断提升和规模的扩大，因此，对员工的管理和激励也以市场业绩为基本导向。但是即使在这个初级阶段，掌政农村资金物流调剂中心仍然在其人力资源管理和激励体系中更多地考虑其他利益相关者的因素，通过激励制度鼓励员工营造与当地社区的和谐关系，营造与农户之间的良好互动关系，培育潜在客户，培育农村信用文化，这些视野开阔、着眼长远的指标设计和激励制度，表明其人力资源管理能够考虑到企业的长远发展战略和经营目标。

但是由于微型金融机构自身的局限性，掌政农村资金物流调剂中心在人力资源管理中也面临着巨大的挑战。由于微型金融机构规模和盈利能力以及服务区域的局限，目前在吸引优秀的大学生到微型金融机构工作方面还存在着很大困难。与正规金融机构和大型商业银行相比，微型金融机构提供的薪酬较低，但其工作环境远较城市艰苦，其面对的客户在文化素质等方面也与城市客户存在一定的差异。所以，在人力资源的聘用方面，掌政农村资金物流调剂中心在现阶段仍需坚持本地化，从本地吸引毕业的优秀大学生充实经营队伍，并以各种方式吸引那些有银行从业经验的业界人士加入到管理团队。无论如何，微型金融机构的人力资源管理要强调员工的"干中学"，强调对聘用员工实施"岗位培训"，使他们在实践中学习适应乡土社会，学会与农户沟通，学会用农村特有的方式来拓展业务。如何在微型金融机构中使员工获得成就感和自豪感，使员工不仅能够留下来，而且能够感受到工作的乐趣，这是微型金融机构必须考虑的问题。

随着农村金融体制改革的不断深化，农村金融机构之间的竞争更加激烈，为了适应市场竞争的要求，农村金融机构人力资源管理，也将呈现出许多新的趋势，构建面向未来的现代人力资源管理体系是未来发展的趋势。

一是未来的人力资源管理应向战略性人力资源管理转变。未来的人力资源管理，其精力重点投入到员工日常关心的问题和需求上来，更加积极主动地做出反应，并向员工提供满足他们需求的咨询和服务。人力资源管理应该把重点放在员工的发展上面，高层管理者应该时刻倾听员工的需要，帮助员工实现其价值。

二是人力资源管理必须与企业战略相匹配。人力资源的战略和行为必须与企业经营战略相统一，以促进企业战略的实现。人力资源在宏观层次的贡献就是确定企业员工共同持有或认同的核心价值观，引导和塑造员工的行为，最终指向业绩目标。所以人力资源部门要依据经营战略来制定好人力资源战略规划，为战略的实现储备充足的人力资源。

三是未来的人力资源管理的价值导向是"以人为本"，就是以人为中心，把人摆在第一位。具体说就是把企业管理的出发点、着眼点、落脚点放在充分调动人的主动性、积极性、创造性上，最大限度地挖掘人的潜在能力，追求人的全面发展。强调以人为本，充分体现对人的关怀，满足人的基本权利和需求，提升员工满意度，使大多数员工能够不断分享企业发展和改革的成果，在实现企业经济效益的同时，实现人的全面发展。

| 第 16 章 |

展望未来

作为一个创新性的农村金融机构，掌政农村资金物流调剂中心为适应农村经济社会发展的特点，为实现机构自身的可持续发展，系统性地创造出了一整套运行机制和经营管理制度，对当地的农村经济转型、农业产业结构优化、农民收入提升以及城镇化的加速，都做出了巨大的贡献。掌政农村资金物流调剂中心是2005年以来我国农村金融体系大量出现的新型农村金融机构的缩影。这些新型农村金融机构，内生于当地农村经济的深厚土壤，它们深刻理解当地的乡土文化和社会经济发展趋势，经营机制灵活而富有效率，其风险防范方法和信用评估方法契合当地民众的文化结构，因此具有极强的生命力。

我国新型农村金融机构的发展对我国农村金融机构多元化、农民信贷可及性提升的重要意义不言而喻，但是其发展却并不尽如人意。尽管目前新型农村金融机构的整体发展受到国家制度层面、法律层面以及舆论层面的支持，但是由于其制度设计和法律框架存在的若干缺陷，使得新型农村金融机构的发展还面临着很多障碍，其支农效果和自身可持续发展能力都受到极大的制约。特别地，像掌政农村资金物流调剂中心这样的创新性的农村金融机构，其未来到底应该向何处发展？应该选择何种发展模式？这仍然是一个令这些新型机构和监管者深感棘手的问题。本章作为本书最后一章，将系统地探讨各类新型农村金融机构的发展模式和各自遇到的挑战，并探讨像掌政农村资金物流调剂中心这样的创新性的农村金融机构的未来模式选择。当然，这种探讨很难有一个确定的结论，不同地区的新型农村金融机构都有其强烈的地域特点，其资源禀赋和社会环境千差万别，其选择的模式也应有所区别。

16.1 农民资金互助组织

16.1.1 农民资金互助的政策法律环境

农民资金互助组织是由农民自己发起创办的真正的农村信用合作组织。综观全球，农民合作的核心与基石是信用合作，即资金方面的互助合作。银监会于 2006 年 12 月 22 日公布了《关于调整放宽农村地区银行业金融机构准入政策更好支持社会主义新农村建设的若干意见》，这就是我们所说的农村金融新政。农村金融新政的主旨在于，允许社会资本进入，建立村镇银行、小额贷款公司、农民资金互助组织等三类新型农村金融机构，以解决农村地区金融服务空白和竞争不充分的问题。在银监会的政策框架中，农民可以通过共同出资的方式，组建信用合作组织，其成员在有资金需求的时候可以向资金互助组织提出贷款申请。农民资金互助组织的成立，可以满足农民短期的消费贷款和生产贷款需求，其贷款的交易成本比较低，信息比较对称，贷款违约的可能性较低。可以说，作为内生于农村土壤的最草根的农村金融组织，农民资金互助组织由于扎根农村社会、熟悉农民，其经营机制切合农民的需要和习惯，具有很强的生命力。

但是，鉴于 20 世纪 90 年代农村合作基金会的经验教训，监管部门在农村金融和信用合作领域一直采取谨慎态度。在上述农村金融新政的文件中，银监会实际上正式承认了农民资金互助的合法性，在信用合作领域重开口子。然而，截至 2011 年 6 月，全国仅有不足 50 家农村资金互助社被银监会注册，相形之下，村镇银行已经成立了 1000 多家且仍在迅猛增长中，政府的政策取向和偏好非常明显。在金融新政之前，全国人大常委会通过了《农民专业合作社法》，自 2007 年 7 月 1 日起正式施行。这部法律解决了农民专业合作社的法律地位问题，同时，也因将信用合作排除在外备受质疑。农村金融新政一定程度上弥补了这个缺陷，但批准数量太少还是难以从根本上解决问题。毕竟，几十家资金互助社与全国 60 多万个村庄、15 万家合作社相比，杯水车薪而已。因此，农民资金互助仍然需要进一步突破政策窠臼，以适应农村现实的需要。

2008 年十七届三中全会公报《关于推进农村改革发展若干重大问题的决定》中提出，"允许农村小型金融组织从金融机构融入资金。允许有条件的农民专业合作社开展信用合作"。实际上从政策文件角度承认了农民信用合作社的合法性，并且鼓励了专业合作与信用合作的结合，即所谓的"两社合一"模式。2009 年中央一号文件中再次提出，"抓紧出台对涉农贷款定向实行税收减免和费用补贴、政策性金融对农业中长期信贷支持、农民专业合作社开展信用合作试点的具体办法"。

2009 年 2 月，银监会、农业部联合发文《关于做好农民专业合作社金融服务工作的意见》，从五个方面细化了农民专业合作社的金融问题。这五个方面包括将农民专业合作社全部纳入农村信用评定范围、加大信贷支持、创新金融产品、改进服务方式、鼓励有条件的农民专业合作社发展信用合作，在信用合作方面提出了更具体的要求，初步具备了可操作性。

从政策演进的路径大致可以看出，农村金融新政中，政策逐步放宽，并允许地方探索实践的方向，从而地方政府也积极参与其中，形成了多元的政策框架，在政策交汇点，出现了大量的创新做法，形成了农民资金互助的多种模式。目前，在多元的政策与法律环境下，获得正式或部分认可的农民资金互助组织大体上可以分为三类：一是银监会正式批准的农村资金互助社；二是地方政府认可的农民资金互助社，如安徽凤阳等地的做法；三是农民专业合作社内部所设立的资金互助部。在十七届三中全会之后，随着政策放宽和地方鼓励创新实践，这类资金互助组织大量出现，如北京市通州区政府农业部门还专门制定政策，提供财政支持，遴选较好的农民专业合作社，引导、规范其发展资金互助业务。此外，在广大农村中，很多过去没有获得认可的农民资金互助组织，近一两年，也逐步地获得了监管部门和地方政府部门的认可和支持。

16.1.2　农民资金互助组织面临的主要挑战

（1）合法性危机

尽管在法律上农民资金互助组织已经有了明确的合法性，但是在很多地方政府的实践中，很多地区的农民资金互助组织仍然面临着合法性危机。很多地方政府对农民资金互助组织抱有消极的看法，因此对其注册并不热情，大部分地区不允许农民资金互助组织在地方政府注册，对于已经成立的农民资金互助组织，则简单采用取缔的政策。在现有的法律框架下，农民资金互助组织的合法注册机构是银监会，而不是地方政府。虽然有些开明的地方政府给农民资金互助组织发放了工商执照或民政执照，但是严格说起来，从法律的层面来说，这些由地方政府承认的农民资金互助组织，并不具有完全的合法性，如果银监会按照其法律框架认真追究起来，这些农民资金互助组织随时有可能面临被取缔的命运。

（2）规范性风险

虽然从理论上来说，农民资金互助组织植根于乡土社会，其信息不对称风险较低，但是从管理层面来说，由于农民大多不具备较为系统的金融学知识，因此在农民资金互助组织的日常管理方面仍然存在着大量规范性风险。与正规的农村金融机构相比，农民资金互助组织的现金管理、贷款程序、财务记录等大多不规范不完整，虽然从主观上说农民资金互助组织的负责人大多敬业负责，但是由于专业素质的原因，规范性风险还是大量存在，这也是很多农民资金互助组织难以长时间维系的重要原因。

（3）监管无效性

银监会在 2007 年 1 月 22 日发布了《农村资金互助社管理暂行规定》，规定在银监会之下承担具体监管职能的机构分别是：省级银监局、市级银监分局、县级监管办事处，这样就形成了一个四级监管体系。按照属地原则，地方银监分局大多授权基层监管办事处全面负责对农民资金互助社的日常监管工作。由于各县级监管办事处只有三到五个人，当面临数量较大的农民资金互助社时，就很难对其进行有效监管。这是客观存在的情况。监管成本高、监管信息严重不对称，导致县级监管办事处往往不愿意承担对农民资金互助社的监管任务，与其花费高成本进行监管，不如干脆不批准任何农民资金互助组织，这样既节省了监管成本，又可以摆脱一旦出现问题时应负的监管责任。从这个角度看，地方金融规制部门不支持农民资金互助组织也就不难理解。因此，监管的无效性也是阻碍农民资金互助组织发展的重要因素之一，未来选择何种监管模式是监管者必须考虑的问题。

16.1.3 农民资金互助与农民专业合作的结合

我们在 16.1.1 部分曾谈到农民资金互助的三种模式，一是银监会正式批准的农村资金互助社；二是地方政府认可的农民资金互助社；三是农民专业合作社内部所设立的资金互助部。从政策导向来看，农村金融新政乐于支持农民专业合作与资金互助的结合，允许和鼓励专业合作社进行资金互助业务。从现实发展中，不论是哪种模式，都不约而同地选择了专业合作与资金互助的结合。

第三种模式自不待言，资金互助就是从农民专业合作社中发展出来的。例如，北京市通州区的资金互助试点就是从区内合作社进行遴选，确认了18家试点的农民专业合作社，参加试点的成员必须是合作社成员。选择的标准有四个：一是必须有产业基础；二是必须社员自愿；三是社员之间必须有良好的信任与合作关系；四是合作社的管理者团队必须值得信任。在合作社内部产生的资金互助，其产业基础较好，其成员之间的信任度更高，因此其风险相对较小。

第二种模式中，农民的资金互助组织一般在工商部门或民政部门注册，表面看来与农民专业合作无关。但实际上，农民资金互助组织的发展并不是最终目的，解决农民贷款难问题，推动农村经济发展，促进农民增收才是政策目的，而农民专业合作社往往成为一种合宜的政策工具。以第二种模式的代表安徽凤阳县为例，当地干部认为"发展农民合作社，凤阳推崇的是两社合一的模式。所谓两社合一，是指农民生产合作社和资金互助合作社的融合。在专业的生产合作社，我们提倡搞资金互助，在资金互助合作社，我们提倡搞生产合作。我们提出'民管、民享、民受益'的口号，提倡发挥农民的伟大的合作精神。实际上，农民是很有创造性的，很多事，不是我们推动的，而是农民自发的，政府只是给以扶持而已。农民资金互助社的目的，就是小钱聚大钱，大钱大家用，起到聚集民间资本的作用。同时，我们提出政府支农的财政资金有偿使用、重点支持创业项目的主张"①。资金互助组织于工商部门或民政部门独立注册的原因在于，以此在农民专业合作与信用合作之间建立防火墙，防止产业风险汇集到敏感的资金互助领域，提高资金互助的安全性。

第一种模式中最值得深入观察。这类资金互助社经过最严格的审批和考核，在银监部门独立注册，拥有完善的办公设备、安保设施，业务流程也很规范，同时接受最严格的监管。与其他两种模式的资金互助组织相比，这类农民资金互助组织实际上与农民专业合作社最为分离且独立。然而，在田野调查中发现，即便这类资金互助社，也与农民专业合作社有机地结合在一起，其中以青海的兴乐农民资金合作社最为典型。

青海西宁地区的自然条件相对较好，农业产业尤其是蔬菜产业发展较快，农民合作组织也比较发达，农户收入水平也相对较高。由于西宁的高附加值农

---

① 王曙光：《乡土重建——农村金融与农民合作》，中国发展出版社2009年版。

业投资较大，农户资金需求很大。早在 2007 年，我国农村金融新政刚刚破茧而出，青海省就率先成立兴乐农村资金互助社，这是全国第一家设在乡镇一级的农民资金互助社，也是青海第一家资金互助社。兴乐农民资金互助社位于西宁市乐都县雨润镇，互助社股金已经达到 40.77 万元，社员 112 个，存款余额达 124.79 万元，贷款余额为 112 万元，累计贷款约 139 万元，贷款累计户数为 89 户，对解决当地农民信贷难问题起到很大作用。青海农民资金互助社发展如此迅猛的原因在于青海模式中农民的信用合作（资金互助）与专业合作结合度很高，农村金融与产业发展得以匹配起来。这种结合产生了很好的效果。第一，资金互助社为合作社成员提供了大量的借贷支持。小到帮助农民购买化肥、农药等，大到提供十几万贷款用于大蒜收购和储存，资金互助社都为合作社成员提供了便利的服务。第二，专业合作社为防范信用风险提供了保障，成员之间彼此了解，具有信息优势。同时，合作社成员的产品主要是通过合作社统一销售的，很多农业物资也是统一购买的，这使得合作社实际上成为一个共同体，是限制成员违约的强有力的机制。第三，资金互助社与专业合作社的合作，使得资金互助社在农民中迅速得到信任，农民敢于到合作社存款，敢于利用互助社作为结算平台。这对互助社的长远发展而言是至关重要的，业务结算平台的功能也保证了农民增收后的正常还贷。总之，专业合作与信用合作的结合，使得农业产业的发展与农村金融的扩张产生了正强化效应，二者在实践中互为补充，协同发展。

综合来看，当前农民资金互助组织发展存在一个良好趋势，就是资金互助组织发达的地区，往往都是农业产业比较发达、农民专业合作社发展比较迅速的地区，而且二者慢慢有机地融合到一起。这一趋势意义重大，这表明当前农民资金互助的发展具有一定的产业基础，是对农业发展中农民所产生的资金信贷需求的引致反应，因此农民信用合作、专业合作与农业产业发展必须有机地结合，从而引导农村经济的发展。从社会影响和资金安全的角度来看，具备农业产业基础的资金互助，将有利于克服当年农村基金会的弊端，防止脱离农业产业的互助资金空转所产生的风险，使之安全可靠地服务农村经济。

16.1.4 政府对农民资金互助的政策扶持与监管

农民资金互助属于农村金融领域，与农民的生产生活息息相关，并且极为敏感，处理不好，会产生很多不良的社会影响，因此其发展离不开政府有关部门的扶持与监管。政府的政策扶持主要在两个方面。

一是合法性支持，即从法律和政策角度认可与支持农民资金互助组织，这是农民资金互助发展的前提条件。核心就是农民资金互助组织的注册问题，使之能够有一个合法的身份。离开这一点，农民资金互助的发展将无从谈起。

二是财政税收政策的支持，使之具备经济上的可行能力，帮助其渡过初期瓶颈，形成自我发展能力。例如，凤阳为推动农民资金互助合作社的发展，制定了一系列的扶持政策，涵盖了注册、资金、管理等很多方面。第一，工商部门为农民资金互助合作社注册，注册采取零收费、零距离、一站式，尽量减少农民资金互助合作社的成本。第二，民政部门也可以为农民资金互助合作社登记注册，各种费用全免。第三，允许农民资金互助合作社在人民银行、其他商业银行以及农信社开户，这样资金往来比较方便。第四，鼓励银行给农民资金互助合作社贷款，县财政给予贴息。第五，试点期成立的资金互助社，每家给予 2000 元的财政奖励。北京通州区则是通过农村经济经营管理站来引导、鼓励并监督农民资金互助组织的发展。其实施的财政支持力度更大，2007 年至 2009 年，政府部门共投入扶持资金 45.3 万元，其中补贴社员存款利息 12.8 万元，支持本金 32.5 万元，另外补贴互助资金设备 12.76 万元。

资金互助的特点在于尽管数额可能不大，但社会影响范围广，社会关注度高，对安全性的要求极高。因此，在农民资金互助组织的发展中，政府部门更为重要的责任在于监管方面，强化资金互助的规范经营和风险控制能力。深入考察北京通州区的做法可以发现，在大胆进行实践探索的同时，采取了极其谨慎的态度，包括扶持政策在内，都是围绕着监管和风险控制，以扶持政策促进监管，以监管保证安全性，以安全性保证发展。通州区的做法是，明确农民资金互助的性质为合作性金融，因此应严格限定在成员内部，利用成员的闲散资金，规模不宜过大。试点期，经管站即已经规定了资金互助社的资金规模指导原则，发展过快的要求放缓步伐，总结经验，操作规范后再扩大规模。同时，本金要求百分之一百安全。为保证这一点，从四个方面入手严格管理。一是资金来源除政府或外界扶持资金外，严格限定在社员内部，借款也仅限于成员使用；二是额度担保和人数担保相结合，要求借款数额不得大于担保人的互助金总额；三是比例控制，成员借款不得高于股金的 15 倍，且单个成员的借款额不能高于互助社股金的 20%，借出资金应在 30% 以上的成员中分配；四是以财政补贴本金和风险拨备作为最后的保障线，防止不可抗拒因素导致的违约风险。通州明确资金用途为流动资金，不提供固定资产投资支持，因此借款期限严格限定在一年以内，保证大多数成员都能受益于互助资金，同时降低长周期带来的资金风险。

因此，政府的扶持政策应建立在农业产业发展的基础上，顺应农民的资金需求，尊重农民的自主性和真实愿望，为资金互助提供合法性认可和适宜的财政、税收补贴政策，并不直接干预资金互助社的具体经营活动，保证其独立性。但另一方面，政府有关部门应执行最严格的监管责任，为资金互助经营提供指导原则和红线区域，规范其经营行为，保证农民资金互助金的安全性，以稳健的原则促进农民资金互助的长期可持续发展，这更加考验政府的执政能力和监管智慧。

当然，作为一个草根型的金融组织，农民资金互助组织的运作不可能完全没有瑕疵和可完善之处，但是所有问题都应该动态地来看待，它会在运作中不断修正自己的游戏规则，不断磨合与社员之间的信用关系，而在这个过程中，不论是资金互助组织本身还是社员，都会在失误中学习，在问题中学习，这就是所谓"干中学"（learning by doing）。那些正规金融机构不也是要经过一个长时期的锤炼和经验积累的过程吗？何况这样一个小型的草根金融机构呢？因此，对于农民资金互助组织，监管部门一定要有一个适宜的态度，那就是鼓励发展，严格规范，积极扶持，总结经验，促使农村资金互助组织能够成为一个依靠乡土社会信任网络而运作的自我审慎监督、自我风险控制、自我可持续发展的、内生性的微型金融机构。

地方金融规制部门担心资金互助社难以监管，担心其风险在难以控制的情况下会引起"非法集资"并酿成局部的金融安全事件，这种担心是完全可以理解的。要使资金互助组织有一个良好的规制环境，要做到以下几点。

第一，关键是注册问题，给资金互助组织有一个合法的身份。这要靠地方政府发挥积极作用。其实现在很多地方农村资金互助组织发展得很好，发展好的关键原因在于地方政府的支持。比如江苏省盐城阜宁县硕集镇富民资金互助社，成立一个月后资金达到 90 多万元，但是县市银监局研究后决定予以取缔，而发起人认为取缔农民合作基金组织不符合中央精神，遂向江苏省政府有关部门申诉，省政府最终经过慎重考虑，给予注册使之具有合法身份，富民资金互助社顺利渡过了合法性危机。再如，在安徽凤阳，县政府非常支持合作社的资金互助，他们总结出"两社合一"的模式，即专业合作社鼓励其搞信用合作，资金互助社鼓励其搞专业合作，并责成工商局和民政局为资金互助组织发放正规的营业执照；若是已经成立合作社之后想搞资金互助，则在合作社的营业范围之内加上"资金互助"一项，使之符合营业范围规定。我认为，河北省保定市银监局应该效仿盐城和凤阳的做法，使资金互助组织可以正规注册，这样才有可能对其进行规范的监管。没有这种阳光化的政策，资金互助组织就只能继续在"地下"发展，这样反而容易引起金融风险。

第二，应规定农民资金互助社定期向有关监管部门报送各种有关资金运营的材料，及时了解资金互助社的财务状况和内部风险控制情况，对理事会和社员大会的召开给以密切关注，促使其内部治理走向规范化。这样，即使没有现场监管，监管部门也可以及时知道资金互助社的相关信息，不至于对其经营状况一无所知。同时，定期的现场监管也是必要的，如果地方上的资金互助社数量较少，可以一个季度进行一次现场监管，如果资金互助社数量较多，可以半年进行一次现场监管。

第三，要创新监管模式，尽量节约监管成本。县级金融监管办事处进行现场监管成本高，效率低，要降低监管成本，不妨学习一下德国等国的经验，充分运用社会审计人员实施审计和监督。地方金融监管部门可以按照监管机构的监管要求，委托社会审计力量开展定时定点审计和专项审计，这样不但节省了监管成本，使县级监管部门腾出更多的精力来监管别的金融机构（如农信社和邮储银行），而且避免了由于县级金融监管部门不够专业带来的监管效率低的弊端。

相对于村镇银行和小额贷款公司这类商业性金融机构，农民资金互助组织因其面向农村社区、内生于乡土社会，才能够真正为农民服务，真正解决农民频率高、期限短且带有季节性的微型信贷需求。农民资金互助这样一个新事物的发展和规范，地方政府在其中扮演着最重要的角色。现在中央的政策倾向已经非常明晰，就是要大力扶持农民资金互助的发展，鼓励有条件的合作社搞内部的资金互助。地方政府应该从民生建设的高度出发，建立相应的工作机制，切实为农民资金互助组织的合法规范运营创造良好的政策环境和规制环境。不闻不问听之任之不可取，盲目取缔粗暴关停更不可行。地方政府一旦有了积极扶持和严格规范的工作思路，地方的农民资金互助组织肯定会得到比较健康的发展。

16.2　村镇银行

16.2.1　村镇银行的意义

村镇银行是银监会"开放农村金融市场、降低农村金融市场准入"政策框架下建立的新型农村金融机构之一。自 2007 年 3 月 1 日第一家村镇银行"四川仪陇惠民村镇银行"挂牌以来，到目前我国已经成立了近千家村镇银行。村镇银行的建立，使我国农村金融市场的资金供给主体更加多元化，农村金融机构的产权结构也逐步具备多元开放的特征，治理结构也更加完善规范。这是我国农村金融领域具有里程碑意义的变革，对于我国农村金融改革意义重大。

首先，村镇银行的建立实现了农村金融机构产权主体的多元化，而这种股权结构的变化最终使得村镇银行的内部治理结构和激励约束机制与原来的农村信用社迥然不同。

其次，村镇银行的成立还促进了区域之间的竞争，使得跨区域的资金整合成为可能。资金的跨区域整合已经形成一股清晰可见的潮流，而这种跨区域的竞争，对于提高资金使用效率、对于改善地方金融生态、对于先进地区金融经验向后进地区的渗透，都具有极为重要的意义。

再次，村镇银行还引进了更多的外资银行加盟到中国的农村金融市场，对于我国农村金融总体质量的提高有着深远意义。外资银行看中的是我国农村经济增长的长远潜力和农业转型的前景。在我国大面积的农村地区，经济增长迅猛，农村中小企业、农业龙头企业和农村合作经济组织迅速崛起，我国农村经济面临着空前的发展机遇和转型机遇。外资银行目光远大，所看中的往往是几十年之后的市场，着重培育的也是几十年之后的市场。

　　最后，村镇银行的建立还使得我国现有政策性金融机构、商业性金融机构和合作金融机构有了更丰富多元的投资选择，使它们可以借助新型的金融平台，把资金有效投入到新农村建设中。村镇银行发起人的多元化，表明不同金融机构对村镇银行都持有积极的看法。

　　但是，村镇银行的发展也存在很多挑战和隐忧。由于村镇银行是一个新鲜事物，还不可能一下子累积起自己在社会和客户中的信誉，因此，在短时间中，村镇银行在吸引存款和业务拓展中必然会遇到一些困难。老百姓对村镇银行还有一个观望、观察、尝试的过程。在这个过程中，村镇银行必须秉持严谨诚信的作风，严格按照规程办理各项业务，在社会和客户中树立良好的诚信稳健的形象，以此获得社会和客户的信任。没有这种基本的信任，村镇银行的任何发展都无从谈起。一旦因为村镇银行员工或管理层的不谨慎或不诚信而出现问题，村镇银行的信誉就会急速下降，其发展就会受到严重影响。

　　村镇银行的发展还需要管理者有长远的眼光。银行是一个累积信用的行业，银行最大的资产，是自己的信用。银行最忌机会主义，最忌短期行为。有鉴于此，村镇银行的管理者必须做好内控，严防内部金融腐败，禁止关联交易，在每一个贷款项目审查中都坚持审慎原则。

　　村镇银行还需要极端重视风险管理和贷款评估。由于村镇银行服务对象的特殊性，村镇银行有着贴近社区、贴近群众的比较优势，村镇银行在对客户进行信贷服务的时候，更应该对这些客户进行"贴身式"的紧密型服务，其信贷服务流程的设计、信贷管理制度的实施、信用评估和信贷风险手段等，都应该适应农村中小企业、农村合作经济组织和农户的实际需求。在风险管理方面，村镇银行应该把自己视为一个主要为当地社区服务的"社区银行"，与社区内的中小企业形成一种良性的、紧密的、基于各种"软信息"的互动关系。"软信息"的利用，意味着村镇银行在评价社区内中小企业的信用风险和业绩时，主要不是依靠企业报送的各种硬性的财务指标，不是以各种冷冰冰的数据为导向，而是以客户为导向来评价企业，通过各种紧密型的信息搜集手段，来印证客户的财务指标。这样，在客户的信用评估和风险评价方面，就会减少信息失真的概率。

　　人才问题也是可能影响村镇银行发展的瓶颈因素之一。在吸引人才的硬性条件方面，村镇银行显然难以与大的国有银行和股份制银行相媲美，更难以与

外资银行竞争。村镇银行应在人才招聘方面更具灵活性，但应该严格避免
"近亲繁殖"。村镇银行还应该重视对员工和管理层的金融教育，使他们在风
险管理、财务管理、贷款客户评估、小额信贷技术、金融产品创新等方面具备
良好的素质，从而应对农村金融市场的竞争和未来金融发展的挑战。

16.2.2　村镇银行发展面临的五大隐忧

在村镇银行的组建过程中，逐渐出现一些值得特别关注的现象，很多问题
也慢慢暴露出来。如果这些问题得不到应有的重视和防范，则村镇银行的组建
不可避免地会留下诸多隐患，对未来的村镇银行的正确定位与健康发展产生消
极的影响。有五大隐忧必须加以重视并在实践中加以防范。

第一个隐忧是政府主导包办化。在村镇银行组建过程中，地方政府起到主
导性作用，这是可以理解的，也是无可厚非的。地方政府领导对村镇银行组建
的热情参与和积极推进，是村镇银行迅速发展的一个重要前提。但是在一些地
区，地方政府对村镇银行的组建似乎干预过多，介入太深，对很多组建细节，
都按照自己的主观意愿和偏好进行过多的控制，导致村镇银行的组建方向产生
很多偏差。据报载，在某中部省份，一些股份制商业银行和实力雄厚的民营企
业家对村镇银行的设立有着浓厚的兴趣，并作了充分的前期组建准备，但是地
方政府领导在村镇银行组建方面一味求大，希望大型国有商业银行能够作为发
起行来牵头组建村镇银行，结果非常武断地拒绝了地方股份制商业银行作为发
起者的请求，使这些资产质量较好的商业银行和民营企业家们大失所望。有些
地方政府在选择发起银行、村镇银行内部股权结构设置和治理结构设置方面大
包大揽，严重曲解了银监会在设立村镇银行时所制定的吸引民间资本、改善经
营机制、重塑治理结构的初衷。

第二个隐忧是民企哄上盲目化。很多民营企业家对村镇银行的设立有着超
乎寻常的热情，一听到民营资本可以参与村镇银行的组建，便一哄而上，试图
一举抢占先机，身份一摇而变为"银行家"。民营企业家的积极参与，可以改
善村镇银行的股权结构和治理结构，值得鼓励，这也是银监会设立村庄银行的
重要目的之一。但是，对于经营银行，很多民营企业家似乎并没有做好充分的
准备。在我国，银行的"执照"非常昂贵，民间资本设立银行的门槛一贯极
高，而此次银监会的政策框架，却是"低门槛、宽准入、严监管"，确实为民

营资本创造了一个百年不遇的绝好机会。很多民营企业家们看中的正是这个银行的"执照",但是对于村镇银行的战略定位和未来经营方向却不甚了了,甚至对村镇银行的运作与经营管理缺乏最基本的知识准备。银行风险控制、贷款客户管理、资产负债结构、银行表外业务等名词,对于他们完全是陌生的。应该说,很多民营企业家这种超乎寻常的热情背后有一定的盲目性。

第三个隐忧是政策银行网点化。政策性银行参与发起村镇银行,尤其特殊优势,如国家开发银行,本身资金雄厚,又有国家信用作后盾,可以为村镇银行未来发展打下良好基础。但是也存在若干隐忧。政策性银行在基层缺乏网点,用句通俗的话来说,就是"没有腿",而国家开发银行等参与发起村镇银行,主要目的是将其变成自己的"基层网点",也就是"造腿"。但是我们要知道,国家开发银行以往的运作方式、企业文化与经营领域跟新建的村镇银行完全不同。国家开发银行的业务都是大手笔,动辄几亿甚至几十亿,他们基本不与基层打交道,更遑论农户。而村镇银行直接面向社区,面向农户,面向农村中小企业,在这些方面,国家开发银行的管理者们似乎缺乏相应的实践经验。他们能否适应村镇银行的经营方式和经营领域,能否使村镇银行的未来经营方向不走歪,还是一个值得担心的未知数,这一点值得参与发起组建村镇银行的政策性银行高度注意。

第四个隐忧是业务层次高端化。村镇银行的发起者和参与者们,在组建村镇银行之后,有可能因为盈利的压力而改变村镇银行原有的业务领域,使客户群体走向高端化。毕竟,村镇银行是一个以多元产权尤其是民营资本为重要组成部分的股份制银行,股东们要获得投资回报,这是无可厚非的。但是这种压力极有可能导致村镇银行不再面向农村中小企业、农村合作经济组织和农户,而是锁定大客户、高端客户,从而出现"垒大户"的局面。这是有悖于银监会成立村镇银行的初衷的,值得警惕。

第五个隐忧是内部治理裙带化。建立合规的、完善的内部治理结构,是银行稳健经营与可持续发展的基础。在内部治理结构的设置方面,最值得担心的是发起人和参与者们之间存在着过于亲密的裙带关系,在极端情况下,董事会、监事会、经理层甚至可能都由具有亲缘关系的一家人担任负责人,这就难以形成真正有效的公司治理。村镇银行组建初期,很容易出现任人唯亲的情况,这将是村镇银行良性发展的最大障碍。

村镇银行是一个新鲜事物。在其成长的最初阶段，应该尽量规范、严谨、稳健，才能为其将来的发展壮大打下坚实的基础。

16.2.3　村镇银行的外部制度约束与运行机制约束

村镇银行作为一个新型的农村金融机构，其定位是贴近农村社区、主要为农户和农村中小企业提供信贷及其他金融服务的股份制社区性商业银行。村镇银行的规模一般较小，这些小型的商业银行的资金实力不仅大大低于一般的全国性或区域性股份制商业银行，而且也远低于当地的农村信用社，这导致其在区域的农村金融市场中的竞争地位极为尴尬。而银监会的一整套政策框架，又从制度设计层面对村镇银行的运营造成了实际的约束，这些约束使得村镇银行面临着不利的竞争条件，对其支农职能与经营绩效提升造成巨大影响。概括起来，村镇银行面临着以下六大外部制度约束与运行机制约束。

第一个约束是股东偏好约束。村镇银行的股东一般包括商业银行或政策性银行（其中作为发起行的有国有大型商业银行、国外商业银行、城市信用社和政策性金融机构[①]）、私营企业与自然人等。村镇银行的股东具有多元化偏好：政策性银行希望通过村镇银行布设分支机构（俗话说为自己添腿）；中国农业银行希望通过开办村镇银行向中央宣示农行支农的决心并获得农行股改上市时更多的政策支持；城市信用社和其他商业银行则具有明显的利润倾向和盈利偏好，而私营企业和自然人除强烈的盈利偏好之外，还具有明显的关联交易倾向。

第二个约束是隐性担保缺失约束。我国国有大型商业银行和股份制商业银行由于有国家的隐性担保支持，使其在公众心目中具有较高的信用度[②]。如四大国有商业银行的信用几乎等同于国家信用，股份制商业银行一般也有国家控制的印记或拥有地方政府的大量股份，因此其潜在信用度也极高。公众一般认为国有大型商业银行和股份制商业银行在国家隐含担保制度下是不会倒闭的，因此在这些银行存款具有较高的安全性，除非国家破产。而村镇银行（也包括农信社这样的规模较小的社区性银行）则不拥有政府的股份，不具备国家隐含担保，因此在公众心目中的信用度自然很低，再加上村镇银行是新设机

---

① 关于村镇银行发起行的结构，参见王曙光："新型农村金融机构运行绩效与机制创新"，载《中共中央党校学报》，2008 年第 2 期。

② 张杰：《制度、渐进转轨与中国金融改革》，中国金融出版社 2001 年版，第 181～220 页。

构，其累积的历史信誉几乎没有，因此导致储户对其信用度更加有疑虑。

第三个约束是产权约束。与其他金融机构相比，新成立的村镇银行由于大多吸收现有商业性金融机构和私营企业的资金，其产权结构相当清晰，发起行和私营资本的非农化倾向与盈利倾向都比较强烈。相对来说，农信社的产权结构和股份制商业银行的产权虽然表面上已经清晰，但是由于地方政府往往或明或暗地占有相当多的股份，所以其产权约束不是很强。村镇银行在较严格的产权约束下，对其自身的财务状况、盈利能力、股权分红等指标比较关注，而对扶持社区经济发展和支持三农则作为较为次要的目标函数变量。

第四个约束是内部治理约束。内部治理约束是与明晰的产权结构和较为严格的产权约束联系在一起的。在村镇银行的内部治理结构中，董事会成员一般是作为发起行的商业银行和出资最多的私营企业的代表，其管理层则主要由发起行委派的高层管理人员构成，商业银行和私营企业都具有较强的商业化趋向，而来自发起行的高管人员则仅熟悉城市业务，对农村金融业务比较生疏。在这种状况下，村镇银行的管理者或者对农村金融业务产生天然的排拒，或者对农村金融业务虽感兴趣却缺乏足够的深入认知，导致他们在开展农村信贷服务方面顾虑重重。

第五个约束是运作成本约束。作为新设金融机构，其初置成本和各种运作成本是非常高昂的。初置成本和运作成本中首先是总行机构和分支结构设立成本。在银监会的要求下，村镇银行往往花费巨大的资金来装备自己的营业场所，总行机构的初置成本往往是几百万元。大部分村镇银行仅仅在县城有总行而无分支机构，而有些村镇银行仅在地级市设有总行，在下面的县级地区都没有分支机构。县和县以下基层地区分支机构的缺失，使村镇银行服务三农的经营成本很高，降低了村镇银行开展农村信贷的积极性。

第六个约束是不完全信息约束。不完全信息约束包括两个方面：一方面，村镇银行对农户和农村中小企业以及农民专业合作经济组织的信贷需求很不熟悉，这造成管理者和信贷员很难获得有效的信息来对农村各类主体提供信贷服务；另一方面，村镇银行缺乏基层分支机构，这导致他们获取农村居民有关贷款需求信息的获致成本很高。不完全信息约束在短时间内难以缓解，村镇银行的管理者和信贷员必须经过长时期的调研和信息积累，才能熟悉农村居民的信贷需求和信用状况，从而克服不完全信息约束。

从总体来说，村镇银行的制度设计还有很多地方值得进一步研究和完善，它能否成为支农的主导性力量之一，能否起到动员民间资本、提升农民信贷可及性的作用，还需要进一步考察。

16.3 小额贷款公司

16.3.1 小额贷款公司的性质和设立要求

小额贷款公司是由自然人、企业法人与其他社会组织投资设立，不吸收公众存款，经营小额贷款业务的有限责任公司或股份有限公司。小额贷款公司是企业法人，有独立的法人财产，享有法人财产权，以全部财产对其债务承担民事责任。小额贷款公司股东依法享有资产收益、参与重大决策和选择管理者等权利，以其认缴的出资额或认购的股份为限对公司承担责任。

小额贷款公司的股东需符合法定人数规定。有限责任公司应由 50 个以下股东出资设立；股份有限公司应有 2～200 名发起人，其中须有半数以上的发起人在中国境内有住所。

小额贷款公司的注册资本来源应真实合法，全部为实收货币资本，由出资人或发起人一次足额缴纳。有限责任公司的注册资本不得低于 500 万元，股份有限公司的注册资本不得低于 1000 万元。单一自然人、企业法人、其他社会组织及其关联方持有的股份，不得超过小额贷款公司注册资本总额的 10%。

申请设立小额贷款公司，应向省级政府主管部门提出正式申请，经批准后，到当地工商行政管理部门申请办理注册登记手续并领取营业执照。此外，还应在五个工作日内向当地公安机关、中国银行业监督管理委员会派出机构和中国人民银行分支机构报送相关资料。

从设立要求来看，小额贷款公司的审批权主要在省级人民政府的金融工作办公室，可以说，银监会把审批权充分地下放给了地方政府。由于小额贷款公司的只贷不存的制度设计，导致银监会认为它对社会大众的总体影响和风险并不是很高，因此交由地方政府审批和管理问题不大。这是小额贷款公司在三四年中得以飞速发展的重要原因之一。但是，由于审批权下放于地方政府，其弊也很明显，各地小额贷款公司的监管质量不一，其风险暴露程度也不一。

16.3.2　小额贷款公司的资金来源和资金运用

小额贷款公司的主要资金来源为股东缴纳的资本金、捐赠资金，以及来自不超过两个银行业金融机构的融入资金。在法律、法规规定的范围内，小额贷款公司从银行业金融机构获得融入资金的余额，不得超过资本净额的50%。融入资金的利率、期限由小额贷款公司与相应银行业金融机构自主协商确定，利率以同期"上海银行间同业拆放利率"为基准加点确定。

小额贷款公司应向注册地中国人民银行分支机构申领贷款卡。向小额贷款公司提供融资的银行业金融机构，应将融资信息及时报送所在地中国人民银行分支机构和中国银行业监督管理委员会派出机构，并应跟踪监督小额贷款公司融资的使用情况。

在资金运用方面，小额贷款公司在坚持为农民、农业和农村经济发展服务的原则下自主选择贷款对象。小额贷款公司发放贷款，应坚持"小额、分散"的原则，鼓励小额贷款公司面向农户和微型企业提供信贷服务，着力扩大客户数量和服务覆盖面。同一借款人的贷款余额不得超过小额贷款公司资本净额的5%。在此标准内，可以参考小额贷款公司所在地经济状况和人均GDP水平，制定最高贷款额度限制。

在贷款利率方面，小额贷款公司按照市场化原则进行经营，贷款利率上限放开，但不得超过司法部门规定的上限，下限为人民银行公布的贷款基准利率的0.9倍，具体浮动幅度按照市场原则自主确定。有关贷款期限和贷款偿还条款等合同内容，均由借贷双方在公平自愿的原则下依法协商确定。

16.3.3　小额贷款公司的监督管理

银监会关于小额贷款公司的制度设计框架内规定，凡是省级政府能明确一个主管部门（金融办或相关机构）负责对小额贷款公司的监督管理，并愿意承担小额贷款公司风险处置责任的，方可在本省（区、市）的县域范围内开展组建小额贷款公司试点。在很多地区，小额贷款公司大都由省级的金融办负责监管。

　　小额贷款公司应建立发起人承诺制度，公司股东应与小额贷款公司签订承诺书，承诺自觉遵守公司章程，参与管理并承担风险。小额贷款公司应按照《公司法》要求建立健全公司治理结构，明确股东、董事、监事和经理之间的权责关系，制定稳健有效的议事规则、决策程序和内审制度，提高公司治理的有效性。小额贷款公司应建立健全贷款管理制度，明确贷前调查、贷时审查和贷后检查业务流程和操作规范，切实加强贷款管理。小额贷款公司应加强内部控制，按照国家有关规定建立健全企业财务会计制度，真实记录和全面反映其业务活动和财务活动。

　　小额贷款公司应按照有关规定，建立审慎规范的资产分类制度和拨备制度，准确进行资产分类，充分计提呆账准备金，确保资产损失准备充足率始终保持在100%以上，全面覆盖风险。小额贷款公司应建立信息披露制度，按要求向公司股东、主管部门、向其提供融资的银行业金融机构、有关捐赠机构披露经中介机构审计的财务报表和年度业务经营情况、融资情况、重大事项等信息，必要时应向社会披露。

　　小额贷款公司应接受社会监督，不得进行任何形式的非法集资。从事非法集资活动的，按照国务院有关规定，由省级人民政府负责处置。对于跨省份非法集资活动的处置，需要由处置非法集资部际联席会议协调的，可由省级人民政府请求处置非法集资部际联席会议协调处置。其他违反国家法律法规的行为，由当地主管部门依据有关法律法规实施处罚；构成犯罪的，依法追究刑事责任。

　　中国人民银行对小额贷款公司的利率、资金流向进行跟踪监测，并将小额贷款公司纳入信贷征信系统。小额贷款公司应定期向信贷征信系统提供借款人、贷款金额、贷款担保和贷款偿还等业务信息。

16.3.4　小额贷款公司发展中暴露的问题

　　最早一批小额贷款公司实际上是由中国人民银行在 2005 年推行试点的。山西平遥是最早进行小额贷款公司试点的地区。在平遥的试点方案中，小额贷款公司的资金来源为六大途径，即发起人自有资金及财产、国外机构资金、委托人转贷资金、捐赠资金、政府扶贫资金和人行再贷款。贷款对象为农户和农村中小企业（可跨区域）；贷款限额方面，规定单笔贷款金额上限 1 万元；实行市场化利率，最高不超过基准利率的 4 倍；在风险防范上，原则上以无偿援助、捐赠资金等设立风险补偿基金，对小额贷款损失提供一定比例的补偿（初步考虑为 20%），该部分资金由试点县相应成立的小额担保贷款促进会或贷款协会掌握，专款专用。初定的方案是，小额信贷组织资金规模为 2000 多万元人民币，由 5 家发起人的自有资金构成，将来在政策允许的情况下，再陆续吸收委托资金、对公存款和个人存款（初期是只贷不存）。

特别值得强调的是，平遥在试点中特别重视配套制度的设计，如举办扶贫到户示范工程并对贷款户进行培训，配合小额信贷项目，为贷款户传授先进适用技术，提供投资项目的成功率，减少小额贷款风险；同时平遥方案中注重扶持龙头产业，这包括对市场型农户和形成中的龙头企业发放小额贷款，并在向农户和龙头企业发放贷款的同时，建立农户或企业间的小组联保机制，形成"1＋N"金融服务模式。平遥正在考虑建立专业合作社组织，由信贷组织将贷款发放给专业合作社，再通过合作社将贷款发至农户和企业；同时，考虑组建为农户和企业服务的担保基金，为其融资提供信用担保。在贷款领域方面，试点方案规定，平遥小额贷款组织资金的 70% 必须投向农民养殖、商贸流通业，并且 70% 以上贷款必须控制在 5 万元以下，10 万元以下贷款要占到总贷款额的 75% 以上（这里的 5 万、10 万元指单户农户累计贷款额）。在贷款信用评估方面，将以村为单位和依托，每个村选择三到五位德高望重的村民组成"信用审查小组"，审查贷款，并随后张榜公布接受全体村民监督。信用审查合格者即可与小额贷款组织签约贷款，但仍需要一两个人担保。

但是以上中国人民银行的试点方案的这些设想并没有彻底实现。在实际运作过程中，小额贷款公司并没有被允许吸收个人和对公存款，包括后来银监会的小额贷款公司的框架，都特别强调只贷不存。这种只贷不存的制度设计，作为一个风险隔离带，当然在很大程度上减小了小额贷款机构对整个金融体系的冲击和负面影响，保障了现有存量金融机构的存款来源不受影响，降低了系统性金融风险爆发的概率。但是，只贷不存的制度设计，也使小额贷款公司的运作受到极大的影响。只贷不存使得小额贷款公司的资金严重不足，贷款难以为继，很多小额贷款公司在经营 1~2 年后即面临严重的资金瓶颈制约。小额贷款公司为了解决自己的资金短缺问题，或努力扩大股本金，或积极向政府争取支农资金支持，或寻求其他商业银行或农业投资公司的委托贷款，以最大限度解决资金的约束。但是不可否认，有些小额贷款公司为了解决资金问题，也通过一些"灰色"渠道吸收公众的存款，或者向其他人（亲友、中小企业等）进行集资。在现有的法律框架下，这些行为应该说都是值得商榷的。个别小额贷款公司通过非正常渠道获得资金，向资金供给者承诺较高的利息回报，这就有可能导致非法集资和民间高利贷的发生。

小额贷款公司的制度设计初衷是促进其向农民和微型企业放贷，所以对其贷款额度和客户群体都有比较明确的规定。但是，从实践中来看，小额贷款公司由于商业性逐利动机的驱动，导致其更有积极性向较大的企业发放贷款，而不原意向微型企业和农户发放信贷，因此在很多地区，从实际效果上来看，小额贷款公司对当地农户信贷和微型企业信贷所起的作用非常有限。当然，这种行为有其内在必然性。与商业银行相比，小额贷款公司不能吸收储蓄，因此其资金来源渠道有限，且资金筹集成本比较高，因此它更有动力向较大的客户放贷，一方面可以降低单笔贷款的成本，另一方面可以有更高的贷款收益。所以，由于小额贷款公司的制度设计存在问题，使得其支农的效果也大打折扣。

▐ 16.4 模式选择：目标与路径

掌政农村资金物流调剂中心作为一个在 2007 年农村金融新政大背景下涌现出来的新型农村金融机构，其创建和成功运营充分体现了一个草根金融机构的生命力和创造性，显示出我国农村金融体系中所蕴含的巨大活力。但是，作为农村金融制度创新的重要成果之一，掌政农村资金物流调剂中心也因其创新性而遭遇到未来发展模式选择上的尴尬局面：在现有的制度和法律框架中，它既不是一个单纯的小额贷款公司，也不是单纯的农民资金互助组织，更不是一个村镇银行，因此在享有国家政策优惠以及处理对外关系方面都必然遇到很多问题。本章作为全书的最后一部分，希望能够借助对掌政农村资金物流调剂中心的未来模式选择的探讨，能够为我国新型农村金融机构的未来发展提供一些借鉴。

16.4.1 现有模式：利弊分析

现有的三种新型农村金融机构在制度设计上各具特色，都有其存在的价值。村镇银行的制度设计考虑到了风险控制的因素，以一个现存的商业银行作为发起行，使风险控制的责任最终落到了这个商业银行身上。由于发起行一般有比较悠久的经营历史，有比较规范的业务流程，同时也有很强的人力资源作为后盾，因此监管部门认为这样的制度设计有利于村镇银行总体的风险控制。但是，这种"从天而降"的新设银行，对当地的产业发展和经济情况并不熟悉，也基本不具备客户基础和信誉基础，因此村镇银行在成立之初就显得有些"先天不足"，在动员储蓄和产品营销方面遭遇很多问题。同时，更为严重的是，本来村镇银行制度设计的初衷是为了动员当地的民间资本，但是在实践中，大部分村镇银行都是现有的大型商业银行、政策性银行或者外资银行独资成立的，有些村镇银行尽管吸收了部分民营资本，但是比例却非常低，民营资本的话语权很小，这对民营资本基本没有任何吸引力。就民间资本的动员这个角度来说，村镇银行的制度设计部分是失败的，没有起到应有的作用。所以，民间资本对组建村镇银行并不热情。

现有的小额贷款公司由于只贷不存的制度设计，导致其资金来源受到严重的限制，大部分小额贷款公司的后续资金不足，严重影响了其市场拓展能力和竞争力。那么，小额贷款公司能够而且愿意转变为银行类的金融机构吗？从现有的制度框架来说，银监会似乎已经制定了小额贷款公司转型升级为村镇银行的门槛，在法律上已经不成问题。但是，在实践中，极少有小额贷款公司愿意转型为村镇银行。一方面，这个转型很难，拿到村镇银行的执照很难，成本很高；另一方面，小额贷款公司在转型为村镇银行之前，必须找一个商业银行作发起行，而且这个发起行还要绝对控股。对于小额贷款公司的投资者来说，这些民营资本拥有者大多不愿意看到自己的控制权被剥夺，因此他们基本没有动力参与村镇银行的组建或者转型为村镇银行。

16.4.2 未来模式：农村社区银行

（1）社区银行的内涵、定位和优势

我们上文探讨了掌政农村资金物流调剂中心未来发展可以选择的两种传统

模式，这两种传统模式的利弊我们已经给予充分的说明。对于掌政农村资金物流调剂中心这样的在当地运行多年、已经积累了良好的声誉和忠实客户群体的草根性金融机构，应该有一个更好的模式来鼓励其转型和升级。本书的研究证明，农村社区银行应该是掌政农村资金物流调剂中心这样的草根金融机构的一个理想的发展模式。在讨论农村社区银行之前，我们先来廓清社区银行的基本内涵和定位。

社区银行是一类资产规模较小、主要为经营区域内微小客户（主要是微型企业和居民家庭）提供金融服务的区域性的小型商业银行。社区银行这个概念来自于美国等西方金融发达国家，其中的"社区"并不是一个严格界定的地理概念，既可以指一个州（省）、一个市或一个县，也可以指城市或乡村居民的聚居区域。美国是社区银行比较发达的国家，虽然大银行在资产份额上远远超过这些中小型的社区银行，但是从数量上来看，占主体的还是社区银行。美国的商业银行大体分为 5 个层次，按经营规模由大到小依次是：①跨国银行，资产总额通常超过 100 亿美元，业务范围遍及全球；②全国性银行，业务范围遍及全国；③超级区域性银行，在某个特定的区域内开展广阔的金融业务的大银行；④区域性银行，在某个特定区域内开展金融服务的具有中等规模的商业银行；⑤社区银行，规模较小，资产不超过 10 亿美元的商业银行。实际上，在中国也有对应的概念。中国银行等属于跨国银行，中国邮政储蓄银行等属于全国性银行，北京银行等大型城市商业银行属于超级区域性银行，包商银行等中等规模的地方性商业银行属于区域性银行，一些主要在县域范围内为中小客户提供服务的农村商业银行、农村合作银行或村镇银行等应属于社区银行。

"社区银行"的分支机构一般很少，美国 2002 年社区银行的分支机构平均为 3.4 个（含总行），最多的在 10 个左右，其客户目标群定位在当地的小企业及个人小客户；同时，为保证竞争力，存款利率高于大银行，贷款利率低于大银行，收费也更低廉。因此，社区银行虽然体量小，但是由于其经营灵活，对客户提供比较贴身的周到的金融服务，因此其竞争能力也很强，生命力很旺盛，一旦出现金融危机或大规模的金融风险，这些社区银行往往有很强的生存能力。从根本上来说，社区银行的竞争力和生命力来自于它对区域内微小客户的信息的准确全面的把握。社区银行对当地的产业发展状况、经济发展状况、市场供求情况、人力资本状况、资金供求状况等十分熟悉，其信息不对称程度相对大银行而言较小，风险识别能力和风险处置能力较强，这种信息优势使得社区银行的安全赢利空间比较大。

信息优势是社区银行最大的优势。对于大银行来说，微型客户的基础性资料缺乏，财务记录难以做到准确完整，以致大银行难以用对待大客户和大企业的方法来评估一个微型企业的还款能力和信贷风险；再加上微小企业规模小、固定资产少、有效抵押物不足，更使银行感到风险难以控制。同时，微型客户的经营机制比较灵活，资金周转速度快，这就要求金融机构的经营机制也要相对灵活多变，要求其贷款手续尽量简便，信用评估的方法也要尽量简单可操作，这对大银行而言是很难实现的。由于以上原因，往往导致对微型金融服务的成本较高，不具有规模经济效应和范围经济效应，因此大银行涉足这种微型金融服务的意愿很低。而社区银行恰恰与微型客户有天然的"盟友"关系，他们不仅在规模上相互匹配，而且能够凭借其信息优势、区域优势等克服信息不对称，可以从微型客户那里获得更多的软信息，因此可以更好地降低成本和进行风险控制。

当然，发展社区银行最大的好处，还在于它可以为当地的经济发展和中小企业发展提供强大的支持。在很多国家（包括中国在内），大银行一般充当了"资金搬运工"的角色，即大银行往往从不发达的社区或地区吸收大量存款，然后再把这些存款转移到比较发达的社区或地区，从而导致不发达的社区资金供给量降低，社区内的居民或中小企业的信贷可及性降低，从而陷于更加不发达的境地。这种情况在中国更为明显，这就导致中国农村的"负投资现象"更为严重，农村资金向城市地区的净流动导致城乡收入差距拉大。而社区银行则将一个社区或地区吸收的存款继续投入到该地区，从而推动当地经济的发展，因此从当地的长远经济发展的角度来说，发展社区银行是一个最佳选择。

社区银行的资金来源主要是靠动员当地的储蓄，由于社区银行与当地社区的天然亲近关系，因此其储蓄动员的能力一般较强。从美国社区银行的经验来看，其主要资金来源是所谓核心存款（Core Deposit），即其存款客户主要是社区内的农场主、小企业和居民，这些客户在社区银行内的存款在长期内具有相当的稳定性。这部分存款为社区银行提供了廉价且稳定的资金来源，是社区银行保持流动性的"核心"。由于有核心存款的稳定支持，因此社区银行对存款服务收取的手续费通常会低于大银行，美国大银行对简单的存折账户所收取的平均年度手续费比社区银行高72%。同时，社区银行的贷款利率也较高，由于社区银行一般是向难以从大银行获得贷款的当地小企业、农场主提供资金支持，因而贷款利率一般也超过大银行。应该说，社区银行是依靠最传统的吸收当地存款的方式来筹集资金的，这也是最保险的方式。有了当地存款作为经营的后盾，社区银行就可以无资金短缺之忧。尽管这些年个别美国的社区银行也运用金融创新来筹集资金，但是在金融危机的背景下，这些创新的风险性逐渐暴露，社区银行仍然需要回到传统的储蓄动员方式。

（2）农村社区银行：内涵、资金来源和运作模式

本书提出的农村社区银行（rural community bank）是指主要在当地农村社区（县域以下地区，尤指乡镇或乡镇以下地区）进行农村金融服务、其客户群体集中于农户、农村微型企业及农民合作组织等微小客户、规模较小的商业银行。从宽泛的意义上来说，目前农村金融存量体系中的农村信用社、农村商业银行、农村合作银行等，因其大部分都在县域以下为农村微型客户提供金融服务且大多进行了商业化改造，也可以称其为农村社区银行。但本书所提出的农村社区银行概念，更多地是指那些由成功运行若干年之后的小额贷款机构进行升级转型而构建的小型商业银行，而不是狭义地指目前存在的农信社等存量金融机构。

由于目前村镇银行在制度设计上的弊端，农村社区银行这一理念的提出，对于我国农村现有的小额贷款机构的升级转型有重要意义，对于有效动员民间资本、实现农村金融机构的多元化也有重要意义。农村社区银行主要是由目前的商业性小额贷款公司、民间非营利小额贷款机构以及像掌政农村资金物流调剂中心这样的创新性的农村金融机构升级改造而成。相对于那些直接新设的村镇银行而言，这些由原有的小额贷款机构升级转型而成的农村社区银行更具有"本土性"。它们有多年的当地运营经验，又有很好的客户基础，在农民中间有很好的口碑，对当地的产业发展和经济结构比较熟悉，管理人员和信贷员经过多年的实际工作磨炼之后对农村信贷市场和农民客户也有深入了解，不存在大部分村镇银行所遭遇的"水土不服"问题，因此其经营有很好的基础。可以肯定地说，如果把现有的运行良好的小额贷款机构逐步升级转型为农村社区银行，不仅其经营绩效和支农效果要大大超过村镇银行，而且其升级转型成本

也要比新设村镇银行要低得多，对于监管者而言，这样的农村社区银行的总体风险也比村镇银行低得多。从制度框架和运营管理角度来说，笔者对农村社区银行的运作主要提出以下设想。

①农村社区银行的产权结构。农村社区银行的产权结构要尽量实现多元化、多渠道。农村社区银行要广泛吸收农民股权、民营资本股权、政府股权、银行股权、机构投资者股权，这样的股权结构，一方面可以增强农村社区银行的资本金实力，另一方面也有利于农村社区银行治理结构的完善。农民股权的吸收，可以增强农民对农村社区银行的认同感和参与意识；民营资本股权的吸收，可以充分动员当地的民间资本，使它们有激励将资本用于当地的信贷，且民营股权在农村社区银行中一定要占据比较优势地位，从而保障农村社区银行的商业化运作；政府股权的吸收，可以使农村社区银行与政府保持良好的互动关系，增强公众对农村社区银行的信任感，但是政府股权应控制在一定范围内，政府股权过大容易引起政府对农村社区银行的过度干预，因此设立政府股权一定要极为慎重，尽量控制在较低的数量之内；机构投资者股权的吸收也非常重要，机构投资者加入到农村社区银行当中，可以极大地改善其股权机构，进而改善其治理结构，从而建立起农村社区银行的良好的激励约束机制，避免内部人控制和治理失效。

②农村社区银行的资金来源。农村社区银行的资金来源当然主要还是核心储蓄，即当地农户和中小企业以及其他居民的存款。农村社区银行的动员储蓄的能力很强，这部分资金来源应该是非常稳定的。除了核心储蓄之外，农村社区银行的资金来源还可能包括：政府支农贷款、农业投资公司等机构的委托贷款、捐赠资金、大型商业银行拆借资金和委托贷款等。政府支农资金很多，政府把这部分资金给农村社区银行，由农村社区银行来向农民发放信贷，可以最大限度地发挥政府支农资金的作用，这种做法已经在全国有很多成功的先例。农业投资公司等机构也有很多资金，以往的做法是农业投资公司直接向自己选定的项目提供投资，但是这样做的风险很大。由农村社区银行来代理放贷，一方面可以节省农业投资公司审查项目的成本和信用评估成本，另一方面也可以提高资金的使用效率。农村社区银行也可以接受国内外的捐赠，很多国际组织都向小额贷款组织提供大量的捐赠，这些捐赠如果由农村社区银行来使用，其效率要大得多，风险也可以得到较好的控制。农村社区银行也可以向大型商业

银行拆借资金或接受其委托贷款，这样大型商业银行就利用农村社区银行这样一个中介实现了自己支农的目的，既履行了社会责任，又降低了从事农业信贷的风险和成本。

③转型升级的门槛设定。一个商业性的小额贷款公司或者民间非营利小额信贷机构要想升级改造为一个农村社区银行，必须具备一定的条件，门槛的设定主要是要有利于将一些好的小额贷款机构筛选出来。

首先，这些小额贷款机构必须成功运营 5 年左右的时间。如果没有足够长的经营实践作为基础，小额贷款机构很难积累起比较好的客户资源，也很难在当地有比较好的声誉，仓促转型为农村社区银行，往往欲速则不达，使农村社区银行面临吸储、风险防控等方面的问题。因此，规定其成功运行 5 年左右时间，一方面表明其经营稳健，另一方面也可以显示当地民众对它的认可度和信任度。

第二，这些小额贷款机构必须有一定的经营规模，对当地的微型客户（农户、微型企业）有一定的覆盖度。如果没有一定的经营规模和客户覆盖面作为基础，一旦转型为农村社区银行，这些小额贷款机构就容易盲目扩张，从而累积大量的风险。经营规模较大、对当地微型客户覆盖面较大的小额贷款机构，其实力就较强，其客户基础显然要好些，在转型为农村社区银行之后其经营也要顺畅一些。

第三，这些小额贷款机构必须有较好的资产质量（较低的不良贷款率）和较强的盈利能力。这是转型为农村社区银行时必须具备的核心条件。

第四，要考核这些小额贷款机构对当地农村发展的支持绩效，支持那些对当地农村发展、农业转型和农民增收有较大促进作用的小额贷款机构转型为农村社区银行。这里尤其要强调小额贷款机构对农户的资金支持。

以上这些门槛，在可能的情况下，都要有比较量化的指标，来对那些希望转型为农村社区银行的小额贷款机构进行有效的筛选，当然这有赖于监管部门的审慎考量并广泛征求各方面的意见之后才能确定一个公允的升级转型标准。

▌16.5　转型和升级：如何通往农村社区银行？

作为一个成功的小额贷款机构，掌政农村资金物流调剂中心也有可能在将来成为一个农村社区银行。那么，在成为一个农村社区银行之前，像掌政农村资金物流调剂中心这样的小额贷款机构要做哪些准备呢？

第一个准备是做好人力资源准备。就是要逐步地、有条不紊地准备干部，对经理人、信贷员等要进行持续不断的银行业务培训，使他们具备全面的资产负债管理的能力。他们要熟悉各类客户和各个流程，有信息处理的能力，有金融创新的能力。人力资源准备还可以通过在各个信贷点培养一些非正式的信贷代办员来实现，通过几年的培养，这些信贷代办员都可能成为合格的银行职员。也可以通过从一些正规的商业银行引进人才来充实自己的经营管理队伍，这些商业银行职员熟悉银行业务，可以很快地提升农村社区银行的管理规范性和管理效率。

第二个准备是客户资源准备。要在社区中培育跟农民和其他微型客户之间的感情，培育客户的忠诚度，提高小额贷款机构的美誉度，一旦成为农村社区银行，这些客户就会把自己的存款放到这里。通过一定的机制创新，提供各种各样的平台和渠道，增强与微型客户的信息沟通。客户是农村社区银行生存的最根本保证，拥有忠诚的优质客户群体，则会大大提升农村社区银行的盈利能力，也使得农村社区银行的核心储蓄有了保障。

第三个准备是分支机构准备。开设分支机构是农村社区银行最大的麻烦之一，要支付大量初置成本。笔者在一些村镇银行调研，发现目前村镇银行最大的困难之一是分支机构少，导致农民很少在村镇银行存款，因此导致资金村镇银行的资金匮乏。大部分村镇银行只有一个总行在县城里，没有任何分支机构，开展业务的成本很高，难以具备竞争力。要转型升级成为一个好的农村社区银行，小额贷款机构就要很早就有意识地在本社区内利用现有的房屋设施进行分支机构建设。刚开始的时候不妨因陋就简，但是要具备一些基本的架构，分支信贷点一旦成熟，到了成功转型为农村社区银行的时候，就可以顺理成章成为农村社区银行的分支机构。

第四个准备是银行文化构建准备。小额贷款机构要从一开始就注重建立严格的银行内控机制和银行企业文化，使银行的运营规则和文化理念深入人心，这样在成为一个农村社区银行之后，就不会出现文化衔接上的不适应，避免文化断裂的麻烦，从而实现顺利转型。

第五个准备是政策沟通协调准备。小额贷款机构一方面要注重培育农民客户和其他微型客户，另一方面还要注重与金融主管部门的沟通和协调，使金融主管部门充分了解自己的经营情况，为以后转型升级阶段的信息沟通作准备。如果金融主管部门对小额贷款机构的资产状况、客户状况、内部治理状况、支农效果不熟悉，那么就很难让小额贷款机构实现升级转型。

第六个准备是定价能力的培育。在升级转型为农村社区银行之后，就要面临比较负责的资产负债管理，这对现存的小额贷款机构的定价能力是一个挑战。要培育信贷员和管理者的金融产品创新能力和利率定价能力，一旦转型为农村社区银行，就可以适应。

第七个准备是金融企业家的培育。金融企业家是指既有多年的金融业经营管理经验，具有良好的金融业务素养、金融职业道德和金融企业经营业绩，又拥有较强的资本实力来投入金融企业的企业家。培育金融企业家是实现农村社区银行健康发展的必要前提。这些金融企业家不同于一般的工商企业家，他们对经营银行有较好的基础，不会出现一般工商企业家掌握银行之后的一些不规范行为（如关联贷款）。培育金融企业家，既是实现农村社区银行民营化的基础，也是农村社区银行稳健运行的基础。

　　2008 年 9 月 4~7 日，我第一次到掌政镇。与我同行的还有中国人民大学农业与农村发展学院的周立教授。在这个银川近郊的小镇上，在掌政农村资金物流调剂中心略显简陋的营业场所，我与几位负责人的数次畅谈，使我对这个草根金融机构的运行以及它未来的发展模式充满了探究的兴趣。在四天的时间里，我与掌政农村资金物流调剂中心的管理层以及宁夏金融办的相关领导进行了多次小型座谈，还在掌政镇茂盛村等地对中心的三个农民客户进行了实地考察访谈，收获很大。期间赴盐池县妇女发展协会的小额信贷项目中心进行了一天的考察，与盐池县妇女发展协会的张建娥主任、张钵协调员等进行了座谈，并在盐池县王乐井乡官滩村访谈了当地的项目组长宋香兰和农村妇女客户。后来宋香兰在我的极力推荐下还获得了花旗小额信贷创业奖。就在那次考察之中，我为中心题写了四句话："植根乡土、关怀民生、日新其德、中道笃行"，以此来概括和襄扬中心的企业哲学。回京之后，2008 年 9 月下旬，经过北大经济学院领导的同意，我在掌政建立了北京大学农村金融科研基地，康永建先生对此事给予了有力的支持。我感到，掌政农村资金物流调剂中心必将成为我研究微型金融发展的最好的基地之一，它所取得的成就和它所面临的困惑，必将代表着我国微型金融机构普遍的境况。在回京后的一个月间，我将在宁夏银川掌政镇农村资金物流调剂中心的谈话略加整理，撰写了《西部农村金融改革与小额贷款机构发展：宁夏札记》一文，系统地论证了宁夏农村金融改革模式，2008 年 10 月 8 日发表于《中国经济时报》。

　　时隔不久，2008 年 12 月 13~18 日，我与美国宾夕法尼亚大学沃顿商学院的 Jonathan Richter 第二次来到掌政镇，与公司员工以及管理层进行了深入的座谈，并在掌政农村资金物流调剂中心作了《风险管理、内部治理与企业文化》的报告。考察期间与宁夏回族自治区金融办领导会谈，并在金融办的安排下，考察了宁夏吴忠滨河村镇银行、青铜峡亚亨小额贷款公司、光辉贷款有限公司、华元贷款公司，还走访了数家蔬菜种植合作社，考察了青铜峡大坝镇农业科技推广站，看了几家奶牛养殖场、专业养鸡大户和一般农民客户。经过与宁夏回族自治区金融办领导的充分沟通和讨论，经过详细的田野调查，我比第一次更加深入地了解了宁夏农村金融改革的总体状况。我深切感受到，这一两年，是宁夏农村金融改革的黄金时代，宁夏敢为天下先，在很多方面都有新思路和新想法。在宁夏农村金融改革中，掌政农村资金物流调剂中心又是创新中之创新。所以，掌政的模式，需要进一步加以概括和总结，其内涵需要进一步挖掘和升华。

这次考察，收获颇丰。宁夏回族自治区金融办的领导对我的调研给予全方位的支持，他们的创造性见解直接启发了本书中关于宁夏模式的讨论。掌政农村资金物流调剂中心康永建董事长、马小芳女士、乔磊先生等朋友使我在掌政的行程内容丰富并充满乐趣。另外，宁夏青铜峡市亚亨小额贷款公司总经理吕亚连女士、宁夏吴忠市滨河村镇银行董事长邹宁生先生对调研组的热情接待使我获得了大量有关宁夏新型农村金融机构的信息，使我对欠发达地区新型农村金融机构的发展势头刮目相看。回到北大后，我又整理了《农村金融改革中地方政府的角色——宁夏农村金融创新模式》一文，刊载于《中国金融家》2009 年第 6 期，中国人民大学书报资料中心《金融与保险》2009 年第 10 期全文转载，部分文字被《学习时报》2009 年 5 月 18 日和《中国城乡金融报》2009 年 9 月 2 日和 9 月 9 日转载，在学术界产生了一定的影响。

2009 年 3 月 13 日，我邀请孟加拉乡村银行创始人、2006 年度诺贝尔和平奖获得者穆罕默德·尤努斯教授第二次访问北大，尤努斯教授在北大国际会议中心做了题为《小额信贷与社会企业》的演讲。我特别邀请掌政农村资金物流调剂中心康永建董事长以及其他员工作为唯一的中国小额信贷机构代表出席此次重要的演讲会，并与尤努斯教授共进午餐。我深知，康永建先生及其他中心的创建者就是在尤努斯教授的精神感召下，才创办起这个以扶贫和可持续发展为目标的微型信贷机构的，可以说，尤努斯教授是我们共同的精神导师。

2010 年 6 月 4~8 日，我偕北京大学经济学院硕士研究生曾江、清华大学公共管理学院王东宾博士第三次访问掌政农村资金物流调剂中心。中心发生了很大的变化，形势喜人。我参观了银川通贵镇、贺兰县金贵镇两个新设的营业网点，并参观了那里的大清真寺。6月5日下午，参加了掌政模式座谈会，莅会者有宁夏回族自治区政府政策研究室巡视员刘策先生、掌政镇党委书记（现任兴庆区副区长）王永虎先生、兴庆区劳动局江洪涛局长、中心的理事会、成员以及农民客户的代表。我在会上谈了掌政模式的定位、目前遭遇的法律地位不明确和资金短缺问题，并接受了新华社宁夏分社和宁夏电视台的访问。在接下来的几天，我除了查阅中心的客户档案资料，还在五渡桥村参观了中心支持的幼儿园、在茂盛村参观了养牛场、在永固村访问土地流转的农户、在春林村访问养猪专业户。新华社宁夏分社常务副总编、高级记者陈晓虎先生，宁夏广电局樊前锋先生，与笔者数次探讨宁夏掌政模式的未来发展问题，宁夏农业综合投资公司许学禄总经理亲自陪同我参观贺兰县的现代园艺示范园，与他们的交流，都给我很大的启发。在这次考察期间，我为中心的员工做了《慎独、慎始、克俭、克恭》的报告，并把它作为中心员工的价值观和企业文化的一部分。

2010年10月29日~11月1日，我偕中国发展出版社尚元经老师和李莉老师再赴掌政镇。10月30日晨，在中心举行座谈会，康永建董事长、马小芳总经理、乔磊经理和营业部牛宏莉主任分别谈了中心的战略调整、经营机制、风险控制、财务管理等方面，描述了中心业务的进展和变化。我在座谈会上则与大家探讨了《发展战略与愿景》，即"一年奠定根基，两年略具规模，三年体系完备，五年得其大成，十年彻底转型"。在这期间，与中心员工和管理层多次交流，始思考农村社区银行的制度设计问题。

2010年11月28日，我在北京大学经济学院主持了"北京大学农村金融与农民合作论坛"，主题为"新型农村金融机构：创新与挑战"，掌政农村资金物流调剂中心作为中国农村金融机构的典型代表受邀参加此次论坛。北京大学经济学院院长孙祁祥教授、副院长黄桂田教授、中国社会科学院农村发展研究所杜晓山教授、农业部农村经济研究中心陈建华研究员、中国工合国际委员会苑鹏副主席以及农村金融研究领域专家和业界人士70余人出席论坛。论坛中，中心关于"掌政模式"及"掌政中心农村金融运作思路创新及风险防范"的发言，受到与会专家及媒体的热议和高度评价。这也标志着掌政农村资金物流调剂中心作为一个创新型的微型金融机构，正在逐渐走进学术界的视野。2011年7月16日，由《中华合作时报》和中央财经大学共同发布"中国农村金融品牌榜",掌政农村资金物流调剂中心榜上有名。

　　四年以来,作为一个观察者,我可以说直接见证了掌政农村资金物流调剂中心的每一个变化和进步,也感受到它所遭遇的困惑和挑战,感受到中国微型金融机构改革和变迁的历史进程。从某种意义上来说,我也很荣幸成为这个进程的参与者之一。我要感谢宁夏的朋友们,从我访谈的政府官员和新闻媒体朋友那里,从掌政中心的员工们那里,从宁夏的农民朋友和优秀企业家身上,我获得了大量的学术灵感,他们都是我研究农村金融的导师。我尤其要感谢掌政农村资金物流调剂中心的员工们,与他们的沟通使我受益良多,他们是:崔庆文总经理、贾道峰、詹国丽、康旭、张斌、伍翔、张迪、徐萍、盛朝南、马倩,他们对农村金融事业的热情也令我感动。

　　本书从 2010 年末开始构思,其间掌政中心的马小芳、乔磊、邓丹丹等提供了大量的数据资料,为本书的写作奠定了基础。2011 年春开始动笔,2011年 8、9 月间,我和王东宾博士来到青岛黄岛区,在一个叫凤凰岛的小岛上闭关写作。衷心感激谢新华先生夫妇、于登起先生夫妇、王正中先生以及谢思佳、王琨明等朋友在此期间的周到照顾,我将永远铭记这段异常愉快且独特的写作生活。每日早起,面朝大海,伏案著书,天地寥廓,胸襟畅达。本书由王东宾博士负责第五、八、九、十、十二章,我撰写其余章节,中国社会科学院农村发展研究所李冰冰对数据整理亦有贡献。全书终于在国庆节前竣稿,甚感欣慰。尚元经先生和李莉老师为此书早日付梓辛苦工作,谨致谢意。

王曙光

2011 年国庆节于北京大学经济学院